이것이 그리스도인이다

Originally published under the title of

LIVING AS A CHRISTIAN

by A.W. Tozer

Copyright © 2009 by Rev. James L. Snyder
Published by Regal Books,
a division of Gospel Light Worldwide,
Ventura, CA 93006 U.S.A.
Korean Translation Copyright © 2010 by Kyujang Publishing Company
All rights reserved.

본 저작물의 한국어판 저작권은 저자와 독점 계약한 규장이 소유합니다.
저작권법에 의하여 한국 내에서 보호를 받는 저작물이므로
무단 전재와 무단 복제를 금합니다.

A. W. 토저 마이티 시리즈(A. W. TOZER Mighty Series)

토저는 교인수의 성장을 위해서라면 대중의 인기에 야합하고, 거대 기업의 경영방식을 무차별 차용하고, 할리우드 엔터테인먼트 방식을 예배에 도입하는 것에 대해 통렬한 비판을 가하였다. 그는 현대의 교회가 물량적 성장을 위해서라면 교회의 순결성을 포기하는 듯한 자세를 보일 때는 그것을 좌시하지 않고 언제나 선지자의 음성을 발하였다. 듣든지 안 듣든지 이스라엘 교회의 세속화를 준열히 책망했던 예레미야처럼, 토저도 시대에 아부하지 않고 하나님교회의 순정성(純正性)을 파수하기 위해 '강력한'(Mighty) 말씀을 선포했다. 그래서 토저는 '이 시대의 선지자'라는 평판을 들었다. 토저가 신앙의 개혁을 위해 외쳤던 뜨겁고 강력한 메시지를 이 시대의 우리도 들어야 한다. 말씀과 성령에 의한 개혁이 절실히 필요한 이때, 규장에서 토저의 강력한(Mighty) 메시지들을 'A. W. 토저 마이티(Mighty) 시리즈'로 출간한다.

"토저의 설교는 설교단에서 발사되어 청중의 마음을 관통하는 레이저 광선과 같다." - 워런 위어스비

이것이
그리스도인이다

A.W. 토저 지음 | 이용복 옮김

규장

영문판 편집자의 글

그리스도인은
세상을 놀라게 한다!

    그리스도인은 어떤 사람인가? 현재 그리스도인이 어떤 존재인가에 대해 온갖 잘못된 개념들이 난무하고 있다. 그 잘못된 개념들은 대부분 지금 우리 주변의 문화에서 유래한 것들이다. 어떤 사람들은 그리스도인이 옷차림을 말쑥하게 하고 최선을 다하기 위해 노력하는 사람이라고 생각한다. 또 어떤 사람들은 어떤 틀을 만들어놓고 그 틀에 그리스도인을 맞추려고 애쓴다. 그러나 그리스도인이 그 틀에 들어맞지 않기 때문에 풍자만화에 등장하는 인물처럼 아무 능력이나 권위가 없는 기괴한 모습의 그리스도인이 탄생하게 된다.

    이 책에서 토저는 그리스도를 향한 사랑의 불길이 날마다 활활 타오르는 그리스도인에게 말한다. 토저는 자신의 삶을 온전히 그리스도께 바치지 않은 육신적 그리스도인에 대해 말하지 않는다. 이 책 전체에 걸쳐서 토저는 자신의 독자가 진정으로 회심(回心)한 그리스도인이라는 전제하에서 말한다. 우리가 우리의 회심에 대해 확신을 갖고 있어야 한다는 것이 그의 주장이다. 또한 우리가 성령을 의지하여 그분의 인도하심에 따라 날마다 그리스도께 가장 큰 영광을 돌려야 한다는 것이 그의 주장이다. 대부분의 저술가들이 이야기를 끝내는 지점에서 토저는 이야기를 시작한다. 그가 볼 때 회심은 끝이 아니라 믿음과 신뢰와 행함으로 충만한 삶의 시작이다.

믿음과 삶의 균형을 이루라

나는 히브리서 11장에 대한 토저의 설명에 매우 흥미를 느꼈다. 우리는 대부분 히브리서 11장이 '믿음 장(章)'이라고 생각하지만 토저는 '행함 장(章)'이라고 본다. 이는 참으로 독특한 견해이다. 행함이 없는 믿음은 죽은 것이다. 그러므로 우리의 믿음과 우리의 삶 사이에는 균형이 있어야 한다. 한쪽 발로만 걷는 사람은 멀리 걸을 수 없다. 우리에게는 양쪽 발의 균형이 필요하다. 그리스도인의 삶이 어떠해야 하는지 성경에 근거하여 지적해주는 토저는 우리에게 탁월한 영적(靈的) 균형을 잡아준다.

물론 우리는 우리가 '무엇으로부터' 건짐을 받았는지를 생각하며 기뻐해야 한다. 다시 말해, 우리가 영적으로 비참한 삶에서 건짐을 받았다는 것을 상기하며 하나님께 찬양과 감사를 돌려야 한다. 그러나 더욱 중요한 것은 우리가 '무엇을 위해' 구원을 받았는지를 생각하며 기뻐하는 것이다. 그리스도인의 삶은 앞으로 나아가는 삶이다. 그리스도인에게 가장 중요한 것은 예수님을 바라보는 것이다. 속량 받은 모든 사람들에게는 그들이 이루어야 할 사명이 있다. 그 사명을 발견하고 내주(內住)하시는 성령의 능력으로 그 사명을 이루는 것이 그리스도인이 날마다 누리는 삶의 기쁨이다.

우리는 그리스도와 함께 시작하고 그리스도와 함께 전진하고 그리스도와 함께 끝내야 한다. 언제나 그리스도는 우리의 모든 것이 되신다. 그분을 떠난 그 어떤 것도 그리스도인의 삶과 행동에 끼어들어서는 안 된다.

구원의 영광을 비추어라

이 책 전체에 걸쳐서 토저는 구원이 인간을 위한 하나님의 기본 계획(master plan)이라는 개념을 발전시킨다. 하나님의 구원 계획이 얼마나 귀중한 것인지를 알면 하나님께서 인간을 얼마나 귀중하게 여기시는지를 알게 된다. 인간 구원의 문제가 하나님께 결코 하찮은 것이 아니다. 그러므로 우리도 그것을 하찮게 여겨서는 안 된다. 토저가 즐겨 사용하는 비유를 인용해 말하자면, 자판기에 동전을 넣고 버튼을 눌러서 '구원' 한 통을 손에 넣은 다음, 자기 갈 길을 가는 것이 구원은 아니다. 구원은 예수 그리스도를 영접한 사람에게 혁명을 일으킨다. 그리고 그 혁명을 체험한 사람의 삶은 기적의 연속이다.

 이런 놀라운 그리스도인은 그의 주변 세상에 구원의 영광을 비추어준다. 그런데 귀하고 놀라운 것은 구원뿐만이 아니다. 그리스도인 자체가 귀하고 놀라운 존재이다. 구원 그 자체가 목적이 아니다. 인간이 하나님의 사랑과 은혜의 중심으로 다시 들어가는 것이 목적이다. 그리스도인의 구석구석이 그분의 구원의 영광을 드러낸다. 하늘의 천사들은 그리스도인이라고 불리는 놀라운 존재를 내려다보며 자랑스럽게 여긴다.

 이런 그리스도인은 그를 대적하는 그 어떤 것에도 저항할 수 있다. 특히, 교회 초기부터 교회를 괴롭혀온 온갖 종류의 이단에 맞설 수 있다. 토저는 그런 이단들이 어떤 것인지를 밝히면서, 그리스도인이 그것들을 어떻게 극복할 수 있는지 말한다. 특히 그는 기독교 최고의 원수, 즉 마귀의 노골적인 공격을 어떻게 막아낼 수 있는지에 대해 말한다. 또한 토저는 그리스도의 대의를 위해 싸우는 그리스도인에게 닥치는 박해와 고난에 대해 어떤 태도를 취해야 할지에 대해서도 말한다. 사람들의 이목을 끄는 이런 그리스도인은 세상 안에 있지만 세상에 속하지는 않는다. 그러므로 이런 그리스도인이 구원받지 못한 사람들 앞에서 어떻게 사느냐 하는 문제는 매우 중요하다.

그리스도인은 그리스도 안에서 함께 하늘에 앉아 있는 존재이다. 그렇기 때문에 무슨 일이 닥치든지 온갖 해악(害惡)에서 벗어나 승리자 예수 그리스도 안에서 평안히 쉴 수 있다. 토저는 "누구도, 어떤 것도, 어떤 상황도 선한 사람에게 위해(危害)를 가할 수 없다"라고 말한다. 이 '선한 사람'은 영원히 죽지 않는다. 이 땅에서의 삶이 끝난다 할지라도 그는 구원을 통해 얻은 것을 영원히 누리며 살게 된다.

제임스 스나이더

I

너희도 산 돌 같이 신령한 집으로 세워지고
예수 그리스도로 말미암아 하나님이 기쁘게 받으실
신령한 제사를 드릴 거룩한 제사장이 될지니라
베드로전서 2장 5절

영문판 편집자의 글

CHAPTER 01
보이지 않는 것을 믿는 자가 그리스도인이다 _ 013

CHAPTER 02
구원의 진리를 이해하는 자가 그리스도인이다 _ 031

CHAPTER 03
죄인의 삶의 방식에서 해방된 자가 그리스도인이다 _ 050

CHAPTER 04
하나님께서 주신 영원한 소망을 품는 자가 그리스도인이다 _ 066

CHAPTER 05
성령의 능력으로 서로 사랑하는 자가 그리스도인이다 _ 080

CHAPTER 06
모든 악한 것을 버리는 자가 그리스도인이다 _ 097

CHAPTER 07
성경의 진리를 자신에게 비추는 자가 그리스도인이다 _ 117

CHAPTER 08
하나님나라의 왕 같은 제사장이 그리스도인이다 _ 139

CHAPTER 09
땅에 살지만 하늘을 향해 걸어가는 자가 그리스도인이다 _ 153

■ CONTENTS

CHAPTER 10
하나님의 영광을 드러내는 존재가 그리스도인이다 _166

CHAPTER 11
하나님나라의 법을 따르는 자가 그리스도인이다 _185

CHAPTER 12
어떤 해(害)도 당하지 않는 존재가 그리스도인이다 _200

CHAPTER 13
성경을 올바로 이해하는 자가 그리스도인이다 _221

CHAPTER 14
세상 사람과 다를 수밖에 없는 존재가 그리스도인이다 _234

CHAPTER 15
그리스도로 인한 고난을 즐거워하는 자가 그리스도인이다 _249

CHAPTER 16
모든 두려움을 주께 맡기는 자가 그리스도인이다 _266

CHAPTER 17
진리를 위해 싸우는 존재가 그리스도인이다 _279

CHAPTER 01
보이지 않는 것을 믿는 자가 그리스도인이다

"예수를 너희가 보지 못하였으나 사랑하는도다 이제도 보지 못하나 믿고 말할 수 없는 영광스러운 즐거움으로 기뻐하니"(벧전 1:8).

내가 볼 때, 모든 사도들 중에서 가장 높이 우뚝 선 사도는 시몬 베드로이다. 베드로의 삶과 사역을 공부해보면 매우 재미있다. 그는 가장 변화무쌍한 제자 중 하나였다. 베드로는 주님께 충성하여 주님을 위해 죽겠다고 호언장담하는 데 단연 앞장섰다. 물론 성경에 기록된 베드로의 어떤 태도와 행동을 볼 때 우리가 어느 정도 불안감을 가지는 것은 사실이다. 하지만 베드로의 마음속 가장 깊은 곳에는 주(主) 예수 그리스도를 향한 근원적 충성심이 충만했다. 그렇기 때문에 나는 그를 매우 높이 평가한다. 종종 베드로는 자신의 사랑을 어떻게 나타내야 할지 몰랐지만, 오순절 성령강림 후에는 완전히 변했다(물론 다른 제자들도 마찬가지였다). 오순절 성령강림을 통해 베드로는 하나님의 능력의 일꾼으로 변했다.

베드로의 글은 사도 바울의 글처럼 유려하지는 않은데, 그것은 그가 실제적인 입장에서 '믿음의 문제'에 접근했기 때문일 것이다. 종종 바울은 화려한 언변으로 감정을 고조시키지만, 베드로는 그렇지 않다. 베드로는 보통의 그리스도인들이 쉽게 이해할 수 있도록 진리를 제시한다. 베드로의 편지를 읽을 때, 나는 성경에 뿌리박은 단순하면서도 실제적인 설교를 듣는 것 같다고 느낀다. 보통 사람들이 쉽게 알아들을 수 있는 언어를 사용해 편지를 쓴 그는 '이 그리스도인'들, 즉 베드로전서 1장 8절의 그리스도인들에 대해 우리에게 말해준다. 물론 베드로 자신도 그런 그리스도인들 중 하나였다. 이 그리스도인들은 자신들의 눈으로 볼 수 없을 때에도 믿음을 가졌다.

"예수를 너희가 보지 못하였으나 사랑하는도다 이제도 보지 못하나 믿고 말할 수 없는 영광스러운 즐거움으로 기뻐하니"(벧전 1:8).

여기에서 베드로는 이 놀라운 그리스도인들에 대한 이야기를 시작한다. 이 구절에서 그가 사용한 두 가지 표현, 즉 "보지 못하였으나"라는 말과 "보지 못하나"라는 말은 시제(時制)만 빼면 매우 비슷하다. "보지 못하였으나"라는 말은 과거에 그리스도를 볼 수도 있었던 가능성과 관계된 말이고, "보지 못하나"라는 말은 지금 그분을 볼 수 있는 가능성과 관계된 말이다. 우리가 잘 알고 있듯이, '백문(百聞)이 불여일견(不如一見)'이라는 속담이 있다. 보면 믿게 된다는 것이다.

이 속담이 말해주듯이, 보지 않으면 믿을 수 없는 경우들이 있다. 그러나 눈으로 본 다음에 믿는 것은 기껏해야 감각에 의지한 판단일 뿐이다. 그런 믿음은 신약성경이 말하는 믿음이 아니다. 신약성경이 말하는 믿음은 눈에 보이지 않는 것들에 대한 증언을 듣고서 믿는 것이다. 이 믿음은 세상 사람들이 흔히 말하는 믿음과는 다른 것이다.

믿음으로 보는 즐거움

베드로전서 1장 8절의 그리스도인들은 눈에 보이지 않는 것들을 믿었다. 다시 말해, 비가시적(非可視的)인 것들을 믿었다. 이 이야기를 하려고 하니 생각나는 것이 있는데, 그것은 히브리서 11장 27절의 말씀이다.

"[모세는] 믿음으로 애굽을 떠나 왕의 노함을 무서워하지 아니하고 곧 보이지 아니하는 자를 보는 것같이 하여 참았으며"(히 11:27).

모세뿐만이 아니다. 아브라함도 눈에 보이지 않는 것들을 보았기 때문에 참고 견디었다.

인간이기 때문에 우리는 눈에 보이는 것을 많이 믿게 된다. 그러나 우리 주변의 것들 중 일부만 보지 않고 전부를 보게 된다면, 피조세계의 '눈에 보이지 않는' 놀라운 것들을 보게 된다면 우리는 '눈에 보이지 않는' 것들을 의심하지 않을 것이고 절대 낙심하지 않을 것이다. 왜냐하면 그것들이 분명히 존재하기 때문이다. 그런데 그것들은 믿음이 있어야 보인다. 아브라함은 믿음에 따라 전진할 수 있었는데, 보이지 않고 볼 수도 없었던 것을 '믿음으로' 보았기 때문이다.

베드로전서에 언급된 이 그리스도인들은 눈에 보이지 않는 것들을 매우 생생하고 만족스럽게 체험했기 때문에 말할 수 없는 영광스러운 즐거움으로 기뻐한다.

우리의 찬양은 진심에서 우러나오는 것인가

오늘날 우리는 우리의 마음과 완전히 동떨어진 가사가 담긴 찬송가들을 부르곤 하는데 그럴 때 종종 나는 찬송가를 부르고 싶은 마음이 들지 않는다. 우리가 찬송가를 부를 때, 전능하신 하나님께서 우리의 마음을 완전히 정직하게 해주신다면 어떻게 될까? 내가 볼 때 그럴 경우 우리는 찬송가를 부르지 못할 것이다. 찬송가 가사의 내용과 우리의 마음 상태가 너무 멀리 떨어져 있기 때문이다.

찬송가의 가사들을 예로 들어보자. 교회에서 우리는 종종 "갈보리 어린 양이여, 거룩한 구주여, 내 믿음이 당신을 바라봅니다"라고 찬송한다. 이것은 레이 파머(Ray Palmer, 1808~1887. 미국의 찬송가 작가, 목사)가 쓴 아름다운 찬송가이다. 이 찬송가 가사의 마지막 줄, 즉 "구속받은 이 영혼이 저 하늘나라에 무사히 이르게 하소서"라는 가사를 썼을 때 그는 "내 머릿속에 떠오르는 생각을 글로 옮길 때 감동의 물결이 나를 완전히 압도했기 때문에 내 눈에서 눈물이 비 오듯 했다"라고 말했다. 레이 파머의 가사에는 그의 진심이 담겨 있었다. 하지만 오늘날 우리가 그가 쓴 이 찬송가를 부를 때 찬송가의 가사에 우리의 진심이 담겨 있는가? 진심에서 우러나와 이 찬송가를 부르는 사람이 우리 중 몇 명이나 될까? 오늘날 찬송가를 부를 때, 우리는 대부분 좋은 게 좋다는 식으로 "자꾸 따지지 말고 그냥 은혜롭게 부릅시다"라고 말한다.

우리의 진심이 거의 담기지 않은 채 자주 부르는 찬송가가 또 있는데, 그것은 찰스 웨슬리(Charles Wesley, 1707~1788. 영국의 유명한 찬송가 작가로 그의 형 존 웨슬리와 함께 감리교의 부흥에 기여했다)가 쓴 '하나님의 크신 사랑'(새찬송가 15장)이다.

하나님의 크신 사랑 하늘에서 내리사
우리 맘에 항상 계셔 온전하게 하소서
우리 주는 자비하사 사랑 무한하시니
두려워서 떠는 자를 구원하여주소서

A. I. 젤리(A. I. Zelley)가 만든 찬송가 '목마른 내 영혼'(새찬송가 309장. 후렴 가사는 다음과 같다 - 편집자 주)은 여러 해 전 야영 집회 같은 경우에 많이 불렀던 찬송가이다.

예수의 사랑 예수의 사랑
바다물결같이 내게 임하니
영광의 물결이 온전히 싸여서
내 영혼의 기쁨 한량 없도다

이 부분을 직역하면 다음과 같다.

거대한 바다 물결처럼, 거대한 바다 물결처럼
예수님의 사랑이 나를 덮치도다.
영광의 파도가 굽이치니 내 속에서 터지는 환성을 막을 수 없도다.
예수님의 사랑이 내 영혼을 압도하도다

"영광의 파도가 굽이치니 내 속에서 터지는 환성을 막을 수 없도다"라는 그의 고백은 결코 가식적인 말이 아니다. 왜냐하면 하나님의 은혜에 푹 잠겼기 때문이다. 그러나 우리는 어떠한가? 많은 사람들은 "내 속에서 터지는 환성을 막을 수 없도다"라고 노래하지만, 사실 그 환성은 얼마든지 쉽게 막힌다. 그들은 자신들의 정욕과 분노를 막는 것보다 이를 훨씬 더 쉽게 막는다.

만일 보통의 그리스도인들이 "영광의 파도가 굽이치지만 나는 입을 꼭 다물고 있다"라고 노래한다면 거짓말을 하는 것이 아니다. 하지만 "영광의 파도가 굽이치니 내 속에서 터지는 환성을 막을 수 없도다"라고 노래한다면 전능하신 하나님 앞에서 거짓말을 하는 것이다. 그러므로 우리는 거짓말을 지나치게 많이 하고 있는 것이다. 나는 찬송가의 가사가 당신의 감정과 동떨어진 것이라면 찬송가를 부르지 말라고 권하고 싶다. 굳이 찬송가를 불러야 한다면 마음속으로 "오, 하나님! 사실 제 마음은 이 찬송가의 가사와 다릅니다. 하지만 찬송가 가사대로 되기를 원합니다. 오, 주님! 제 마음을 변화시켜주소서"라고 기도하고 불러라. 그러면 하나님께서 다 아시고 당신의 소원대로 이루어주실 것이다.

어떻게 해야 우리가 "내 속에서 터지는 환성을 막을 수 없도다"

라고 진심에서 우러나오는 노래를 할 수 있을까? 베드로가 쓴 편지의 수신자(受信者)들인 그리스도인들은 눈에 보이지 않는 것들을 보고 믿고 '말할 수 없는 영광스러운 즐거움으로' 기뻐했다. 그들처럼 될 수 있는 방법을 당신에게 어떻게 말해주어야 할지 나는 모르겠다. 다만 나는 그들이 어떻게 해서 그렇게 되었는지를 알 뿐이다. 그들은 볼 수 없는 것들을 믿었기 때문에 그렇게 되었다. 볼 수 없는 것들을 믿을 때에야 비로소 당신과 나는 '말할 수 없는 영광스러운 즐거움으로' 충만하여 소리치게 될 것이다.

보이지 않는 진짜 세계를 믿는 믿음

"예수를 너희가 보지 못하였으나 사랑하는도다 이제도 보지 못하나 믿고 말할 수 없는 영광스러운 즐거움으로 기뻐하니"(벧전 1:8)

베드로전서 1장 8절에서 베드로가 보여주려고 노력하는 그리스도인들의 특징은 보이지 않는 것들을 믿는다는 점이다. 다시 말하지만, 그들은 볼 수 없는 것들을 믿는다. '진짜 세계'가 물리적 세계와 함께 존재하면서 그것에 영향을 주고 또 그것의 접근을 허용한다고 그들은 믿는다. 영(靈)과 실재(實在) 사이에는 모순이 전혀 없다. 영과 물질 사이에는 모순이 있지만, '영적인 것들'과 '실재적인 것들' 사이에는 모순이 없다. 그렇기 때문에 신자들은 진짜 세계를 받아들이고 믿는다. 하나님은 이 진짜 세계의 왕이시다. 이 진짜 세계는 영원한 왕국이요, 영원한 세계요, 눈에 보이지 않는 영적 세계이다. 이 세계는 물리적 세계와 함께 존재하면서 그것에 영향을 주고 또 그것의 접근을 허용한다.

천국은 우리로부터 멀리 떨어져 있는 것이 아니다. 그러므로 천국에 도달하기 위해 우주선을 타고 몇 광년(光年)의 거리를 여행할 필요가 없다. 보통의 그리스도인들은 천국이 아주 멀리 있다고 생각한다. 그렇기 때문에 천국이 가까이 있고 그들의 영혼에 영광이 임했다고 찬송할지라도 그들의 마음에는 감동이 없다.

하나님께서 왕으로 통치하시는 영원한 세계에는 영원히 죽지 않는 영들이 살고 있다. 우리가 사랑했던, 세상을 떠난 그리스도인 형제자매들은 그 영원한 세계로 갔기 때문에 잠시 동안 우리의 눈에 보이지 않는다. 그렇지만 그 영원한 세계는 우리에게 친숙한 이 물리적 세계만큼 실재적이다. 아니, 이 세계보다 더 실재적이다. 그 세계와 이 물리적 세계는 공존한다고 보아야 할 것이다. 그 세계는 우주의 별들 사이에 존재하는 텅 빈 공간 같은 것이 아니다. 밤하늘을 보라. 별 하나가 보일 것이고, 또 그 옆에 다른 별이 보일 것이다. 그 두 별 사이의 거리는 아마도 몇 백만 광년이 될 것이다. 다시 말해, 그 두 별 사이에는 상상을 초월하는 큰 공간이 존재하는 것이다. 그러나 보이지 않는 영원한 하나님의 세계는 현재 우리의 눈에 보이는 우리 주변의 세계와 그렇게 멀리 떨어져 있지 않다.

동일한 밀도의 두 사물이 동시에 동일 장소에 존재할 수 없다는 법칙이 있다. 그러나 밀도가 서로 다른 두 사물은 동시에 동일 장소에 존재할 수도 있다. 예를 들어보자. 불이 활활 타오르고 있는 벽난로 앞에 당신이 앉아 있다면 당신에게는 두 가지가 동시에 존재하는 것이다. 그것은 열과 빛이다. 열과 빛의 밀도는 똑같지 않다. 열과 빛은 서로를 배척하지 않는다. 그것들은 동일한 벽난로에서 나와 상호 공존한다.

다른 예를 들면, 하늘에 떠 있는 태양이다. 동일한 태양에서 열과 빛이 나와 이 둘은 상호 공존한다. 열은 우리를 따뜻하게 해주고 빛은 우리의 주변을 밝혀준다. 열과 빛은 서로를 배척하지 않고 공존하면서 서로 얽혀서 함께 살아간다. 이와 마찬가지로, 하나님께서 만드신 아래의 세계, 즉 우리가 자연이라고 부르는 세계와 그분이 만드신 위의 세계, 즉 우리가 천국이라고 부르는 세계는 상호 공존한다.

그런데 이 두 세계는 공존할 뿐만 아니라 서로 영향을 주고 상대방의 접근을 허용한다. 그렇기 때문에 하나님께서는 이 땅에 사다리를 놓고 그 꼭대기가 하늘에 닿게 하여 하나님의 사자(使者)들이 그 사다리에서 오르락내리락하도록 만드실 수 있는 것이다. 이 두 세계는 상대방의 접근을 허용하기 때문에 서로에게 문을 열어줄 수 있다. 그렇기 때문에 하나님께서는 자신의 독생자를 이 땅에 보내실 수 있었고, 또 스데반을 천국으로 데려가실 수 있었다. 그렇기 때문에 우리는 하나님께 기도를 올려 드릴 수 있는 것이고 또 하나님의 응답을 받을 수 있는 것이다. 다시 말하지만, 이 두 세계는 서로 영향을 주고 상호 공존하며 서로의 접근을 허용한다.

영적인 것을 믿는 그리스도인

베드로전서의 수신자들인 그리스도인들은 눈에 보이지 않는 세계를 믿었다. 그렇기 때문에 그들은 온갖 종류의 물질주의에서 벗어날 수 있었다. 추수감사절이나 성탄절에 미국 언론은 영적인 것들을 칭송하는 말을 아낌없이 쏟아낸다. 하지만 그런 절기들이 지나가면 다시 물질주의적인 태도로 돌아간다. 심지어 영적인 것들을 칭송할 때도 언론은 매우 물질주의적인 방법을 사용한다.

그러나 그리스도인들은 온갖 종류의 물질주의에서 벗어난다. 그들은 눈에 보이는 것에 큰 가치를 두지 않는다. 손으로 만질 수 있는 것만을 인정하는 어리석은 믿음에 빠지지 않는다. 그들은 보이지 않는 것을 믿기 때문에 참고 견딘다. 물질주의를 초월한 사람들은 유령 같은 존재들이 아니라 영적인 존재들이다. 영적인 것들은 존재하지 않는 것이 아니다. 다만 물질로 존재하지 않고 영으로 존재할 뿐이다. 그리스도인들은 영적인 것들을 믿고 그것들의 빛 안에서 살아가기 때문에 온갖 종류의 물질주의에 얽매이지 않는다.

눈에 보이지 않는 영적인 것들을 믿는 그리스도인들은 또한 온갖 종류의 미신과 우상숭배에서 자유롭다. 물론 우상숭배를 하는 자들도 눈에 보이지 않는 것들을 믿는다. 하지만 그들과 달리 그리스도인들은 하나님의 계시를 통해 교훈을 얻었기 때문에 그들의 믿음이 교정되었고 깨끗하게 되었다.

교육을 많이 받은 이교도가 돌덩어리 앞에 무릎을 꿇고 절하는 경우도 있는데, 그럴 때 당신이 그에게 "왜 당신은 그 돌덩어리를 숭배합니까?"라고 물으면 그는 "나는 돌덩어리를 숭배하는 것이 아니라 그 안에 거하시는 신(神)을 경배하는 것입니다"라고 대답할 것이다.

그리스 사람들은 올림포스 산을 숭배하곤 했는데, 만일 당신이 그들에게 "당신들은 왜 올림포스 산을 숭배합니까?"라고 물었다면 그들은 "우리는 올림포스 산을 숭배하는 것이 아니라 그 산속에 계신 신들을 경배하는 것입니다"라고 대답했을 것이다.

심지어 오늘날에도 교회 안에 세워놓은 상(像)들 앞에 무릎을 꿇는 사람들이 있는데, 그들에게 "왜 저 상을 숭배합니까?"라고 물으면 그들은 "우리는 저 상을 숭배하는 것이 아니라 저 상이 상기시켜주는 하나님을 경배하는 것입니다"라고 대답할 것이다.

그리스도인은 예수님이 말씀해주신 것을 믿는다

눈에 보이지 않는 것들을 믿는 사람이라고 해서 전부 그리스도인은 아니다. 사실, 그리스도인이 아니면서도 눈에 보이지 않는 것들을 믿는 사람들이 많다. 그러나 그리스도인이면서 눈에 보이지 않는 것들을 믿지 않는 것은 불가능하다. 아무튼 귀신이 나올 것 같은 으스스한 곳에 있는 어떤 불가사의한 존재를 달래주기 위해 토끼의 발을 제물로 드리거나 주문(呪文)을 외우거나 쇠사슬을 목에 감거나 해야 한다고 믿는 사람들이 있는 것이 사실이다. 이런 그들의 믿음은 눈에 보이지 않는 것에 대한 믿음이지만 기독교의 믿음이 아니라 이교적(異敎的)인 잘못된 믿음이다.

예수 그리스도께서는 이 땅에 오시어 복음을 통해 생명과 불멸(不滅)을 밝히 전하셨다. 그때 예수 그리스도는 사람들 앞에 나타나시어 입을 열어 말씀하셨다. 진정으로 존재하는 세계가 무엇인지를 말씀해주심으로써 예수님은 미신적인 것들을 믿는 거짓되고 죄악된 믿음을 바로잡아주셨다. 그 진짜 세계를 경험하고 우리에게 와서 그것을 전하신 분으로는 예수님이 유일하시다. 아브라함은 죽었으며, 그의 몸은 막벨라 밭 굴에서 잠자고 있고, 그의 영은 하나님과 함께 있다. 하지만 그가 우리에게 돌아와 그 진짜 세계가 어떤 것인지에 대해 말해준 것은 아니다. 반면 예수님은 영원 전부터 그곳에 계셨던 분이다. 그런 예수님이 이 땅에 오시어 천국의 것들에 대해 말씀해주셨고, 자신의 말씀을 믿지 않는 자들을 꾸짖으셨다.

따라서 그리스도인들은 물질적인 것들만을 믿는 물질주의자가 아니다. 그들은 다른 세계의 존재를 단지 희미하게 믿는 우상숭배자가 아니다. 그들은 진정으로 실재하는 세계에 계시다가 이 세상으로 오신 분이 가르쳐주신 것들만을 믿는다. 그분에게서는 '몰약과 침향과 육계의 향기'(시 45:8)가 나며 영원한 왕의 임재의 향기가 풍긴다.

보이지 않는 세계를 의지하는 그리스도인

그리스도인들은 보이지 않는 세계를 믿는다. 하지만 거기서 끝나는 것이 아니라 그 세계를 의지하며 살아간다. 그들은 눈에 보이지 않는 것들의 실재를 의지하는 사람으로서 행동하고 계획하고 살아간다. 하지만 세상 사람들은 다른 세계의 존재를 믿지 않는다. 아니 설사 믿는다 할지라도 말로만 믿는다. 그들은 "다른 세계요? 물론 존재하죠. 당연히 그것을 믿어야죠"라고 말하지만 그런 자신들의 말과는 아무 상관없이 이 땅에서 살아간다. 다른 세계가 존재하지 않는 것처럼 행동하고, 눈에 보이지 않는 세계가 존재하지 않는 것처럼 삶의 계획을 세운다. 그들은 마치 천국이 신화(神

話)에 불과한 것처럼 살아간다.

그렇지만 그리스도인들은 다른 세계에 의지해 살아간다. 그렇기 때문에 영원한 왕국에 계신 하나님의 보이지 않는 임재, '처음 나신 분'의 거룩한 교회 안에서 완전케 된 영(靈)들, 성령, 그리고 보이지 않는 세계가 그들에게 영향을 미친다. 눈에 보이지 않는 것들이 그들의 계획에 영향을 주고, 그들의 습관을 형성해주고, 그들을 위로하고 붙들어준다.

하나님께서 우리 가까이에 계시다고 생각하면 매우 위로가 된다. 보이지 않는 세계가 우리 가까이에 있다고 생각하면 큰 위로가 된다. 예수님께서 겟세마네 동산에서 기도하실 때 천사들이 하늘로부터 나타나 예수께 힘을 더했다는 것을 생각하면 힘이 솟는다(눅 22:43 참조). 예수님이 하나님께 구하여 '열두 군단 더 되는 천사'(마 26:53)를 보내시게 할 수도 있었다는 것을 생각하면 마음이 든든해진다. 예수님을 도우실 수 있었던 하나님께서는 지금 우리를 도우실 수 있다.

프랜시스 톰슨(Francis Thompson, 1859~1907. 잉글랜드의 시인)은 그의 시 '하나님의 나라'에서 다음과 같이 말했다.

천사들은 오랜 세월 그들의 자리에 있으니,
날개 치며 날아오를 때 발밑의 돌멩이 하나만 구르는도다
그토록 눈부신 장관을 보지 못하는 것은 오직 당신이니,
고개 돌린 당신만 보지 못하는도다

불신앙으로 가득한 마음들은 그토록 눈부신 장관을 보지 못한다. 하지만 천사들은 여기에 있다. 교회의 돌담 안에 사는 가톨릭 사제들은 천사에게 열광하면서 밤낮으로 거의 매일 천사를 높인다. 천사에 대한 그들의 개념은 신약성경의 개념보다는 오히려 올림포스 산에 대한 이교적인 개념에 더 가깝다고 생각한다.

하지만 그들이 거룩한 천사에 열광한다고 해서 내가 천사에게 등을 돌리며 "천사들은 여기에 없습니다"라고 말할 필요는 없다. 분명히 말하지만, 천사들은 여기에 있다. 예수님께서도 아이들에 대해 "삼가 이 작은 자 중의 하나도 업신여기지 말라 너희에게 말하노니 그들의 천사들이 하늘에서 하늘에 계신 내 아버지의 얼굴을 항상 뵈옵느니라"(마 18:10)라고 말씀하셨다.

이교들이 기독교의 어떤 점을 받아들여 천사들의 사역에 대한 왜곡된 거짓 교리를 만들었다고 해서 우리가 천사에 관한 교리를 전부 거부할 필요는 없다. 이슬람 신자들이 잘못된 기도를 하루에 다섯 번씩 열심히 드린다고 해서 우리가 기도하지 말아야 하는 것은 아니다. 모르몬교 신자들이 모르몬 경(經)을 읽는다고 해서 우리가 성경을 장롱 속에 쳐 박아두어야 하는 것은 아니다. 크리스천 사이언스(Christian Science, 19세기 말 메리 베이커 에디가 시작한 기독교 이단. 죄와 질병과 죽음이 환상이기 때문에 정신적 노력을 통해 제거될 수 있다고 가르친다) 신봉자들이 교회 건물에서 모인다고 해서 우리가 교회 건물을 허물어야 하는 것은 아니다. 가짜들이 판을 쳐서 머리가 어지럽다고 해서 진짜들까지 버려서는 안 된다.

쿼터(25센트짜리 미국 동전)를 보라. 거기에는 '자유 ; 우리는 하나님을 믿는다'라고 쓰여 있다. 그리고 뒷면에는 '미국 ; 여럿으로 이루어진 하나'라고 쓰여 있다. 내가 기억하는 한, 나는 위조 쿼터를 만져본 적이 없다. 그런데 만일 내가 누군가에게 한 쿼터를 주었는데 그가 그것을 도로 내게 던지며 "이것은 가짜입니다"라고 말한다면 어떻게 할까? 그렇다 할지라도 나는 내 주머니에 있는 쿼터들을 모두 뒤뜰에 버리지 않을 것이다. 거짓이 도처에서 판을 친다 할지라도 진실까지 거부해서는 안 된다.

두 가지 차원에서의 삶

토머스 켈리(Thomas Kelly, 1893~1941. 퀘이커 교육자)의 지적에 따르면, 우리는 두 가지 차원에서 살고 있다고 한다. 하나는 자연적 차원이고, 다른 하나는 영적 차원이다. 그렇기 때문에 그리스도인들은 세상 사람들을 당혹스럽게 하는 아주 놀랍고 불가사의한 존재이다. 그들은 동물이면서 영(靈)이다. 그들은 죽을 수밖에 없는 몸 안에서 살면서 영적인 것들을 위해 살려고 몸부림치기 때문에 세상 사람들에게 괴상한 존재로 보인다.

예를 들어보자. 같은 아파트에서 한 사람은 1631호에 살고 다른 한 사람은 1633호에 산다. 그런데 이 두 사람은 낮과 밤이 다르듯이 다르다. 한 사람은 성격이 좋고 태평하고 편안하고 솔직한 사람이지만, 지옥으로 달려가고 있는 죄인이다. 그는 자기가 지옥으로 가고 있다는 것을 알지 못한다. 그는 사람들과 잘 어울려 지낸다. 그 누구도 귀찮게 하지 않는다. 길거리에서 사람들을 만나면 손을 흔드는 사교적인 성격이다. 하지만 죄인이요, 에서 같은 사람이요,

하나님께 반역하는 사람이다.

이 사람 옆에는 그리스도인이 살고 있다. 이 그리스도인은 거듭난 사람이요, 구원의 보증으로 성령을 받은 사람이지만 어려움을 겪고 있다. 그는 울어야 할 이유가 없는데 운다. 이유 없이 우울해 한다. 다른 사람이 그의 옆에 서서 그에게 말을 걸고 싶어 하지만 그는 어떤 생각에 잠겨 있다. 옆집 사람은 항상 라디오를 들으며 즐거워하지만, 그는 외국에서 전쟁이 일어나지 않았나 하며 걱정한다. 그는 팔에 성경책을 끼고 집을 나서서 가두집회나 기도회에 참석하기도 한다. 그는 옆집에 사는 죄인만큼 편한 사람이 아니며, 죄인처럼 행동하지도 않는다.

왜 그러한가? 그것은 죄인이 한 차원에서만 살아가지만 그리스도인은 두 차원에서 살아가기 때문이다. 죄인은 물질적 차원에서만 살지만 그리스도인은 물질적 차원과 영적 차원에서 산다. 그리스도인의 몸은 여기 이 땅에 두 발을 딛고 있지만, 그의 영은 저 하늘에서 하나님과 함께 있다. 그렇기 때문에 그는 편하게 어울릴 수 있는 사람이 아니다. 내가 늘 말해왔듯이, 선지자들은 편하게 어울릴 수 있는 사람들이 아니다. 하지만 그들이 없으면 우리는 부패하게 된다.

믿음의 사람은 보이지 않는 것을 다룬다

눈에 보이지 않는 것들에 관심을 쏟는 것이 그리스도인들의 특징이다. 성찬식을 예로 들어보자. 성례전(聖禮典)이 무엇인가? 성례전은 보이지 않는 것이 보이는 것으로 드러나는 것이다. 영원한 것이 시간적인 것과 만나는 것이다. 성찬식은 영적인 것에 물질이라는 얇은 옷을 입혀주는 것이요, 시간적인 것을 접시로 삼아 그 접시 위에 영원한 것을 차려내는 것이다. 그리스도인들은 이런 놀라운 것을 이제까지 믿어 왔다.

성찬식이라는 성례전에 대한 해석은 크게 둘로 나뉜다. 첫 번째 해석은 성찬식의 빵과 포도주가 실제로 그리스도의 몸과 피가 된다는 것이다. 이 해석에 따르면, 성찬용 접시에 담긴 빵을 집어 드는 것은 성모 마리아를 통해 태어나신 예수님의 몸을 의식적으로 만지고 들어 올리는 것이 된다. 내가 볼 때, 이런 해석은 우리가 진지하게 고려해볼 만한 해석이 못 된다.

두 번째 해석은 눈에 보이지 않는 것이 눈에 보이는 것 안에, 그 아래에, 그 뒤에 현존(現存)한다고 믿는다. 나는 이 두 번째 해석을 지지한다. 영적인 것들을 볼 수 있는 믿음의 눈을 가진 사람들이 있는 곳이라면 어디에서나 하나님의 아들이 임재하여 미소 지으신다. 성찬식에서, 성찬식의 빵과 포도주에서 우리는 하나님의 미소를 볼 수 있다. 물론 우리는 빵과 포도주가 어디에서 왔는지 잘 안다. 우리는 그것들을 가게에서 샀다. 그것들 자체에 무슨 마술적 힘이 있는 것이 아니다. 빵을 새들에게 던져주면 새들의 먹이가 될 것이다. 죄인이 성찬용 잔을 집어 들어 들이키면 포도주가 그의 몸 안으로 들어갈 것이다.

다시 말하지만, 빵이나 포도주 자체에 무슨 마술적 힘이 있는 것은 아니다. 비유적으로 말하자면, 빵과 포도주는 실물교육에 사용되는 교재 같은 것이라고 말할 수 있다. 빵과 포도주는 영적인 것과 영원한 것을 담아내는 물질적인 것이요, 시간적인 것이다. 믿음이 있는 사람은 보이지 않는 것들을 만지고 다루는 것이다.

이 점에 대해 좀 더 이야기해보자. 심지어 초대교회에서도 일부 그리스도인들은 물질적 차원의 사고(思考)에서 벗어나지 못했기 때문에 영적인 것을 보지 못했다. 그들은 교회에서 포도주를 마시며 즐기고 배가 부를 때까지 빵을 먹었지만, 눈에 보이지 않는 것을 보는 믿음이 없었다. 그들은 주(主)의 몸을 분별하지 못했다(고전 11:29,30 참조).

성경은 특히 사도 바울의 글들은 성찬식 때에 빵과 포도주를 단지 육신적 음식으로 간주하여 먹고 마시지 말라고 경고한다. 많은 사람들은 성찬용 빵과 포도주를 단지 먹고 즐길 음식으로 여겼다. 물질적 차원의 사고에서 벗어나지 못하는 이런 사람들 때문에 하나님께서 슬퍼하셨다. 성찬식은 단지 빵과 포도주라는 음식을 먹고 마시는 것이 아니다. 믿음이 있는 사람들은 빵과 포도주라는 문(門)을 통해 영적인 것에 도달한다.

영적인 것, 보이지 않는 것, 그리고 영원한 것이 여기에 있다. 믿음은 그것들을 본다. 베드로의 편지의 수신자들인 그리스도인들은 눈에 보이지 않는 것들을 믿었다. 그들이 보지 못한 것들을 믿었다. 그렇기 때문에 보이지 않는 것들이 보이는 것들이 되었다.

CHAPTER 02
구원의 진리를 이해하는 자가
그리스도인이다

"이 구원에 대하여는 너희에게 임할 은혜를 예언하던 선지자들이 연구하고 부지런히 살펴서 자기 속에 계신 그리스도의 영이 그 받으실 고난과 후에 받으실 영광을 미리 증언하여 누구를 또는 어떠한 때를 지시하시는지 상고하니라 이 섬긴 바가 자기를 위한 것이 아니요 너희를 위한 것임이 계시로 알게 되었으니 이것은 하늘로부터 보내신 성령을 힘입어 복음을 전하는 자들로 이제 너희에게 알린 것이요 천사들도 살펴보기를 원하는 것이니라"(벧전 1:10-12).

성경의 진리는 크게 세 가지로 나누어지는데 그것은 기이한 진리, 진귀한 진리, 그리고 평안을 주는 진리이다. 이 세 가지 진리를 잘 이해하면 구원을 더욱 깊이 이해하게 된다.

진리는 기이하다. 그것은 성경에서 많이 언급되는 것이 아니기 때문이다. 구원은 하늘에 속한 신비한 것이기 때문에 그것을 예언한 선지자들조차 그것을 이해하지 못했다. 그들은 그들이 예언하는 구원을 이해하기 위해 열심히 연구하고 부지런히 살폈다. 하지만 그들이 이해한 것은 자비롭고 인자하신 하나님께 은혜를 입은 사람들이 장차 나타나 그분께 놀랍고 아름다운 선물을 받게 될 것이라는 사실뿐이었다. 그들도 구원을 완전히 이해한 것은 아니었다.

그렇다면 진귀한 진리는 무엇인가? 그것은 구약의 선지자들에게 그리스도의 영(靈)이 있었다는 것이다. 천국은 우리의 구원을 알고 있고 또 우리의 구원에 대해 말하고 있다. 타락하지 않은 천사들은 우리의 구원의 아름다움에 감탄한다. 우리의 구원은 최근의 것이 아니다. 심지어 비교적 최근의 것도 아니다. 그것은 매우 오래된 것이다. 창세 이래 성령의 감동을 받은 선지자들은 모두 구원을 주제로 이야기했다. 이 모든 것은 다시 우리로 하여금 평안을 주는 진리에 주목하게 한다.

기이한 진리

우선, 구약의 선지자들에게 큰 영향을 끼친 기이한 진리에 대해 살펴보자.

성경의 영감(靈感)에 대해 이런저런 이론들이 많이 있는데, 우리는 베드로전서 1장 10-12절 말씀에서 성경의 영감에 대해 많이 배울 수 있다. 내가 볼 때, 우리 복음주의자들이 성경의 영감에 대한 한 가지 이론만을 받아들여야 하는 것은 아니다. 왜냐하면 하나님의 거룩한 사람들이 성령의 감동을 받아 말했다고 우리가 믿기 때문이다. 예수님은 "진실로 너희에게 이르노니 천지가 없어지기 전에는 율법의 일점일획도 결코 없어지지 아니하고 다 이루리라"(마 5:18)라고 말씀하셨다. 예수님의 이 말씀을 볼 때, 우리는 성경이 성령의 감동에 의해 기록되었다고 믿지 않을 수 없다.

어떤 사람들은 "성령의 감동을 받아 성경을 기록한 사람들은 그들이 아는 것들만을 기록했다. 그들은 그들이 아는 것을 지혜롭게 영적으로 전달한 종교적 기록자들이다. 그들은 그들이 아는 것을 기록한 다음 사람들을 권면하고 위로하고 꾸짖었다. 그리고 그들이 아는 것을 사람들의 마음에 적용했다"라고 주장한다.

하지만 그들의 주장에는 빠진 것이 있다. 성령의 감동을 받은 선지자들은 때때로 그들이 알지 못하는 것들도 예언했다. 그들은 그들 안에서 놀라운 것들에 대해 증거하시는 성령의 음성을 듣고 그 음성에 따라 예언했지만, 그 예언의 의미를 모두 이해한 것은 아니었다. 사실, 그들이 역사적 사건들에 대해 예언하는 것은 상대적으로 쉬운 일이었다. 예를 들면 바벨론이 멸망할 것이라는 예언, 이스라엘이 포로로 잡혀갈 것이라는 예언, 아합 왕이 죽고 개들이 그의 피를 핥을 것이라는 예언은 이해하기에 어려운 것이 아니었다. 역사적 사건들에 대한 이런 예언들은 아주 많다. 역사적 예언들은 상대적으로 쉬운 예언이었고, 모든 선지자들은 그것들을 이해했다.

이런 가정을 한 번 해보자. 미국이 핵폭탄으로 완전히 멸망할 것이라는 예언이 내게 임하여 내가 그것을 기록했다고 해보자. 그럴 경우, 나는 내 예언을 이해할 수 있다. 그런 예언은 이해하기에 어려운 것이 아니다. 미국의 대도시들이 파괴되는 것을 머릿속으로 상상하기만 하면 이해가 되는 예언이다. 구약의 많은 예언들은 이성적(理性的)으로 이해할 수 있는 것들이었다. 다시 말해, 그것들을 기록한 선지자들이 쉽게 이해할 수 있는 것들이었다.

그러나 놀라운 새 시대가 도래할 것이라는 예언의 경우에는 이야기가 달라진다. 은혜, 자비, 구원, 성육신(聖肉身), 부활, 속죄, 승천, 성령을 보냄, 신생(新生), 하나님의 형상으로 지음을 받는 새 민족의 탄생 같은 것들은 그것들을 예언한 선지자들조차 이해할 수 없는 것이었다. 그들은 그런 일들이 장차 일어날 것이라고 예언할 뿐이었다. 그것들을 이해하려면 하나님께서 주시는 영적 깨달음이 있어야 했지만, 그것이 그들에게는 허락되지 않았다. 그들은 다른 사람들에 대해 예언했다.

물론 그들 자신도 그 다른 사람들 속에 포함되지만, 예언할 당시에 그들은 그 사실을 알지 못했다. 그들은 미래에 대해 예언했지만, 그 예언의 성취를 보지 못한 채 죽었다. 하지만 하나님의 영감에 의한 예언들은 계속되었고, 오늘날 우리는 번역을 통해 그 예언들을 성경 안에서 만나게 된다.

선지자들은 그들 안에서 말씀하시는 성령의 음성을 들었고, 그들이 들은 것을 예언했다. 그들은 선지자의 입장에서 예언했지만, 개인의 입장에서는 연구하고 살펴야 했다. 그런데 내게 의문이 생긴다. 그들은 무엇을 살폈는가? 그들은 어떤 다른 선지자의 글을 살폈는가? 자기의 마음을 살폈는가? 아니면 "찾으라 그리하면 찾아낼 것이요"(마 7:7)라는 의미에서 찾았는가? 베드로는 선지자들이 무엇을 살폈는지에 대해 구체적으로 말하지 않는다. 내가 볼 때, 이 문제에 대해서는 설교자들과 선생들에게 그들 나름대로의 해석이 있을 것이라고 생각된다.

사실, 성경 해석에 있어 다양한 견해가 등장하는 것은 흔히 있는 일이다. 어떤 사람이 A라는 해석을 주장하고 또 어떤 사람이 B라는 해석을 들고 나오고 또 다른 사람이 C라는 입장을 밝힐 때, 그들의 견해가 서로 모순되지 않을 수 있다. 오히려 그들의 해석이 서로를 보충해줄 수도 있다. "내 해석을 받아들여라. 그렇지 않으면 당신과 대화조차 하지 않겠다"라고 말하는 사람이 아니라면, 나는 그 누구의 견해에도 마음 문을 열고 다양한 해석에 귀를 기울일 것이다. 자기의 생각만이 옳다고 주장하는 것은 너무 편협한 율법주의적 사고방식이다.

선지자들은 장차 임할 것들에 대해 예언했다. 그들이 그들조차 이해하지 못했던 것들에 대해 예언했다는 사실은 놀랍고 진기한 일이다.

진귀한 진리

진귀한 진리는 구약과 신약에서 직접적으로 많이 언급되지는 않지만, 여기 베드로전서 1장 10-12절에서는 매우 단호하게 언급된다.

"이 구원에 대하여는 너희에게 임할 은혜를 예언하던 선지자들이 연구하고 부지런히 살펴서 자기 속에 계신 그리스도의 영이 그 받으실 고난과 후에 받으실 영광을 미리 증언하여 누구를 또는 어떠한 때를 지시하시는지 상고하니라 이 섬긴 바가 자기를 위한 것이 아니요 너희를 위한 것임이 계시로 알게 되었으니 이것은 하늘로부터 보내신 성령을 힘입어 복음을 전하는 자들로 이제 너희에게 알린 것이요 천사들도 살펴보기를 원하는 것이니라"(벧전 1:10-12)

구약의 선지자들은 '그리스도의 영을 가졌다'(had the Spirit of Christ). 그런데 여기서 '가졌다'(had)라는 표현은 충분하지 못한데 그것은 성경이 '자기[그들] 속에 계신 그리스도의 영'(the Spirit of Christ, which was 'in' them. 벧전 1:11)이라고 말하기 때문이다. 여기서 '속에/안에'(in)라는 전치사에 주목해보자.

이 전치사는 어떤 사람들이 주장하는 소위 '성령에 대한 지리적(地理的) 해석'을 완전히 무너뜨린다. 나는 그것을 '성령에 대한 전치사적 해석'이라고 부르고 싶다. '위에'(on), '함께'(with) 그리고 '속에'(in)라는 말에 너무 집착하는 사람들이 있다. 그들은 "성령께서 구약의 성도들 '위에' 계셨지만 그들 '안에' 계신 것은 아니었다"라고 주장한다. 또 그들은 "오순절 성령강림 전에는 성령께서 사도들과 '함께' 계셨지만 그들 '안에' 또는 그들 '위에' 계셨던 것은 아니다. 오순절 성령강림 후에 비로소 성령께서 그들 안으로 들어가셨다"라고 말한다. 만일 그들처럼 생각한다면 설교가 매우 쉬워질 것이다. 성경의 전치사들을 부지런히 찾아 그것들로부터 알량한 해석들을 끄집어내기만 하면 되기 때문이다.

이제까지 나는 '시장(市場)에서 놀고 계신 하나님'을 믿어본 적이 없다. 이제까지 나는 '재미있게 생긴 장난감 집짓기 나무토막들을 가지고 진리를 만들어내는 하나님'을 믿어본 적이 없다. 성경은 그런 하나님을 가르치지 않는다. 성경은 성령께서 사람들 위에 계셨다고 말할 뿐만 아니라 그들 안에 계셨다고 말한다.

베드로전서 1장 11절에 나오는 '속에'(in)라는 전치사는 "구약의 선지자들과 성도들에게는 성령이 없었다. 성령은 오직 그들 '위에' 계셨을 뿐이다"라고 주장하는 어떤 사람들의 황당한 신학을 무너뜨린다. 그런 사람들은 "성령께서 오시어 구약의 선지자들과 성도들 위에 머무르셨을 뿐이다. 비둘기 같은 성령께서 지붕 위에 임하셨지만 거처 안으로 들어오신 것은 아니다"라고 말한다.

그들은 당신이 그들의 말을 믿지 않으면 그들의 작고 좁은 사고의 장(場) 안으로 받아들이지 않겠다고 협박한다. 그들은 "신약을 보면 성령께서 오시어 제자들과 함께 계셨다. 예수님은 '그(성령)는 너희와 함께 거하심이요 또 너희 속에 계시겠음이라'(요 14:17)라고 말씀하셨는데, 이것은 예수님 자신이 그들과 함께 계시다는 것을 의미한 말씀이다. 오순절에 성령께서 오시어 제자들을 충만하게 하셨으며, 성령은 그들 안에 계시게 되었다"라고 말한다.

그러나 나는 성령께서 구약의 선지자들 위에, 또 그들 안에 계셨다고 믿는다. 나는 성령께서 신약의 그리스도인들 위에 임하셨고, 또 그들 안으로 들어오셨다고 믿는다. 나는 성령께서 구약의 선지자들 안에 계셨다고 믿는데 그것은 베드로가 그렇게 말하기 때문이다. 일부 황당한 주석가들의 주장에도 불구하고 나는 베드로가 그런 뜻으로, 즉 성령께서 구약의 선지자들 안에 계셨다는 뜻으로 말했다고 믿는다.

그렇다면 전치사들을 가지고 사람들의 머리를 혼란스럽게 하는 일이 왜 일어났을까? 내가 볼 때, 그들이 악의적으로 그러는 것은 아니다. 그들이 우리의 냉소를 자아내는 것은 사실이지만, 나는 그들에게 냉소를 보내지는 않겠다. 하지만 왜 그런 일이 생기는지에 대해서는 짚고 넘어가겠다.

1. 지적 호기심에만 사로잡혀 실천을 망각한 사람들

일부 사람들에 의해 불필요한 혼란이 생긴 첫 번째 이유는, 그들이 지적 호기심에 집착하느라 실천을 포기했기 때문이다. 성경을 기록한 거룩한 사람들은 우리의 지적 호기심을 충족시키기 위해 말한 것이 아니라 성령의 감동을 받아 하나님의 진리를 말했다. 우리의 영혼을 변화시키고 우리를 거룩한 삶과 거룩한 믿음으로 이끌어줄 진리를 우리에게 전해주는 것이 선지자들의 의도였다. 우리에게 신학적 딸랑이를 주어 우리가 아기들처럼 그것을 가지고 놀도록 만드는 것이 그들의 의도가 아니었다.

나는 이런저런 사경회들에 참석해 다양한 신학적 입장을 보이는 많은 선생들의 이야기를 들어보았다. 하지만 나는 그들이 오래된 신학적 지식과 새로운 신학적 지식을 자랑하는 것 같다는 인상을 받았다. 그들은 특히 새로운 신학적 지식을 자랑하는 것 같았다. 그들은 성경에 대한 일반적이고 단순한 해석을 철저히 비판한 후 그들의 희한한 해석들을 제시했다. 그들은 희한한 성경 해석을 즐기는 것 같았다.

내가 볼 때, 그런 식의 성경 해석은 우리를 잘못된 방향으로 이

끈다. 성경이 심약한 난쟁이 성도들의 신학적 장난감이라고 생각하게 되면 우리는 성경의 목적을 놓치고 머지않아 잘못된 교리의 늪에 빠져버릴 것이다. 성경은 우리의 호기심을 만족시키기 위해 주어진 것이 아니라 우리의 영혼을 거룩하게 하기 위해 주어졌다.

2. 무리한 성경 해석에 집착하는 사람들

일부 사람들이 "성령이 사람들 '위에' 계셨다, 그들 '안에' 계셨다, 또는 그들과 '함께' 계셨다"라고 말하면서 혼란을 일으키게 된 두 번째 이유는 '철저한 분석'에 도달하겠다는 육신적 욕구 때문이다. 하나님 말씀을 철저히 분석하겠다고 달려드는 사람들은 영적 빈혈에 걸린다. 하나님 말씀은 그들의 손에서 피를 흘리다가 죽는다. 그들은 죽은 말씀을 가지고 돌아다니며 그것을 사람들의 목에 쑤셔 넣는다. 하나님 말씀을 철저히 분석해보겠다는 그들의 육신적 욕구는 지적 교만에서 나온 것이다. 철저한 분석을 하겠다고 애쓰는 사람들은 사실 과도하게 열심히 노력하는 것이다.

성경을 이해하려고 노력할 때, 우리는 과도하게 열심히 노력하는 위험에 빠질 수 있다. "이것은 내가 끝장내고 말겠다"라고 말하며 허리띠를 단단히 조이고 이를 악무는 것에 대해 사람들은 칭찬할지 모르지만 하나님께서 보시기에는 아무 의미가 없다. 하나님께서는 옛 아담을 믿지 않으신다. 이미 그분은 옛 아담과 작별하셨고, 인간의 육신이 끝나버렸다고 선언하셨다. 그때부터 지금까지 하나님께서는 인간의 육신을 믿지 않으신다.

구약 시대에 제사장들이 제물을 바치기 위해 지성소 안으로 들어갈 때, 하나님께서는 그들이 양털 옷을 입지 못하도록 하셨는데, 그것은 양털 옷을 입으면 땀을 흘리기 때문이었다. 내가 볼 때, 그런 하나님의 율법 속에는 "땀 흘리는 것을 성령의 감동으로 착각하지 말라. 너희 인간들이 땀을 흘린다고 해서 내가 영광을 받는 것이 아니다. 세마포 옷을 입어라. 그러면 너희가 시원한 상태에서 차분히 나를 영적으로, 성경적으로 섬길 수 있을 것이다. 땀을 흘리며 애쓰면 영적 결실이 있을 것이라고 착각하지 말라"라는 의미가 담겨 있는 것 같다. 온몸의 근육이 피곤해질 때까지 이를 악물고 야곱의 사다리를 오르려는 시도는 이교적 사상에 영향을 받은 것이다. 하나님께서는 그런 인간적 노력을 다 죽이신다. 하나님께서는 오로지 성령께서 일하시는 것을 원하신다.

예수님이 겟세마네 동산에서 땀을 흘리신 것은 인간적 노력이 아니었다. 그것은 옛 아담이 무엇을 이루려고 발버둥친 것이 아니었다. 그것은 성령께서 예수께 임하시고 그분이 온 힘을 다해 기도하신 것이다. 그것은 기도의 영(靈)에 사로잡힌 예수님이 거의 죽음에 이를 정도로 기도하신 것이었다. 성경 구절을 철저히 분석하겠다고 이를 악물고 노력하는 신학자들은 오히려 그 성경 구절의 진정한 의미를 보지 못하는데, 그것은 너무 긴장해 사고가 경직되기 때문이다.

스포츠에서 우리는 귀중한 교훈을 얻을 수 있다. 예를 들어보자. 타율이 3할에서 3할2푼5리 사이를 왔다 갔다 하는 젊은 타자가 갑자기 슬럼프에 빠진다. 투수가 호박을 던진다 할지라도 그는 그것을 치지 못할 것 같다. 그의 슬럼프는 경험 부족 때문이다. 그는 타석에 들어서면 많이 긴장하고 너무 열심히 하려고 한다. 자꾸 실패를 거듭한 후 그는 "이젠 안 되겠다. 농구공을 던진다 해도 나는 그것을 치지 못할 것이다"라고 말한다. 그러다가 어느 정도 시간이 흐른 후 그는 갑자기 잘 치기 시작한다. 왜 그럴까? 그것은 긴장하지 않기 때문이다. 지나치게 잘하려고 애쓰지 않기 때문이다. 나는 그처럼 너무 열심히 노력하는 성도들을 많이 만나보았다.

몇 년 전 송구영신 예배 때 매우 경건한 사람이 자리에서 일어나더니 두 주먹을 불끈 쥐고 그의 신년 계획에 대해 우리에게 말했다. 굳은 결심으로 가득한 표정을 지으며 그는 새해에 하나님을 더욱 열심히 섬기겠다고 말했다. 그때 내 옆에 앉아 있던 조용한 성격의 경건한 친구가 내 소매 끝을 만지며 내게 "에버렛 형제가 그의 바이올린 줄을 너무 조이는군요. 새해에 계속 저렇게 자신을 조이며 살 수 있을까요?"라고 속삭였다. 그 해가 다 지나고 보니, 내 친구의 우려가 결국 현실이 되고 말았다.

당신의 육신적 힘을 다 쏟아 붓고 신앙적 결심으로 이를 악물고 온갖 머리를 다 짜낸다 할지라도 영적 결실을 맺을 수 없다. 성경 해석에서도 마찬가지이다. 가장 쉽고 평범한 해석이 옳은 해석이다. 성경 말씀을 읽고 무릎을 꿇고 그 말씀의 가장 평범한 의미를 받아들이기 바란다. 마크 트웨인(Mark Twain, 1835~1910. 미국의 소설가)은 "대부분 사람들은 그들이 이해하지 못하는 성경 구절들 때문에 힘들어 한다. 하지만 내 경우는 다르다. 나는 내가 이해하는 구절들 때문에 힘들어 한다"라고 말했다. 하나님의 본뜻과는 아무 상관없는 기상천외한 의미를 성경 구절에서 끄집어내기 위한 현학적(衒學的) 연구에 몰두하지 말라. 그럴 시간이 있으면 그 시간에 당신이 깨달은 성경 구절을 실천하는 데 힘써라.

3. 쓸데없는 논쟁을 일삼는 사람들

언젠가 나는 타임스 스퀘어에서 약간 떨어진 곳에 있는 심슨(A. B. Simpson, 1843~1919. 미국의 저명한 복음전도자이자 토저가 속했던 교단 '기독교선교연합'의 설립자)의 옛 교회에서 설교한 적이 있었다. '뉴욕 복음 예배소'라고 불린 그 교회에서 설교하면서 나는 지나가는 말로 "천사들은 순수한 영(靈)이고 동물들은 육(肉)이지만 인간이라는 이 놀라운 존재는 영과 육입니다"라고 말했다. 그런 다음 다른 이야기로 넘어갔다. 예배가 끝난 후 마치 가면을 쓴 것처럼 무표정한 얼굴의 한 남자가 차가운 눈빛으로 내게 다가오더니 "짐승에게 영이 없다고 말씀하셨는데 그게 도대체 무슨 말씀입니까?"라고 물었다.

그와 대화하는 중 나는 그가 1897년 이후 뉴욕을 방문해 설교한 모든 설교자들에게 그런 논쟁을 걸었다는 사실을 알게 되었다. 그는 "하나님께서 모든 육체와 더불어 이 언약을 맺으신 것이 아닙니까?"라고 주장했다. 나는 내가 쓸데없는 논쟁에 휘말려 들어가고 있다고 생각했다. 처음에 나는 그를 형제처럼 대하며 설득하려고 노력했다. 하지만 결국 아무 소용이 없다는 것을 깨닫고 그에게 "선생님, 내가 보니 당신은 성경을 놓고 기계적으로 사고하는 것 같군요. 성경 말씀의 의미보다는 말씀의 문자적 표현에 얽매여 있습니다. 나는 지극히 높으신 하나님을 경배합니다. … 안녕히 가십시오"라고 말한 다음 그를 떠났다. 그 후 그는 나머지 집회에 전부 참석했지만 나를 더 이상 괴롭히지 않았다.

이 사람은 개에게도 영이 있으며 하나님께서 아담과 언약을 맺으셨을 때 그 언약 안에 개도 포함시키셨다는 사상을 어디에선가 듣고 받아들였던 것이다. 정말 어리석기 짝이 없는 사상이다. 설사 그런 사상이 옳다고 해도 그것은 아무 의미가 없다. 개에게 영이 있다면 말과 양과 사자들은 어떤가? 하나님께서는 "세상으로 가서 짐승들에게 복음을 전하라"라고 말씀하지 않으셨다. 그리스도께서는 인간을 위해 돌아가셨다. 그리스도께서는 잃어버린 자들을 찾기 위해 이 땅에 오셨는데, 우리 인간이 그 잃어버린 자들이다. 그리스도께서 육신으로 이 땅에 오셨을 때, 그분의 육신은 짐승의 육신이 아니라 인간의 육신이었다. 곰이나 말이 아니라 인간이신 분이 갈보리 언덕에 오르셨다. 짐승들에게 영적 소망이 있을까? 물론 그런 소망은 없다.

4. 진귀한 진리는 신구약에 모두 나타나 있다

앞에서 하던 이야기로 돌아가보자. 구약의 선지자들에게는 그리스도의 영(靈)이 있었다. 이것은 '진귀한 진리'이다. 그들 안에 계신 그리스도의 영이 여기 성경 안에 있다. 그들은 구주의 도래를 위해 세상을 예비했는데, 사실 그들 안에 계신 구주 자신께서 예비하신 것이다. 구주의 영이 그들 안에서 예언하신 것으로 그들은 그들의 예언서들에서 예표(豫表)와 상징과 역사적 상황을 통해 그리스도를 증거했다. 그렇기 때문에 그리스도인들이 구약성경을 사랑하는 것이다.

아마 당신은 "우리의 책은 신약인데 왜 우리가 굳이 구약을 좋아하는가?"라는 의문을 느낀 적이 있을 것이다. 구약을 읽고 그것에 밑줄을 긋고 그것을 사랑하면서도 당신은 "구약은 율법 시대에 속한 것이고, 우리의 책은 신약이 아닌가?"라고 생각해본 적이 있을 것이다. 그러나 구약이 우리의 책이 아니라면 신약도 우리의 책이 아니다. 신약과 구약을 절대 분리할 수 없다. 신약과 구약은 유기적으로 결합된 하나이다. 그리스도의 영이 구약에 계셨으며, 그분이 또한 신약에 계신다. 구약과 신약은 하나이다. 구약에는 당신과 관계없는 구절들이 나오지만 당신은 그것들을 좋아한다.

예를 들어, 신명기를 읽어보라. 신명기는 대부분 이스라엘 민족과 관계된 내용을 담고 있지만, 그것을 읽을 때 당신의 마음이 뜨거워지고 기쁨으로 충만해지기 때문에 당신은 "그것참 이상하다. 왜 내가 이토록 구약에 끌리는 것일까?"라고 느끼게 된다. 선지자들 안에 계셨던 그리스도의 영이 증거하셨고, 거듭난 당신이 당신 안에 (적어도 어느 정도) 거하시는 그리스도의 영을 인식하여 기쁨을 느끼기 때문에 당신이 구약에 끌리는 것이다. 따라서 오늘날 우리는 구약을 읽고 설교의 본문으로 삼아야 한다.

평안을 주는 진리

세 번째 진리는 '평안을 주는 진리'이다. 속량(贖良), 곧 죄 사함이 하늘에서 널리 알려지고 고대(古代)에 널리 알려졌다는 것이 평안을 주는 진리이다. 천사들이 하나님의 인류 속량 계획을 보고 경이로움과 찬탄을 느껴 그것을 살펴보고 싶은 욕구를 느끼게 되었다는 것이 평안을 주는 진리이다.

왜 천사들이 이 진리에 그토록 찬탄했는가? 내가 볼 때, 거기에는 세 가지 이유가 있다.

1. 인간에 대한 세 가지 사실

첫 번째 이유는 속량의 대상인 인간에 관한 세 가지 사실 때문이다. 만일 사람들이 자신에 대한 이 세 가지 사실을 깨닫는다면 그들의 많은 문제가 해결될 것이다. 첫 번째 사실은 그들이 얼마나 '놀라운 피조물'인가 하는 것이고, 두 번째 사실은 그들이 얼마나 '절망적인 죄인'인가 하는 것이고, 세 번째 사실은 '그리스도 안에서 얼마나 큰 소망이 있는가' 하는 것이다. 때때로 우리는 우리에게 죄가 있다는 것을 인정하고 우리 자신을 쥐나 다람쥐 수준으로 비하하기도 하고, 또 때로는 우리에게 죄가 없다고 말하고 죄를 짓지 않았다고 주장하며 우리 자신을 한없이 높이기도 한다.

그러나 우리는 하나님의 형상으로 창조되었으며, 현재는 천사들보다 조금 낮지만 장차 천사들보다 높아질 것이다. 이것이 우리의 과거이고, 또 우리의 가능성이다. 그러나 신생과 속량과 죄 사함과 깨끗게 함이 없다면 우리는 마귀와 그의 타락한 천사들을 위해 준비된 지옥에 갈 수밖에 없다.

인간의 양면성을 말해주는 이런 사실들은 서로 모순되는 것이 아니라 동일한 진리의 두 측면이다. 인류는 하나님의 형상으로 창조되었는데, 그런 이유로 하나님께서는 자신의 아들을 보내시어 우리를 위해 죽게 하셨다. 그러므로 우리는 우리 자신을 낮게 보아서는 안 된다. 하지만 그러면서도 우리는 우리가 하나님 앞에서 얼마나 보잘것없고 죄 많고 소망 없는 깨어진 존재인지를 기억해야 한다.

우리는 우리 인간의 양면성을 늘 명심해야 한다. 즉 우리가 하나님의 형상으로 창조되었다는 것을 명심해야 하고, 또 우리가 우리의 영혼을 더럽히고 우리 자신을 파괴했기 때문에 심판과 지옥과 죽음의 가능성에 직면해 있다는 것을 명심해야 한다. 그런데 하나님께서는 그리스도를 보시고 우리를 구원하신다. 그리스도의 공로 때문에 우리를 속량하시고 우리 안에서 그분의 형상을 회복하신다. 그렇기 때문에 장차 우리는 옛적에 우리의 조상 아담의 자손으로 있을 때보다 조금 더 높아질 것이다.

이것은 놀라운 진리요 평안을 주는 진리이다. 천사들은 이토록 놀라운 존재, 즉 인간에게 관심이 많다.

2. 놀라운 하나님의 자비

두 번째 이유는 놀라운 하나님의 자비이다. 만일 하나님께서 우리의 행위대로 우리에게 갚으신다면 우리 중 누구도 살아남을 수 없다. 인자해 보이는 여자가 평생 자식을 돌보고 또 손자들을 돌보며 최선을 다해 살았다 할지라도 지옥을 면할 수 없다. 평생 사기 치지 않고 정직하게 사업하면서 선하게 살았기 때문에 모범 시민이라는 칭찬을 듣는 사업가도 지옥을 면할 수 없다. 자신의 행위에 대해 책임질 수 있는 연령에 도달한 사람들은 누구나 지옥을 면할 수 없다. 이런 사실을 부인하는 자들 역시 지옥을 면할 수 없다.

우리가 아담 안에서 죽을 수밖에 없었지만 하나님께서는 우리를 구하기 위해 찾아오셨다. 그분의 자비가 얼마나 놀라운가! 우리가 하나님의 형상으로 창조된 존재였기 때문에 우리의 타락은 그만큼 더 깊고 더 추한 것이었다. 하지만 예수님이 우리를 구원하기 위해 오셨다.

우리가 구원을 얻을 수 있다니, 하나님의 은혜와 자비가 정말 놀랍다. 하나님의 놀라운 은혜와 자비 때문에 천사들은 눈을 크게 뜨고 "인간들이 어찌하여 하나님께 저런 대우를 받는가? 크신 하나님께서 인간들을 저렇게 사랑하시다니 정말로 놀랍다!"라고 감탄한다.

3. 주 예수 그리스도

천사들이 평안을 주는 진리를 그토록 찬탄한 세 번째 이유는 우리를 구원하기 원하시는 '주 예수 그리스도' 때문이다. 사실 이 세 번째 이유가 가장 중요하다. 천사들은 경탄과 외경심으로 충만하여 바라보았으며, 창세 이후 선지자들은 예언을 하면서 그들의 예언의 의미가 무엇인지를 알기 간절히 원했다.

이런 사실을 생각할 때, 우리는 우리의 믿음의 기초가 확고하다고 말하지 않을 수 없다. 우리의 믿음의 기초는 인간들이 만들어 낸 어떤 새로운 종교에 뿌리박고 있는 것이 아니다. 우리 믿음의 기초는 잦은 병마에 시달렸던 메리 베이커 에디(Mary Baker Eddy, 1821~1910. 크리스천 사이언스의 창시자)와 아무 상관없다. 조셉 스미스(Joseph Smith, 1805~1844. 모르몬교 창시자)와 사과나무 밑에서 파낸 그의 희한한 접시들과도 상관없다. 당신과 나를 속량하려는 하나님의 계획은 이미 창세전에 하나님의 마음속에 있었다. 그것은 태양만큼 오래되었다. 아니, 정확히 말해 하늘에서 태양이 불타기 전부터 있었다. 천사들은 그것을 더 깊이 알기를 간절히 원했다.

내가 알고 지냈던 하나님의 성도 한 사람이 있었다. 노인이었던 그는 꽤 소박한 삶을 살았다. 그는 사실이 아닌 것을 말하지 않았다. 하지만 그와 달리 현재 많은 그리스도인들은 자기들에게 의심이 없다고 자랑한다. 그들은 위선자들이다. 그들은 의심이 있으면서도 그것을 인정하지 않는 것이다. 하지만 내가 알고 지냈던 이 하나님의 사람은 언젠가 이렇게 말했다.

"솔직히 말해 나는 때때로 의심에 사로잡힙니다. 어떤 사람이 이런 주장을 내세우고 또 다른 사람이 저런 사상을 이야기하는 것을 들으면 나는 잠시 동안 두려움을 느낍니다. 하지만 두려움과 의심이 찾아올 때마다 나는 기본으로 돌아가 내 믿음의 기초를 검토해봅니다. 그런 시간을 가지면 언제나 내 입에서는 존 리펀(John Rippon, 1751~1836)의 '너희 주님의 성도들이여! 그대들의 믿음의 견고한 기초가 주님의 놀라운 말씀 위에 놓였도다'라는 찬송이 흘러나옵니다."

너희 주님의 성도들이여!
그대들의 믿음의 견고한 기초가
하나님의 놀라운 말씀 위에 놓였도다.

예수님을 피난처로 삼은 자들이여!
하나님께서 그분의 말씀을 주셨으니
무엇을 더 주실 필요가 있겠는가?

그리스도인들은 자기가 구원받았다는 것을 안다. 물론 그들의 구원과 관련된 많은 것들이 그들의 이해를 초월하는 것은 사실이다. 하지만 그들의 믿음은 그것들을 다 감당할 수 있다. 그들이 붙드는 진리는 수 세기 동안 많은 공격을 당했지만 흔들림 없이 견뎌냈다. 이 진리의 기초 위에 서 있기 때문에 그리스도인들은 그들의 구원의 문제에서 흔들리지 않는다. 오히려 하나님의 놀라운 은혜에 감사하며 겸손히 머리를 숙인다.

CHAPTER 03
죄인의 삶의 방식에서 해방된 자가 그리스도인이다

"너희가 알거니와 너희 조상이 물려 준 헛된 행실에서 대속함을 받은 것은 은이나 금같이 없어질 것으로 된 것이 아니요 오직 흠 없고 점 없는 어린 양 같은 그리스도의 보배로운 피로 된 것이니라"(벧전 1:18,19).

베드로는 이토록 아름다운 상징, 즉 예수 그리스도를 희생당한 어린양으로 묘사하는 상징을 우리에게 제시한다. 그는 그의 편지의 수신자들이 '대속함을 받았다'라고 말한다. 여기서 '대속함을 받았다'라는 것은 '풀려났다'는 것이다. 그런데 '풀려났다'는 것은 기둥에 묶인 사람이나 말이 풀려났다는 뜻이 아니라 법적 속박에서 풀려나 자유롭게 되었다는 의미이다. 이것은 종살이하던 노예가 법적으로 해방되어 자유롭게 된 것에 비유될 수 있다.

어떤 사람들은 흠정역 성경(KJV, 영국 왕 제임스 1세의 명령에 따라 만들어져 1611년에 발간된 영역 성경)에 맹종하는 것이 경건한 것이라고 착각하여 흠정역 성경의 본문과 문자와 음절에 집착한다. 그런 사람들은 현대의 청중을 위해 흠정역 성경의 모호한 부분들을 풀어주는 설교자들에게 귀를 기울여야 한다.

"너희가 알거니와 너희 조상이 물려준 '어리석은 행실'에서 대속함을 받은 것은 은이나 금같이 없어질 것으로 된 것이 아니요 오직 흠 없고 점 없는 어린양 같은 그리스도의 보배로운 피로 된 것이니라"(벧전 1:18,19. '어리석은 행실'이 개역개정판 한글성경에서는 '헛된 행실'로 번역되어 있다 - 역자 주).

흠정역 성경에 맹종하는 사람들은 방금 읽은 성경 본문에 나오는 'vain conversation'을 '공허한 대화'로 이해하는데, 이것은 과거에 'vain'이 '어리석은'을, 'conversation'이 '행실'을 의미했다는 것을 모르기 때문이다.

어리석은 행실

이 '어리석은 행실'이란, 도덕적으로 어리석은 행실을 의미한다. 다시 말해 죄인의 삶의 방식을 말한다. 하나님께서는 죄인의 삶의 방식을 어리석은 것, 헛된 것으로 보신다. 그렇다면 왜 죄인의 삶의 방식이 어리석은가에 대해 몇 가지 측면에서 살펴보자.

1. 죄인은 하나님을 생각하지 않는다

하나님께 합당한 자리를 내어 드리지 않기 때문에 죄인의 삶은 어리석은 것이다. 생활 방식, 정신적 태도, 정치철학, 도덕철학, 사변적(思辨的) 철학, 인간 삶의 모든 부분에 대한 각종 사상, 인간들이 추종하는 도덕적 기준 등 이런 것들이 하나님께 합당한 자리를 드리지 않는 한 하나님께서는 그것들이 어리석고 헛된 것이라고 선언하신다. 이런 것들을 조금이라도 추종한다면 그것은 어리석은 것이다.

우리는 우리 주변에서 어리석은 사람들을 흔히 볼 수 있다. 휴일에 외출해 마음껏 먹고 마시며 놀다가 그 다음 날 두통 때문에 고생하는 사람들은 악하다기보다는 어리석다고 해야 한다. 자신의 몸을 그런 식으로 다루는 것은 어리석은 것이다. 그들은 도덕적으로 어리석은 짓을 한 것인데, 왜냐하면 하나님을 생각하지 않았기 때문이다. 하나님을 생각하는 사람들은 독주를 물 마시듯 벌컥벌컥 들이키지 않는다. 다시 말해, 우리 주변에는 하나님을 모르는 어리석은 사람들을 많이 있다.

전도를 열심히 하겠다는 동기에서 일부 그리스도인들은 모든 사람을 사악하고 비열한 죄인으로 몰아간다. 그러나 모든 사람이 사악하고 비열한 것은 아니다. 죽어서 영원한 지옥에 떨어질 사람들 중에는 예의 바르고 친절하고 호의적인 사람들도 있다. 그런 사람들은 착하고 사려 깊기 때문에 만일 그들과 이웃이 된다면 굉장히 운이 좋은 것이라고 말할 수 있다. 하지만 그들은 하나님을 생각하지 않고 살아간다. 그들의 삶의 방식이 어리석은 이유는 그들의 삶 속에 하나님이 계시지 않기 때문이다.

하나님 없이 살아가는 사람들이라고 해서 전부 도덕적으로 비열한 삶을 사는 것은 아니다. 그들의 도덕적 수준은 사람마다 천차만

별이다. 하지만 그들의 공통점은 하나님을 생각하지 않고 살아간다는 것이다. 성경은 그들의 삶이 어리석은 삶이고 이성(理性)을 무시하는 삶이라고 가르치는데, 의(義)와 이성은 언제나 밀접히 연관되어 있기 때문이다. 그리스의 철학자 플라톤은 "당연한 이야기지만, 모든 사람들은 올바로 행동하기를 원한다. 그런데 문제는 '무엇이 옳은 행동이냐' 하는 판단의 문제에서 사람들이 실수를 한다는 것이다"라고 가르쳤다. 이 위대한 철학자의 기본 사상 중 하나는 '사람들이 이성을 무시한다는 것'이었다. 그가 볼 때, 사고(思考)의 훈련이 잘된 사람들에게는 큰 문제가 없었지만 그렇지 않은 대중은 그들의 사고에서 실수를 저질렀다. 다시 말하지만, 의(義)는 이성과 밀접하게 연결되어 있다.

어떤 일을 행하려는 사람이 이런 방법으로 할 것인지 저런 방법으로 할 것인지 고민하는 경우를 예로 들어보자. 이런 방법은 잘못되었고 저런 방법이 옳다면 이성은 언제나 저런 방법 편에 설 것이다. 잘못된 방법을 선택하는 것은 합리적이지 않다. 베드로에 따르면, 하나님을 무시하고 사는 것은 어리석고 불합리한 삶인데 이는 이성과 역사의 도덕적 교훈을 무시하기 때문이다. 어떤 사람들은 늙어 꼬부라진 노인이 두꺼운 안경을 쓰고 구식 깃펜을 들고 도덕적 훈계를 써내려간 것이 '역사'라고 조롱하기도 한다. 물론 역사라고 해서 항상 정확한 것은 아니다. 언젠가 볼테르(Voltaire, 1694~1778. 프랑스의 철학자)는 "역사는 죽은 자들을 상대로 거짓말을 만들어내는 것이다"라고 말했다. 하지만 이것은 냉소주의자의 말이다. 사실, 우리는 역사를 통해 많은 것들을 배울 수 있다. 그것들 중 하나는 의로운 것이 언제나 더 좋고 악한 것이 언제나 더 나쁘다는 것이다. 여기서 악한 것이란 하나님을 생각하지 않고 사는 것이다. 도덕적 관점에서 사리를 잘 따져보기를 거부하는 것은 어리석은 삶의 방식이다.

2. 죄인은 '결산'을 생각하지 않는다

죄인의 삶의 방식이 어리석은 이유는 그들의 삶에 '결산'이 없다고 생각하기 때문이다. 이런 삶은 장차 자신의 행동에 대해 책임을 져야 한다는 것을 모른 채, 또는 일부러 그것을 생각하지 않으면서 어떤 일을 저지르는 것과 마찬가지이다. 이런 삶은 두 남녀가 밤새도록 춤을 춘 다음, 날이 밝자 흥분제를 잔뜩 복용하고 다시 춤을 추기 시작해 다음 날 새벽까지 춤을 추어 몸을 망가뜨리는 것에 비유할 수 있다. 그들은 나름대로 재미를 보았을지 모르지만 결국 어리석은 행동을 한 것이다. 자기들의 행동의 결과를 생각하지 않았기 때문이다. 분노한 자연이 자연의 법칙을 무시한 자들에게 "너희는 이제 이리로 와서 나와 셈을 해보자"라고 부르는 날이 오게 되어 있다.

죄인의 삶의 방식이 어리석은 것은 자신의 행위에 대해 책임을 져야 한다는 것을 믿지 않기 때문이다. 설사 그것을 믿는다 해도 그는 자기의 행위에 대해 대가를 치르지 않고 이 어지러운 속세를 떠날 수 있을 것이라고 생각한다. 그러나 절대 그렇지 않다!

3. 죄인은 보이지 않는 진짜 세계를 생각하지 않는다

죄인의 삶의 방식이 어리석은 이유는 인간이 오직 하나의 세계에 속한 존재라고 믿기 때문이다. 내가 확실히 믿는 한 가지 진리가 있는데, 그것은 인간이 두 가지 차원에서 살고 있다는 사실이다. 그 두 차원은 이 세상과 저 세상이요, 물질적인 것과 영적인 것이요, 자연적인 것과 신적인 것이다. 인간은 하나의 세상에서 살도록 창조되지 않고 두 세상에서 살도록 창조되었다. 지금은 이 세상에서 살도록, 그 다음에는 저 세상에서 살도록 지음 받았다.

하지만 죄인은 이 세상은 당연하게 받아들이면서도 다음 세상은 믿지 않는다. 그는 "이 세상은 참으로 끔찍한 곳이죠. 왜냐하면 인간이 결국 이 세상에서 죽고 마니까요. 다른 세상이 있으면 얼마나 좋겠습니까만 어디 그런 세상이 있습니까?"라고 농담한다. 그러나 이 세상 다음에 다른 세상이 또 존재한다는 사실을 생각할 때 죄인의 이런 농담은 무서운 것이다. 그는 다른 세상이 없다고 믿고 살아간다.

그리스도인은 지혜로운 사람으로 다음 세상을 생각한다. 그리스도인이 지혜로운 이유는 '결산'을 해야 한다는 사실을 알고 살아가기 때문이다. 역사의 도덕적 교훈에서 지혜를 얻기 때문에 그는 지혜롭다. 그리스도인은 이성을 무시하지 않으면서도 하나님께 합당한 자리를 드린다. 그는 자기의 잘못에 대해 징계를 달게 받는데, 그것은 과거 사람들이 그들의 잘못된 삶에 대해 대가를 치렀다는 것을 잘 알기 때문이다.

4. 죄인은 전통의 영향을 강하게 받는다

베드로는 우리가 전통을 통해 조상들로부터 어리석은 행실을 물려받았다고 지적한다. 어리석은 삶의 양식이 우리에게 영향을 끼치는 것은 두 가지 이유 때문이다. 한 가지 이유는 전통이 그런 행실을 은근히 지지하기 때문이다. 우리의 조상들이 행한 것은 무조건 옳다는 선입견이 우리 속에 뿌리 깊게 자리 잡고 있는 것이 사실이다.

젊은 나이에 웨스트버지니아에서 목회할 때 나는 담배를 비판하는 설교를 했다. 나는 그때만큼 지금도 담배를 싫어한다. 하지만 지금 나는 담배를 몸에 생긴 '도덕적 뾰루지' 정도에 불과하다고 생각할 정도로 지혜로워졌다. 그래서 나는 담배가 싫지만 담배를 비판하는 설교를 하지는 않는다. 하지만 젊었을 때는 좋지 않게 보이는 것들은 무엇이든지 공격했는데 담배가 그것들 중 하나였다. 당시 나는 사람들에게 "담배를 피우면 더러운 것입니다. 담배를 피우는 사람은 그리스도인이 될 수 없습니다"라고 말하곤 했다. 나의 그런 설교에 대해 사람들은 어떤 반응을 보였을 것이라고 생각하는가?

사람들은 얼굴이 새파래지면서 분노했다. 그들은 "나의 아버지는 죽는 날까지 담배를 피우거나 씹었는데 그럼 내 아버지가 지옥에 갔다는 말입니까? 죽을 때까지 파이프로 담배를 피우신 내 할머니가 지옥에 갔다는 이야기입니까?"라고 항의했다.

그들은 각자 부모의 생활 습관을 신성시하면서 그들 역시 담배를 입에 물었다. 물론 그들이 담배를 피우는 것은 그것을 즐겼기 때문이다. 하지만 더 큰 이유는 흡연이 부모로부터 물려받은 일종의 전통이었기 때문이다. 향로(香爐)에 향(香)을 피우듯이 입에 담배를 물고 허공으로 담배 냄새를 퍼뜨리는 세대가 계속 이어졌고, 그들은 흡연을 신성시했다. 그들은 내가 흡연에 대해 언급하지 않기를 바랐다. 그것은 그들 자신을 위해서가 아니라 그들 부모들을 욕되게 하지 않기 위함이었다고 생각한다. 그 후 세월이 흐르면서 나는 더 많이 배웠고, 이제는 그리스도를 전한다.

사람들은 그들의 조상들이 했던 것이면 무엇이든지 정당화하는 경향이 있다. 베드로는 우리가 조상의 전통에 의해 어리석은 행실을 물려받았다고 말한다.

5. 그냥 내버려두면 인간은 자연스럽게 악으로 향한다

어리석은 삶의 방식이 우리에게 힘을 발휘하는 두 번째 이유는 무엇인가? 다시 말해, 우리의 어리석은 행실의 두 번째 근원은 우리 마음의 타락한 본성이다. 우리가 타락한 인간의 본성에 부합하여 행할 때는 큰 어려움 없이 행한다.

우리는 신체와 관련된 것들을 행할 때는 자연스럽게 행하게 된다. 신체가 스스로 알아서 하는 것들뿐만 아니라 인간의 의지를 통해서 행하는 것들도 자연스럽게 행한다. 예를 들면, 음식을 먹는 것은 지극히 자연스러운 행동이다. 잠자는 것도 자연스러운 것이다. 이런 것들은 많이 있다. 우리 주(主) 예수님도 이런 면에서 자연스럽게 행하신 것들이 많다.

그런데 이런 것들처럼 자연스러우면서도 비도덕적인 것들이 있다. 그런 비도덕적인 것들은 인간의 타락한 본성에서 나온다. 우리는 비도덕적인 것들도 큰 어려움 없이 쉽게 행할 수 있다.

예를 들면, 어린아이가 거짓말을 하는 것은 어려운 일이 아니다. 내가 처음 거짓말을 했을 때가 생각난다. 나는 거짓말을 하는 것이 아주 쉬웠고, 거짓말을 통해 곤경에서 벗어났다. 크리스마스 때였다. 어려운 살림에 고생하시던 내 어머니는 아이들에게 크리스마스 선물을 마련해주려고 애쓰셨으며, 팝콘 볼이라도 만들어주고자 하셨다(오 하나님, 어머니에 대한 기억을 복 되게 하소서!). 어느 크리스마스 날, 어머니는 내게 큰 주머니칼을 선물로 주셨다. 큰 주머니칼을 손에 넣은 나는 매우 만족했다.

그런데 크리스마스 시즌이 끝나고 다시 학교에 갔을 때 친구들이 내게 몰려와 크리스마스 선물로 무엇을 받았느냐고 물었다. 다른 것은 못 받고 겨우 큰 주머니칼을 받았다고 대답하려니까 나는 왠지 분한 생각이 들었다. 그 순간 나는 상상력을 발휘했고, 친구들이 깜짝 놀랄 만한 크리스마스 선물 꾸러미를 생각해냈다. 내 거짓말은 아이들의 입이 딱 벌어지게 만들었고 나를 당혹스런 곤경에서 구해주었다.

거짓말은 자연스럽게 내 입에서 흘러나왔다. 머리를 짜내야 할 필요가 없었다. 나는 입만 벌리면 되었다. 나머지는 저절로 돌아갔다. 우리에게 타락한 본성이 있기 때문에 어리석은 삶의 방식이 우리에게 편한 것이다. 어린아이를 선하게 만들기 위해 가르치는 것은 무척 힘든 일이다. 하지만 그 어린아이를 그냥 내버려두면 그는 악해질 것이다.

혹시 당신은 내게 "우리 아이는 그냥 내버려두어도 착한데요"라고 말하고 싶은가? 미안한 이야기지만 머지않아 당신의 아이가 당신을 놀라게 할 것이다. 당신이 실망하는 모습이 내 눈에 선하다. 당신의 아이도 타락한 아담의 후손 중 하나이다. 그 아이를 선하게 만들기 위해 가르치지 않는다면 그 아이는 절대 선해지지 않을 것이다. 그 아이가 자기 몸을 씻도록 가르치지 않으면 그 아이는 일주일에 한 번씩 훈증 소독을 해야 할 정도로 더러워질 것이다. 거짓말하지 말라고 가르치지 않으면, 그 아이는 음악 소리만 들어도 거짓말을 할 것이다.

우리 인간이란 존재들이 그렇다. 당신의 자녀가 선한 것은 당신이 선하고 또 당신이 그들에게 선하게 살라고 가르치기 때문이다. 오해하지 않기 바란다. 당신의 자녀가 조상으로부터 선한 것을 물려받은 것이 아니다. 당신이 그들을 가르쳤기 때문에 그들이 선한 것이다. 공로는 그들의 것이 아니라 당신의 것이다. 물론 더 근원적 차원에서 보면, 하나님께서 은혜를 베푸셨기 때문에 당신이 그들에게 선하게 살라고 가르치는 것이다.

우리는 선하게 살라고 가르침을 받아야 한다. 가르침을 받지 않으면 악해진다. 악한 것이 전통에 의해 조상으로부터 대대로 내려온다. 악한 것은 우리의 타락한 본성과도 잘 맞아떨어진다. 정직하게 사업을 하는 사업가가 있다면, 그는 자기가 배운 대로 행하는 것이다. 만일 그가 본성에 따라 사업을 한다면, 두 손을 뻗어 손에 닿는 것들을 모조리 긁어모아 자기 배를 채울 것이다. 하지만 그가 종교와 도덕의 영향 아래에서 가르침을 받았기 때문에 정직하게 사업을 하는 것이다.

우리는 죄악의 삶에서 해방되었다

그리스도인은 타락한 삶의 방식에서 해방되었다. 속량 받은 것이다. 그는 타락한 삶의 방식에서 건짐 받은 사람이요, 죄악의 올무에서 벗어난 사람이다.

언젠가 어떤 사람이 한겨울에 나이아가라 강에서 죽은 양들에 대해 이야기해주었다. 죽은 양들 중 일부는 나이아가라 강의 상류에서 죽었는데, 강물 속으로 떨어지거나 던져졌다. 당시 날씨가 매우 추웠다. 하지만 세차게 흐르는 나이아가라 강은 얼지 않았기 때문에 죽은 양들은 강물에 떠내려가다가 폭포 아래로 떨어졌다. 그런데 양들이 폭포 아래로 떨어지기 전에 흰머리독수리들이 몰려와 죽은 양들 위에 내려앉아 살점을 뜯어먹었다. 큰 독수리들도 차례로 상류 쪽으로 올라가 날카로운 발톱으로 양의 살을 발라내어 한입에 집어 삼켰다. 그러다가 폭포가 가까워지면 큰 날개를 이용해 가볍게 날아올라 한 바퀴 선회한 다음, 다시 다른 양 위에 내려앉아 육식을 즐겼다.

그러던 중 날씨가 점점 추워졌고, 그만 어떤 독수리가 실수를 했다. 이 독수리는 어떤 양 위에 너무 오래 머물렀다가 그 녀석의 발톱이 양털에 얼어붙은 것이다. 언제든 날아오를 수 있다는 자신감으로 충만한 그 녀석은 큰 날개를 퍼덕이며 날아오르려 했지만 발톱이 양털에 붙어버렸기 때문에 날아오르지 못했다. 결국 그 독수리는 자기가 먹던 양의 시체와 함께 폭포 아래로 떨어져 죽고 말았다. 만일 누군가 그 독수리의 발톱을 양털에서 떼어주었다면 그 녀석은 속량 받은 것이다. 즉, 해방된 것이다.

하나님께서는 우리 조상들의 전통에서 벗어나는 도덕적 해방, 즉 우리 주변에서 흔히 볼 수 있는 어리석은 삶의 방식에서 벗어나는 자유를 제공하셨다. 그것은 미래를 위한 속전(贖錢)을 치르신 그리스도의 속량을 통해 가능해졌다. 우리의 속박은 신체적인 것이 아니라 도덕적이고 법적인 것이다(물론, 도덕적 및 법적 속박이 때로는 신체적 속박이라는 결과를 낳을 수도 있다). 우리를 위해 치러진 속전은 도덕적 속전이다. 그것은 거룩한 분, 즉 하나님께서 받아주실 만큼 거룩한 분의 보혈이었다. 우리의 해방을 위해 도덕적 대가가 치러졌기 때문에 베드로는 "대속함을 받은 것은 은이나 금같이 없어질 것으로 된 것이 아니요"(벧전 1:18)라고 말했다.

내가 아라비아에서 또는 남북전쟁 이전의 미국 남부에서 시장에 상품으로 나온 노예라고 가정해보자. 내 나이와 신체 조건과 능력에 따라서 내게는 200달러에서 5000달러까지 가격표가 붙어 있을 것이다. 그런데 주머니에 금과 은을 가득 채운 어떤 사람이 오더니 나를 사서 해방시켜준다. 이럴 경우 나는 금과 은으로 속량된 것이다. 그러나 이런 식의 신체적 속박이 문제가 아니라 도덕적 속박이 문제가 된다면 돈으로는 해결되지 않는다. 도덕적 노예를 은과 금으로 속량하는 것은 불가능하다.

그렇기 때문에 베드로는 "너희가 … 대속함을 받은 것은 은이나 금같이 없어질 것으로 된 것이 아니요 오직 흠 없고 점 없는 어린양 같은 그리스도의 보배로운 피로 된 것이니라"(벧전 1:18,19)라고 말한 것이다. 어린양의 피가 귀중한 이유는 그것이 하나님과 우리 인간과 주 예수 그리스도께 의미를 갖기 때문이다. 주 예수 그리스도는 죽을 수 없는 분이셨지만 스스로 죽음을 선택하셨다. 하나님께서는 부주의하게 어떤 용어를 사용하는 분이 아니신데, 그런 그분이 어린양의 피를 귀하다고 말씀하셨다. 어린양의 피가 귀한 이유는 인간을 위해 속죄를 이루었기 때문이다.

그리스도의 보혈이 우리를 구원했다

두 사람이 깊은 산속을 지나고 있었다. 그러던 중 갑자기 몰아친 북서풍을 만났다. 기온은 영하로 떨어졌고 강풍을 동반한 눈보라가 몰아쳤다. 아무리 옷을 두껍게 입은 사람일지라도 그런 날씨에서는 살아남을 수 없는데, 계속되는 졸음과 피곤을 못 이겨 눈을 감을 경우 영영 깨어나지 못하기 때문이다.

이 두 사람이 산속을 지날 때 기온이 곤두박질했다. 정말 혹독하기 짝이 없는 위험스런 혹한이었다. 그들은 움푹 들어간 바위틈을 찾아 그곳에 몸을 피했다. 서로를 쳐다보며 한 사람이 "이곳을 찾지 못한 채 두세 시간만 흘러갔어도 우리는 당연히 죽었겠지"라고 말했다.

다른 사람이 "맞아. 당연히 죽겠지. 이런 날씨를 어떻게 견디겠나. 이곳으로 피하지 않았다면 우리는 내일 아침 시체로 발견되었을 걸세"라고 응수했다.

다시 한 사람이 "그런데 우리가 불을 피울 수 있을까?"라고 물었고 그의 친구가 "한번 해보세나"라고 대답했다.

추위 때문에 손가락이 굳었지만, 그들은 부지런히 나뭇가지와 나뭇잎을 찾았다. 바위틈 안에서도 찾았고 바위틈 밖에서도 찾았다. 나뭇가지와 나뭇잎을 약간 모은 후 성냥불을 붙이려고 했다. 얼마 남지 않은 성냥은 두 사람에게 매우 귀중했다. 하지만 성냥을 그을 때마다 바람 때문에 불이 꺼졌다. 그들은 나무꾼들이 하듯이 서로 몸을 웅크리고 손으로 감싸면서 성냥을 그었다. 하지만 그럴 때마다 바람에 성냥불이 꺼졌다. 마지막 성냥 한 개비마저 실패한 후 한 사람이 "우리 옷 속에 혹시 성냥이 남아 있지 않을까?"라고 물었다. 호주머니들을 샅샅이 뒤졌지만 성냥은 없었다.

그런데 한 사람이 손으로 코트의 가장자리를 더듬다가 무엇인가 만져졌다. 아주 길지 않으면서도 작고 단단한 것이었다. 그는 칼로 코트의 가장자리를 뜯었다. 거기에는 보통 성냥의 3분의 1 크기의 성냥이 하나 있었다. 다행히 머리 부분이 붙어 있었다. 그는 그 성냥을 집어 들면서 친구에게 "이 세상에서 가장 귀한 것이 무엇인지 알겠지?"라고 물었다.

"물론, 이 성냥이지."

"이제 이 성냥으로 불을 붙이면 우리는 살고, 실패하면 죽는 거야."

그들은 온 신경을 집중해 성냥을 그었고, 조심스럽게 불을 살렸다. 나뭇잎의 가장자리에 불이 붙기 시작하더니 그것이 다른 나뭇잎으로 옮겨붙었고 그 다음에는 잔가지에 붙었고 결국에는 굵은 가지까지 불길에 휩싸였다. 그들의 눈앞에서 타오르는 화톳불은 매우 아름다웠다. 그로부터 며칠 후 구조대가 도착했을 때, 그들은 건강한 모습이었다. 귀중한 성냥의 작은 머리 부분이 그들을 죽음에서 구한 것이다.

당신과 나를 죽음에서 구하기 위해 모든 방법이 사용되었다. 온갖 종류의 희생제사와 금욕생활과 자기희생이 동원되었지만 모두 바람 앞에서 꺼져버렸다. 그러나 갈릴리 지방에서 이 일을 위해 일하신 분이 계셨다. 평균적 체구의 사람 속에는 1.5갤런(gallon) 정도의 피가 흐른다고 한다. 그분의 몸 안에 흐르던 피, 만일 그 피가 십자가에서 흘려지지 않았다면 우리는 생명을 얻을 수 없었을 것이다. 그분의 피가 이루었다! 하나님의 아들 예수 그리스도의 보혈이 우리를 모든 죄에서 깨끗게 했다. 이제 당신은 왜 베드로가 "너희가 알거니와 … 대속함을 받은 것은 은이나 금같이 없어질 것으로 된 것이 아니요 … 그리스도의 보배로운 피로 된 것이니라"(벧전 1:18,19)라고 말했는지 알겠는가?

우리가 그리스도의 피를 찬양하지만 과연 우리 중 얼마나 많은 사람들이 그 피의 귀중함을 뼈저리게 느낄까? 분명히 알라! 그리스도의 보혈이 그토록 귀하기 때문에 하나님께서 우리 같은 존재들에게 관심을 가지시는 것이다. 하나님께서 그리스도의 보혈 때문에 우리를 용납하신다는 것을 알기 때문에 우리는 용기를 내어 그분의 거룩한 보혈을 찬양하는 것이다. 그렇기 때문에 나는 "당신은 회개해야 합니다"라고 말하지 않고 "우리는 회개해야 합니다"라고 말한다.

그리스도의 보혈이 우리에게 아무 소용이 없었다면 우리는 벌써 죽었을 것이다. 하지만 하나님께서는 그리스도를 죽은 자들로부터 다시 살리시어 하나님의 오른편에 앉히시고 그리스도의 보혈을 취하여 심판대에 뿌리셨다. 그리하여 심판대는 이제 은혜의 보좌가 되었다.

CHAPTER **04**

하나님께서 주신 영원한 소망을 품는 자가 그리스도인이다

"오직 흠 없고 점 없는 어린양 같은 그리스도의 보배로운 피로 된 것이니라 그는 창세전부터 미리 알린 바 되신 이나 이 말세에 너희를 위하여 나타내신 바 되었으니"(벧전 1:19,20).

베드로전서의 이 구절은 하늘에서 내려온 보배이다. 베드로가 환상 중에 본 '큰 보자기 같은 그릇'처럼 하늘에서 내려온 보배이다(행 10:11 참조). 이 구절은 온 세상의 어디에나 있는 그리스도인들의 무리에게 적용된다. 마치 베드로의 편지의 수신인들에게 적용되었듯이 말이다. 이 구절은 한국의 교회, 줄루족(남아프리카공화국의 한 종족)의 교회, 남미 인디언들의 교회, 기독교로 개종한 유대인들의 교회, 전 세계 이방인들의 교회에 적용된다. 이 구절에는 시대적 제약에 묶인 진리가 아니라 영원한 진리가 담겨 있기 때문이다. 이 구절은 오직 하나님과 그리스도와 우리에 대해 이야기한다.

나는 자유로운 미국에 사는 개신교 신자로서 내가 논할 수 있는 주제라면 그 어떤 것도 논할 수 있다. 예를 들면, 나는 미술에 대해 논할 수 있다. 도서관에서 미술에 대한 책들을 모아놓고 열심히 공부하면 미술에 대해 길게 이야기할 수 있다. 문학의 경우도 마찬가지이다. 나는 존 밀턴(John Milton, 1608~1674. 영국의 시인으로 《실낙원》의 저자)에 대해 이야기하기를 좋아하는데 젊을 때 그의 작품을 아주 재미있게 읽었기 때문이다. 하지만 음악에 대해서는 이야기를 잘할 수 있을 것 같지 않다. 정치와 세계적 사건들에 대해 이야기하는 것도 자신이 없는데, 그것들에 대해 잘 모르기 때문이다. 물론 당신이 인내심을 많이 발휘하고 내가 조심스럽게 말한다면 내 이야기도 어느 정도는 유익할 것이다.

그렇지만 반드시 내가 이야기하지 않으면 안 되는 것이 있는데, 그것은 내가 하나님께 일격(一擊)을 당한 것 같다고 느낀다는 것이다. 내가 기도할 때나 신앙적 문제들에 대해 생각할 때 '영원'이라는 것이 내 눈앞에 점점 더 크게 보이기 때문이다. 그럴 때 내 마음을 사로잡는 생각이 점점 나를 짓누른다. 그것이 무엇일까? 그것은 역사의 시간이 다 끝나가고 하나님의 심판이 가까워진다는 생각이다. 또 그것은 하나님께서 눈을 한 번만 깜빡이시면 현재 지구에 살고 있는 온 인류가 흔적도 없이 사라질 수 있다는 생각이다.

모든 사람들은 자기가 이 우주에서 지극히 중요한 존재라고 생각한다. 그러나 하나님께서 눈을 한 번만 깜빡이시면, 그분이 채찍을 한 번만 휘두르시면, 현재 살아 있는 모든 사람들은 '세상 모든 사람이 가는 길'(왕상 2:2)로 가게 된다. 매우 뛰어난 사람들도 가고, 듣도 보도 못한 무명의 사람들도 간다. 그렇게 되면 지금 지극히 중요하게 보이는 것들은 아무 소용이 없게 될 것이다. 이 땅에 사는 모든 자들은 머지않아 무서운 침묵에 빠질 것이고 자기들의 삶의 기록을 보게 될 것이다. 인종, 피부색, 재력 또는 사회적 계층 같은 것들 때문에 생긴 인간적 구별들이 다 사라질 것이다.

하나님께서는 우리의 졸업장, 우리의 은행 잔고 또는 우리의 피부색을 보지 않으실 것이다. 하나님께서는 단지 우리를 인간으로 보실 것이다. 하나님의 형상으로 창조되었지만 범죄한 인간으로 보실 것이다. 그런데 문제는 그분이 우리를 그리스도의 속량의 수혜자(受惠者)로 보실 것인가 하는 것이다. 우리가 구원을 받았는가 아닌가 하는 문제에서 그 책임은 우리 자신에게 있다.

나는 궁극적 속량을 소망한다. 내가 무엇을 말하든지 간에 나는 이 소망을 전제로 이야기한다. 이 소망은 설교 내용의 선택에 영향을 줄 뿐 아니라 설교할 때의 말투에도 영향을 준다.

미리 정한 바 된 구주

베드로의 증언에 따르면, 어린양 그리스도께서는 "창세전부터 미리 정한 바 된 이"(벧전 1:20. '미리 정한 바 된 이'가 개역개정판 한글성경에서는 '미리 알린 바 되신 이'로 번역되어 있다 - 역자 주)이시다. 여기서 '창세'라는 표현은 존재하지 않았던 피조물을 존재하게 만든 사건을 의미할 수 있고, 아니면 혼돈 속에 빠져 있던 방대한 힘들을 정돈하여 우주를 만든 사건을 의미할 수도 있다. 또는 이 두 가지를 모두 의미할 수도 있다. 성경에서 이 표현은 문맥에 따라 이 둘 중 어느 하나를 의미할 수 있고, 때로는 이 두 가지를 모두 의미할 수도 있다. 또 때로는 이 두 가지 중 어느 것을 의미하는지 우리가 모를 수도 있다.

하지만 하나님께서 시간과 공간과 물질과 법칙을 만들어 결국 '세계'라는 것을 창조하시기 전에, 예수 그리스도께서 미리 알린 바 되셨고 미리 정한 바 되셨다는 사실은 분명하다. 태초에 하나님께서는 자신의 세계에서 돌아다니던 정돈되지 않은 방대한 힘들을 취하시어 그것들에게 질서를 부여하여 우주를 만드셨다. 손목시계 케이스 안에 들어 있는 손목시계를 보라. 매우 아름답고 짜임새 있어 보일 것이다. 그런데 그런 시계가 탄생하기 위해서는 시계공이 테이블 위에 흩어져 있는 시계의 부속품들을 취하여 그의 지식과 기술을 사용해 그것들을 정교하게 결합시켜야 한다.

이와 마찬가지로, 하나님께서는 이 정돈되지 않은 방대한 힘들과 하나님께서 조성하신 무한한 물질을 취하시어 시간과 공간의 틀 안에 질서정연하게 배치하여 세계를 창조하셨다. 그런데 이런 하나님의 창조 이전에 그리스도께서는 우리의 '미리 정한 바 된 구주'이셨다.

인간이 범죄했을 때 하나님께서 급히 뛰어 들어와 응급처치를 하셨는가? 이런 질문을 받을 때 우리는 종종 깊이 생각해보지 않고 쉽게 "인간이 죄를 범했을 때 하나님께서 해결 방법을 찾기 시작하셨다"라고 대답하곤 한다. 그러나 그렇지 않다. 인간이 죄를 범하기 전에 이미 그것에 대한 대책이 수립되어 있었다. 낙원의 상실 이전에 이미 낙원의 회복이 있었다. 그리스도께서는 창세전에 하나님의 마음과 계획 속에서 십자가에 못 박히셨다. 그렇기 때문에 그리스도께서는 태어나시기도 전에 죽으신 것이다. 하나님의 계획 속에서 그리스도께서는 아담이 창조되기도 전에 이미 죽으신 것이다. 하나님의 목적과 계획 속에서 세상은 존재하기도 전에 속량 받은 것이다. 인간의 범죄로 인하여 낙원이 상실되었을 때 하나님께서 깜짝 놀라 황급히 속량의 계획을 세우신 것이 아니다.

세상과 낙원이 존재하기 전에 하나님께서는 낙원의 상실을 예견하셨다. 하나님께서는 흠 없고 점 없는 어린양을 미리 정하시고 미리 아셨는데, 하나님의 계획이 그분의 마음 안에 영원 전부터 있었다.

시공간을 초월하는 분이 그 안으로 들어오셨다

하나님께서 미리 정하신 것이 '시간 안에서' 나타났다. 그것은 시간 전에 예정된 것이지만 시간 안에서 나타났다. 인간이 시간과 공간 안에서 죄를 범했기 때문에 '시간을 초월하는 분' 즉 '깨끗한 영의 소유자'께서 시간과 공간 안으로 들어오셨다. 그것은 시간과 공간 안에서 범죄한 것을 원상회복하기 위함이었다.

피조물이 육신을 입고 죄를 범했기 때문에 시간을 초월하는 분이 직접 오셔야 했는데, 그것은 인류를 멸하는 것을 멸하기 위함이었다. 공간을 초월하는 분이 공간으로 오신 것이요, 시간을 초월하는 분이 시간으로 오신 것이다. 물질을 초월하는 깨끗한 영을 가진 예수 그리스도께서 물질적 몸으로 오셨는데, 그것은 인간이 물질적 몸으로 범한 죄를 물질적 몸으로 속량하기 위함이었다.

이런 이야기를 들으니까 당신의 마음속에서 '그것은 이미 우리가 다 알고 있는 사실이 아닌가'라는 생각이 떠오르는가? 만일 그렇다면 내 말을 잘 들어라. 이 진리를 들어도 가슴이 뛰지 않는다면 당신은 자신의 마음을 살피며 영적 부흥을 위해 힘써야 할 것이다.

굳은 마음을 확인하는 방법

클레르보의 버나드(Bernard of Clairvaux, 1090~1153. 수도원 개혁자, 신비가 및 신학자)는 중세 프랑스의 경건한 성도이며 선생이었다. 그에게는 학생이 한 명 있었는데 그는 그 학생을 높이 평가하고 그를 가르치고 도와주었으며 그를 위해 기도했다. 선생을 능가했던 그 학생은 훗날 교황 유게니우스 3세(1153년 사망. 시토 수도회 수사로 처음 교황이 된 사람으로 1145년부터 1153년까지 교황으로 있었다)가 되었다.

클레르보의 버나드는 그에게 편지를 써서 다음과 같이 말했다. "당신이 교황이라고 해서 내가 달라지지는 않습니다. 사랑은 직책과 아무 관계가 없습니다. 사랑은 어떤 사람의 지위를 보고 입이 딱 벌어지지 않습니다. 내가 이런 말을 하는 이유를 알고 있습니까? 그것은 내가 당신을 알았을 때 당신은 따뜻한 마음으로 하나님을 섬기는 사람이었기 때문입니다. 지금 당신은 매우 중요한 직책에 있습니다. 당신은 많은 사람들에게 둘러싸여 있고, 할 일도 아주 많을 것입니다. 사실, 나는 당신의 마음이 굳어질까봐 두렵습니다. 굳어진 마음이 어떤 것인지 알기를 원한다면 내게 묻지 말고 애굽의 왕 바로에게 물어보십시오. 그가 잘 알 것입니다. 당신은 자신의 마음이 굳어진 것이 아니라고 생각하십니까? 그렇다면 그것이 바로 당신의 마음이 굳어졌다는 확실한 증거입니다."

만일 누군가 내게 "처음에는 다른 사람들과 함께 겸손히 행하던 사람이 높은 지위에 오르자 마음이 굳어지는 일이 얼마든지 일어날 수 있으므로 조심하십시오"라고 말해준다면 나는 그에게 정말로 감사할 것이다. 이 늙은 하나님의 성도, 즉 클레르보의 버나드는 그의 학생이었던 유게니우스 3세에게 무슨 일이 일어나고 있는지를 알았기 때문에 그에게 경고했던 것이다.

우리가 수없이 들어온 이 성경의 진리, 즉 "그는 창세전부터 미리 알린 바 되신 이나 이 말세에 너희를 위하여 나타내신 바 되었으니"(벧전 1:20)라는 말을 들어도 당신에게 감동이 없고 당신의 내면이 조금도 변하지 않는다면 지금이야말로 당신의 상태를 점검하고 당신의 마음을 살펴야 할 때이다. 그것은 당신의 마음이 이미 굳어져 버렸을지도 모르기 때문이다. 당신이 자신의 마음을 깊이 살피지도 않고 스스로에게 "내 마음은 굳어지지 않았다"라고 결론을 내린다면 이미 당신의 마음이 굳어져 있는 것인지도 모른다.

클레르보의 버나드가 경고한 일이 당신에게 일어났다면 당신은 빨리 당신 자신을 고쳐야 한다.

너희를 위하여

나는 베드로전서 1장 20절에 나온 "너희를 위하여"(for you)라는 말이 참 좋다. 하나님이 이루신 일의 목적이 무엇인가? 너희를 위해서이다! 그리스도께서 왜 이 땅에 태어나셨는가? 너희를 위해서이다! 왜 그분이 십자가에서 죽으셨는가? 너희를 위해서이다! 왜 그분이 부활하셨는가? 너희를 위해서이다! 왜 그분이 하나님의 우편에 앉으셨는가? 너희를 위해서이다! 그분이 지금 누구를 위해 중보기도를 하시는가? 너희를 위해서이다!

공 예배 때 나는 점잖은 모습을 보이려고 애쓰는데 그것은 사적으로 친밀한 모습을 보이면 사람들이 당황하기 때문이다. 하지만 나 혼자 하나님 앞에 나아갈 때는 사정이 다르다. 내 믿음이 허락하는 한 나는 하나님과 최대한 친밀한 교제를 나눈다. 성경을 읽다가 나는 종종 '너희를 위하여'라는 말을 성경에 써넣는다. 나는 너무 낡아서 이제는 사용하기에 불편한 옛날 성경책들을 창고에 넣어두었는데 가끔은 그것들을 다시 꺼내어 보곤 한다. 그 성경책들의 책장을 넘기다보면 나 자신이 당혹감을 느낄 때가 있는데 거기에 써넣은 글들이 매우 소박하고 친밀하기 때문이다.

나는 내가 난생처음 드렸던 공중 기도를 평생 잊지 못할 것이다. 언젠가 교회의 공동 저녁식사에 참석했는데 사람들이 내게 기도를 해달라고 부탁했다. 그 전에 공중 기도를 해본 적이 없었던 나는 자리에게 일어나 "주님, 선교사들에게 복을 내리소서. 아멘"이라고 기도했다. 그것이 전부였다! 당시, 기도 부탁을 받은 나는 얼른 기도를 끝내고 부담에서 벗어나기를 원했을 뿐이었다. 나의 첫 번째 공중 기도에는 구체성이 없었다. 나는 내가 어떤 선교사들을 가리켜 말하는지를 하나님께 말씀드리지 않았고, 어떤 것들을 구체적으로 구하지도 않았다.

그런데 내가 볼 때, 나의 이 기도처럼 아주 많은 사람들의 기도에도 구체성이 없다. 사람들이 속량에 대해서 많이 말하지만 매우 일반적으로 말하기 때문에 거기에는 구체적인 적용이 없다. 다시 말하지만, 일반적으로 이야기하고 만다면 어느 누구도 구체적인 유익을 얻지 못하게 된다.

베드로전서 1장 20절에 나온 '너희를 위하여'(for you)라는 표현에서 '너희'(you)는 물론 대명사이다. 잘 알듯이 대명사는 명사를 대신해서 사용되는 것이므로 이 표현을 더 실감 나게 읽으려면 '너희' 대신에 당신의 이름을 넣어서 읽어보라. 이 모든 예정, 시간이 존재하기 전에 세워진 하나님의 계획, 흠 없고 점 없는 어린 양이 이 땅에 오시어 십자가에서 보혈을 흘리신 사건, 이 모든 것들이 바로 '당신을 위한' 것이다. 온 세상을 위한 것이기도 하지만 또한 바로 당신을 위한 것이다. 어떤 일들은 온 세상을 위해 이루어졌다고 하지만, 사실상 그것에서 유익을 얻는 사람이 아무도 없을 수 있다. 그러나 하나님께서 이루신 일은 그렇지 않다.

우리는 그리스도의 보혈이 온 세상의 죄를 대속할 수 있다고 믿을 뿐만 아니라 바로 당신과 나의 죄를 위한 속전(贖錢)이라고 믿는다. 우리의 이름과 사는 곳과 체구까지 다 아시는 하나님께서는 구체적으로 당신과 나를 위한 구원의 길을 마련해놓으셨다. 우리는 그리스도의 속죄가 우리를 위한 것이라고 확신한다.

그리스도를 거부하는 신앙은 거짓이다

베드로전서 1장 21절은 "너희는 … 하나님을 그리스도로 말미암아 믿는 자니"(벧전 1:21)라고 말한다. 그리스도를 떠나서는 하나님을 진정으로 믿을 수 없다. 저 세상으로 나가보라. 하나님을 믿는다고 말하는 사람들이 헤아릴 수 없을 정도로 많이 있다. 신문이나 잡지나 소위 베스트셀러에는 그런 사람들에 대한 이야기가 잔뜩 실린다. 어떤 종교 서적들은 베스트셀러가 되어 심지어 약국에서도 팔린다. 출판사들은 "과거에는 보지 못했던 놀라운 일이 일어나고 있습니다"라고 말하곤 한다. 사람들은 종교에 관심이 많다. 어떤 잡지는 종교가 세상을 구할 것이라고 말하면서 다양한 종교들을 소개하는데 기독교도 그중 하나라는 것이다.

그러나 과연 그럴까? 성경이 하나님의 책이라면, 베드로가 그분의 사도라면, 신약성경이 하나님의 영감으로 기록된 책이라면 나는 세상 사람들과는 다르게 말할 수밖에 없다. 나는 오직 그리스도를 통해서만 하나님을 진정으로 믿을 수 있다고 말하지 않을 수 없다. 그리스도를 떠나 하나님을 믿고 그분에 대해 이러쿵저러쿵 이야기하는 것은 흠투성이이고 불완전하고 왜곡되고 거짓된 신앙이다.

물론 그리스도를 떠나서도 하나님에 대해 몇 가지 사실을 믿을 수는 있다. 예를 들어, 하나님의 영원한 능력과 신성을 믿을 수 있다. 미국의 인디언들은 사냥을 떠나기 전 호숫가에 서서 두 팔을 높이 치켜들고 '위대한 영'(the Great Spirit)에게 그들의 사냥을 도와달라고 기도를 드린다. 이런 것은 그들 나름대로 하나님께 접근하는 방법이요 일종의 신앙이다. 소문에 의하면, 토머스 에디슨은 "나는 하나님이 힘(force)이라고 믿는다. 만일 내가 아주 오래 살

수 있다면 하나님을 감지할 수 있는 매우 민감한 기계를 만들어낼 수 있을 것이다"라고 말했다고 한다. 그의 이런 생각도 그 나름대로 하나님에 대한 믿음이다. 볼테르 같은 이신론자(理神論者)들은 하나님이 큰 원리이지만 인격적 존재는 아니라고 믿었다. 이것도 그 나름대로 하나님에 대한 믿음이다. 이교도들도 어둠 속에 빠져 있지만 그들 나름대로 하나님에 대한 신앙을 갖고 있다.

어떤 형태의 신앙이든 간에 하나님에 대한 신앙이 하나님에 대한 불신앙보다는 낫다. 물론 이것은 논란의 여지가 있는 말이다. 하지만 나는 일단 그렇게 말하겠다. 다시 말하지만, 하나님의 존재조차 인정하지 않는 것보다는 하나님에 대해 희미하게 그림자처럼 믿는 것이 낫다.

하나님 안에 있는 소망이 진짜 소망이다

그러나 그리스도를 통해 하나님을 믿는 것은 이런 희미한 믿음과는 비교할 수 없을 정도로 낫다. 하나님을 믿는 우리의 믿음은 이교도의 믿음과 다르다. 호숫가에 서서 두 팔을 치켜드는 미국 인디언들의 믿음과 다르다. 자기 코에 시선을 집중시키고 자기 몸의 기능들을 조절하는 요가 수도자의 믿음과 다르다. 우리는 "그[그리스도]를 죽은 자 가운데서 살리시고 영광을 주신 하나님"(벧전 1:21)을 믿는다. 예수님은 하나님께 "아버지여 내게 주신 자도 나 있는 곳에 나와 함께 있어 아버지께서 창세전부터 나를 사랑하시므로 내게 주신 나의 영광을 그들로 보게 하시기를 원하옵나이다"(요 17:24)라고 기도하셨는데, 우리는 예수님의 이 기도가 무엇을 의미하는지를 안다. 하나님께서는 예수님께 창세전에 영광을 주셨는데, 예수님을 죽은 자들로부터 다시 살리실 때 그 영광을 그분께 회복시켜주셨다.

"너희는 그를 죽은 자 가운데서 살리시고 영광을 주신 하나님을 그리스도로 말미암아 믿는 자니"(벧전 1:21)라고 말한 다음 베드로는 "너희 믿음과 소망이 하나님께 있게 하셨느니라"(벧전 1:21)라고 덧붙인다. 소망이라는 말은 아름다운 말이지만 동시에 우리를 배신할 수도 있는 말이다. 왜냐하면 근거 없는 소망을 붙들고 있다가 낭패를 당하는 경우들이 많기 때문이다. 예를 들어보자. 내일 사형이 예정되어 있는 사형수가 있다. 오늘 밤 자정을 넘긴 후에도 그는 자신이 살아남을지도 모른다는 소망의 끈을 놓지 않는다. 마지막 순간까지 그는 자기에게 감형이나 사면이 허락될 것이라고 믿는다. 감방 문을 노크하는 소리가 들릴 때마다 그의 눈이 빛나는데 그것은 주지사가 형 집행을 유예했거나 적어도 사형에서 종신형으로 경감되었을 것이라는 소망 때문이다. 그러나 이 사형수는 자기가 죽지 않을 것이라고 끝까지 확신하다가 결국 죽을 것이다. 그는 근거 없는 소망에 사로잡혀 있는 것이다. 끝까지 소망을 붙들었지만 그의 소망은 그를 배신할 것이다.

여기서 나는 테니슨(Alfred Tennyson, 1809~1892. 영국 빅토리아왕조 시대를 대표하는 계관시인)의 감동적인 일화를 언급하지 않을 수 없다. 젊은 여자가 그녀의 연인이요 선원인 남자가 바다에서 돌아오기를 기다렸다. 그녀는 그 남자가 그녀의 오두막에 도착하기로 되어 있는 시간을 정확히 알았고, 그것에 대비하여 옷을 차려 입었다. 테니슨의 약간 흥겨운 묘사에 따르면, 그녀는 거울 앞에 서서 이리저리 자신의 모습을 비추어 보았고, 애인이 좋아하는 스타일로 가볍게 화장을 마무리했다. 그러나 테니슨은 결국 "이 불쌍한 젊은 여자는 난파 후 자신의 애인의 시체가 출렁이는 파도에 이리저리 밀리고 있다는 것을 알지 못한다"라고 말한다.

이렇듯 소망이란 때때로 우리를 속이고 배신한다. 하지만 참된 신앙은 결코 우리를 배신하지 않는데 그것은 하나님 안에 있는 것이요, 하나님의 성품과 약속과 언약과 맹세에 근거한 것이기 때문이다.

약속이란 그 약속을 한 사람의 인격만큼 가치가 있다. 법정에서의 맹세도 그 맹세를 한 사람의 인격만큼 가치가 있다. 인격이 전제될 때 비로소 약속과 언약과 맹세가 의미를 갖는다. 성경의 증언에 따르면, 우리의 소망이 하나님께 있게 하기 위하여 어린양 예수 그리스도께서 우리를 하나님에 대한 믿음으로 이끄셨다고 한다.

하나님이 하나님이시라면 우리의 소망은 근거가 있는 소망이다. 우리 그리스도인들은 모든 것이 평안 가운데 있다고 확신하면서 행할 수 있는데 그것은 우리 뒤에 하나님이 계시기 때문이다. 우리를 삼킬 듯이 몰려오는 홍수의 상황에서도 하나님의 맹세와 언약과 피가 우리를 견고하게 붙들어준다. 하나님께서는 다른 어떤 존재를 가리켜 맹세할 수 없으셨기 때문에 하나님 자신을 가리켜 맹세하셨다.

에드워드 모우트(Edward Mote, 1797~1874)는 찬송가 '이 몸의 소망 무언가'(새찬송가 488장)을 통해 다음과 같이 고백했다.

세상에 믿던 모든 것 끊어질 그날 되어도
구주의 언약 믿사와 내 소망 더욱 크리라
주 나의 반석이시니
그 위에 내가 서리라 그 위에 내가 서리라

CHAPTER 05
성령의 능력으로 서로 사랑하는 자가 그리스도인이다

"너희가 진리를 순종함으로 너희 영혼을 깨끗하게 하여 거짓이 없이 형제를 사랑하기에 이르렀으니 마음으로 뜨겁게 서로 사랑하라"(벧전 1:22).

성경을 더 많이 알게 될수록 내 마음은 성경의 논리에 더욱더 끌린다. 성경의 논리는 멋있다고 할 만큼 정확하게 앞으로 나아간다. 질서정연하게 전진하는 군대를 상기시킨다. 그러면서 성경은 당신도 성령의 도우심에 힘입어 성경의 논리를 따라가라고 권한다. 하지만 때때로 성경의 논리는 자유롭게 방향을 바꾸기도 한다. 사도 바울의 글들에서 그런 것이 많이 발견된다. 성경학자들은 바울의 글들에서 논리의 비약이 나타난다고 말한다. 바울은 어떤 한 가지에 대해 말하기 시작한다. 그런 다음 눈길을 돌려 다른 것을 보더니 본래 이야기하던 것을 잊어버리고 그 다른 것에 대해 이야기하기 시작한다. 그는 독자로 하여금 그가 먼저 이야기한 것에서 그의 의도를 추론하게 한다.

"너희가 '성령을 통해서' 진리를 순종함으로 너희 영혼을 깨끗하게 하여 거짓이 없이 형제를 사랑하기에 이르렀으니 '순수한 마음으로' 뜨겁게 서로 사랑하라"(벧전 1:22. '성령을 통해서'라는 표현이 개역개정판 한글성경에는 나오지 않는다. '순수한 마음으로'가 개역개정판 한글성경에서는 '마음으로'로 번역되어 있다 - 역자 주).

베드로도 여기 베드로전서 1장 22절에서 바울과 같은 특징을 보여준다. 완벽하게 표현된 문장들이 성경에서 발견되는데 그럴 경우 그 문장에 담긴 사고는 언제나 아름다운 논리를 따른다. 성경은 "너희가 이것을 행하였으므로" 또는 "이것이 너희에게 사실인즉"이라고 말한 다음 "저것도 너희에게 사실인지 확인해보라"라는 식으로 말한다.

성경은 당신에게 불쑥 명령부터 내리지 않는다. 명령을 내리기 전에 그 이유를 말해준다. 언제나 신약성경은 성경적 근거를 바탕으로 명령을 내린다. 성령께서는 변덕스런 기분에 따라 행하는 분이 아니시다. 성경이 단호하고 준엄한 명령을 내리는 것은 사실이지만, 그 명령은 언제나 타당성 있는 논리적 근거에서 나온다. 성경은 그 명령이 왜 완전히 자연스럽고 옳은 것인지, 무엇을 해결하기 위해 그런 명령을 내리는지를 분명히 밝힌다. 성경이 이런 특징을 드러내듯이 베드로는 "너희가 … 너희 영혼을 깨끗하게 하여 거짓이 없이 형제를 사랑하기에 이르렀으니 … 서로 사랑하라"(벧전 1:22)라고 말한다.

내적 변화가 외적 행동보다 앞서야 한다

세계 종교들 중 대부분은 외형적인 것들을 종교의 출발점으로 삼는다. 그렇지 않은 종교들을 상상하기는 결코 쉽지 않다. 내가 말하는 외형적인 것들은 음식을 먹는 것, 옷을 입는 방식, 금욕적 행동, 기념일을 지키는 것 등을 가리킨다. 이런 것들에 집착하는 종교인들은 이런 것들이 결국에는 마음에 영향을 미치기를 기대하기 때문에 그렇게 하는 것이다. 손가락을 가지고 이런저런 행동을 하는 사람들은 그렇게 해서 마음에 변화가 일어나기를 기대한다. 발가락의 움직임에 종교적 의미를 부여하는 자들도 마찬가지이다. 세상의 종교들 대부분이 이런 식으로 돌아간다.

할리우드의 배우들이나 나이트클럽의 공연자들 같은 사람들이 최근 요가에 열광하는 것을 보면 매우 흥미롭다. 지금 수많은 사람이 요가 수련자가 되기를 원한다. 요가 수련자는 외형적인 것부터 시작해 몸의 움직임과 자세를 통해 자신의 호흡을 통제한다. 호흡을 통제하게 되면 그는 자신의 생각을 통제하면서 자기 내면의 변화를 꾀한다. 그는 외형적인 것을 통해 자신을 변화시키고 자신의 마음을 정화하겠다는 의도에서 요가를 하는 것이다.

그런데 요가 수련자의 이런 철학은 성경의 교훈과 정면으로 충돌한다. 신약성경은 외형적인 것을 통해 마음의 변화를 일으키라고 가르치지 않는다. 이런 면에서 주 예수 그리스도와 바리새인들 사이의 차이점이 드러났다. 바리새인들은 외형적인 것들에 관심을 가졌지만 예수님은 내면적인 것을 강조하셨다. 그들은 외형적인 것들이 내면의 변화를 일으킬 수 있다고 믿었다. 그러나 예수님은 그들의 이런 어리석은 생각을 아시고 자신의 사역 기간 동안 줄곧 그들의 잘못된 생각을 비판하셨다. 예수님은 마음이 중요하다는 사실을 아셨다. 마음이 올바른 상태에 있게 되면 외적인 것들은 자연스럽게 해결된다. 현대주의자들과 자유주의적 기독교도 역시 외형적인 것들을 강조하는데 그들은 훈련, 특히 종교교육을 중요시하며 매우 강조한다.

하지만 종교교육이란 것은 기껏해야 사람들이 올바로 사고하고 올바로 행동하도록 훈련시킬 뿐이다. 물론 종교교육을 무조건 배척하는 것은 옳지 않다. 적절히 사용하면 유익을 얻을 수도 있다. 하지만 깊고 은밀한 내적 변화가 전제되지 않는다면 외형적인 노력은 결국 헛수고가 될 것이다.

성경을 연구한 후 내가 내린 결론에 따르면, 그리스도를 믿는 신앙은 중심, 즉 마음과 생각에서 시작하여 결국 외적 행동의 변화를 일으키는 것이다. 단언하건대, 마음의 변화에서 출발하지 않는 모든 종교적 시도들은 완전히 헛수고가 되고 만다. 나의 이런 이야기가 귀에 못이 박이도록 들은 진부한 종교적 주장으로 들리는가? 그러나 이런 이야기는 나만 하는 것이 아니다. 우리가 흔히 접할 수 있는 수많은 복음전도자들도 나와 똑같은 이야기를 한다. 그들의 이야기는 틀린 것이 없다. 그들이 무엇이라고 말하는가? "당신이 주변의 모든 교회에 다 참석하고 온갖 형태의 세례를 받고 기독교의 절기들을 모두 지킨다 할지라도 마음의 변화가 없다면 당신은 잃어버린 사람입니다"라고 말하지 않는가?

영혼은 사람의 내면에 있다. 영혼은 사람의 본질이기 때문에 진정으로 중요하다. 지금 내가 말하는 영혼은 '내적 인간 전체'를 가리킨다. 영혼과 비슷한 말을 찾자면 '마음'이나 '사람을 통제하는 부분'이라는 말이 될 것이다. 아무튼 영혼은 '내적 인간 전체'인데, 바로 이 '내적 인간 전체'가 깨끗하게 되어야 한다. "내 신앙고백은 근거 있는 참된 것이다"라고 말할 수 있으려면 우리의 깊은 내적 생명이 깨끗하게 되어야 한다. 그렇다면 이제 우리는 이 내적 인간이 어떻게 깨끗하게 될 수 있는지를 묻지 않을 수 없다.

정화(淨化)에 관한 진실

힌두교 신자들은 그들의 영혼을 깨끗하게 하기 위해 갠지스 강에서 목욕을 하지만 그것은 결국 육신의 목욕일 뿐이다. 갠지스 강을 실제로 본 사람들의 말에 따르면 거기서 목욕을 해봤자 그 강이 너무 더러워 육신조차 깨끗하게 할 수 없다고 한다. 물론 우리는 그들을 비웃지 않으며, 그들이 거룩하지 못하다고 경멸하지도 않는다. 왜냐하면 그들 나름대로 옳은 것을 행하려고 애쓰기 때문이다.

하지만 그들의 방법은 잘못되었다. 옳은 것을 행하겠다는 동기는 있지만 그 방법이 잘못되었다는 의미이다. 그들은 결국 그들의 목적지에 도달할 수 없다. 마치 디트로이트로 가겠다고 출발했지만 잘못 판단해 오마하 쪽으로 자동차를 돌린 사람이 처음 목적지에 도달할 수 없듯이 말이다. 물론 그는 자기의 가는 방향이 옳다고 철석같이 믿었을 것이다. 하지만 그와 똑같은 실수를 했던 사람들이 그를 보면 그의 실수는 너무나 분명한 것이다.

어떤 트럭 운전수가 자신이 겪었던 일에 대해 이야기해주었다. 그는 다른 트럭 운전수와 교대로 동일한 트럭을 몰고 가야 할 입장이었다. 운전석 뒤에는 잠을 잘 수 있는 조그만 공간이 있었는데, 한 사람이 운전할 동안 다른 사람이 그곳에서 잠을 잘 수 있었다. 물론 그것은 운전의 피로를 풀기 위함이었다. 그날도 이 운전수가 운전하는 동안 다른 운전수가 뒷자리에서 잠을 잤다. 동쪽으로 차를 몰다가 주유소를 본 그는 유턴을 하여 차를 세웠다. 그는 차에 경유를 넣고 동료 운전수를 깨워 "자네 차례가 되었네. 얼마 동안은 자네가 차를 몰게"라고 말했다. 그리고 뒷자리로 들어가 곯아떨어졌다. 이어서 차를 몰게 된 운전수는 40킬로미터를 달렸을 때 그의 동료가 주유소에서 차의 방향을 바꾸어버렸다는 사실을 알게 되었다.

운전수는 열심히 달렸지만 그것은 완전히 헛수고였다. 물론 방향이 잘못되었기 때문이다. 잘못된 판단 때문에 결국 80킬로미터를 헛수고한 것이었다.

이 말을 듣고 "그래도 그 사람은 정직하게 노력한 것이 아닌가?"라고 말하는 사람이 있을지도 모르겠다. 분명히 알라. 그가 정직하게 노력을 했느냐 하지 않았느냐 하는 것은 중요하지 않다. 중요한 것은 그가 엉뚱한 방향으로 갔다는 것이다. 혹시 당신은 "그래도 그는 자기의 살림을 꾸려나가고 아내를 사랑하지 않는가?"라고 말하고 싶은가? 하지만 그것도 역시 문제의 본질과는 관계가 없다. 문제는 그가 목적지와 반대되는 방향으로 달렸다는 것이다. 만일 그가 계속 그 방향으로 달렸다면 절대 목적지에 도달할 수 없었을 것이다.

"그래도 그는 멋있는 사람이다. 그 사람처럼 구레나룻이 멋있게 난 사람은 실수를 하지 않는다"라고 말하고 싶은가? 하지만 아무리 멋있게 생겼다 할지라도 그는 실수를 했다. "그래도 그는 선교회에 소속되어 있고 교회의 교인이다"라고 말하고 싶은가? 하지만 그렇다 할지라도 그는 엉뚱한 방향으로 달렸다. 그가 누구이든 간에, 그가 아무리 선량한 사람이라도, 그의 구레나룻이 아무리 멋있다 할지라도 그가 잘못된 방향으로 갔다는 사실은 변하지 않는다.

마귀가 무수한 사람들의 트럭 방향을 바꾸어버렸지만 그들은 그 사실을 알지 못한다. 그들은 액셀러레이터를 힘껏 밟아 전속력으로 달린다. 자기들이 굉장한 속도로 달리기 때문에 당연히 목적지에 도달할 것이라는 달콤한 착각에 빠져서 말이다. 그러나 그들이 달리는 방향은 목적지와 아무 상관이 없다.

자기의 호흡을 통제하고 배의 근육을 적절히 조절하고 자기최면을 걸고 정신을 집중하는 요가 수련자도 그 나름대로 열심히 추구하지만, 방향이 잘못되었다. 그는 외형적인 것을 통해 마음을 깨끗하게 할 수 있다는 잘못된 철학을 철석같이 믿는다. 하지만 성경은 먼저 마음이 깨끗하게 되어야 다른 모든 것들이 가능하다고 가르친다.

순종은 믿음을 정결케 한다

그렇다면 우리 마음은 어떻게 해야 깨끗하게 되는가? 물론 그것은 진리에 순종함으로써 가능해진다. 순종이라는 말에 충격을 받지 말라. 순종이라는 말이 오늘날 인기 없는 말이 되어버렸지만 사실 이것은 대단히 좋은 말이다. 진리에 순종한다는 것이 얼마나 좋은가?

깨끗하게 되기 위해서는 믿음과 순종이 필요하다. 사도행전 15장 9절은 "[하나님께서] 믿음으로 그들의 마음을 깨끗이 하사"라고 말한다. 또 우리의 본문, 즉 베드로전서 1장 22절은 "너희가 진리를 순종함으로 너희 영혼을 깨끗하게 하여"라고 말한다. 그렇다! 믿음과 행함이 필요하다. 베드로의 편지는 행함을 가르치고 성령께서는 사도행전에서 믿음을 가르치신다. 이것을 보고 비판자들은 성경이 모순된다고 지적하지만, 사실 모순은 전혀 없다.

이 이야기를 더욱 실감 나게 하기 위해 예를 하나 들어보자. 갈매기의 오른쪽 날개의 아름다움에 매료된 A라는 사람이 "갈매기는 지극히 우아한 오른쪽 날개를 가지고 있습니다. 갈매기가 오른쪽 날개를 펴서 위아래로 퍼덕일 때 정말 아름답지 않습니까?"라고 말한다. 만일 어떤 화가가 그의 말을 들었다면 급히 갈매기의 오른쪽 날개의 아름다움과 균형미를 화폭에 담았을 것이다. A의 말을 들은 사람들은 그의 말을 전폭적으로 믿고 다른 사람들에게 "그렇습니다. 갈매기는 오른쪽 날개를 사용하여 날아다닙니다"라고 가르친다.

그런데 B라는 사람이 다가오더니 "당신은 갈매기의 왼쪽 날개에 주목해본 적이 있습니까? 그것은 정말 아름답습니다"라고 말한다. 그러자 A가 "갈매기에게 왼쪽 날개가 있다고 감히 말하는 것을 보니 당신은 이단자이며 율법주의자입니다. 우리의 교회는 갈매기에게 오른쪽 날개가 있다는 교리 위에 세워졌습니다"라고 응수한다. 그런데 이 두 사람 사이의 대화를 지켜본 어떤 비판자는 "저 사람들의 논쟁을 보십시오. 저들은 서로 모순됩니다"라고 꼬집는다.

그러나 그들 사이에 모순이 있다는 주장은 어리석은 이야기이다. 그것은 누구나 알고 있듯이, 갈매기는 한쪽 날개만으로는 날 수 없기 때문이다. 만일 한쪽 날개로만 날려고 한다면 한쪽 날개를 퍼덕거리며 제자리에서 뱅뱅 돌기 때문에 결코 땅에서 날아오를 수 없다. 한쪽 날개만 퍼덕거리면 반대쪽으로 뱅뱅 돌게 되어 있다. 다시 말해, 오른쪽 날개만 퍼덕이면 시계 반대방향으로 돌고 왼쪽 날개만 퍼덕이면 시계 방향으로 돌게 되어 있다. 즉, 한쪽 날개만 사용할 경우 아무리 오랫동안 퍼덕거려도 결국 그 자리에서 벗어나지 못한다.

이 갈매기 비유는 오늘날 교회의 현실을 잘 지적해준다. 사람들이 교회에 등록하면 즉시 그들에게 다섯 가지 일이 주어지고 그들은 어떤 부서의 책임자로 임명된다. 많은 일을 어깨에 짊어 진 그들은 오른쪽 날개를 한참 퍼덕거리다가 지쳐버리고 만다. 만일 그들에게 '신생'에 대해, '내면의 정결'에 대해, '영혼의 새로워짐'에 대해 말해주면 그들은 무슨 말인지 이해하지 못할 것이다.

그런데 그런 사람들과 정반대되는 사람들도 있다. 후자에 속하는 사람들은 "우리는 왼쪽 날개만을 사용합니다. 우리는 이런저런 행함이 중요하다고 믿지 않습니다. 믿음이 중요하다고 생각합니다"라고 말한다.

그러나 전자의 사람들과 후자의 사람들은 모두 절반의 진리를 믿을 뿐이다. 성경의 온전한 진리를 믿는 것이 아니다. 성경의 온전한 진리를 믿는 사람들은 "당신은 믿음으로 깨끗하게 됩니다"라고 말하는 사람들과 "당신은 순종으로 깨끗하게 됩니다"라고 말하는 사람들 사이에 모순이 없다는 것을 잘 안다. 믿음과 순종은 갈매기의 두 날개와 같다. 믿음은 있는데 행함이 없다면 제자리에서 뱅뱅 돌면서 날아오르지 못한다. 행함이 있는데 믿음이 없다면 그 행함은 죽은 것이다. 믿음과 행함의 두 날개가 있을 때 비로소 우리는 날아오른다.

믿음과 행함의 균형이 있어야 한다

히브리서 11장은 흔히 '믿음 장(章)'이라고 불린다. 하지만 당신은 그것이 또한 '행함 장'이라고 불려야 한다는 사실을 아는가? 히브리서 11장 4절은 "믿음으로 아벨은 가인보다 더 나은 제사를 하나님께 드림으로"라고 말한다. 아벨은 믿음으로 제사를 드렸는데, 그것은 하나님께 받은 계시에 순종하여 드린 제사였다. 히브리서 11장 5절은 "믿음으로 에녹은 죽음을 보지 않고 옮겨졌으니"라고 말한다. 그런데 우리는 그가 이 땅에서 더 이상 보이지 않을 때까지 행함을 통해 하나님과 동행했다는 사실을 알아야 한다. 믿음으로 노아는 방주를 준비했는데(히 11:7 참조) 결국 그도 행함을 통해

방주를 준비한 것이다.

방주를 만드는 것이 행함이었다. 만일 노아가 목마(木馬) 위에 앉아 그의 옆에 옷을 벗어놓고 "나는 믿는다"라고 말했다면 방주를 만들지 않았을 것이다. 그는 가만히 앉아서 팔짱만 끼고 있었던 것이 아니라 목수들을 불러서 그의 청사진을 보여주고 일을 시작했다.

내가 이렇게 말하니까 혹시 당신이 "당신은 방주를 만들어서 구원을 얻으려고 하는가? 그렇다면 당신은 신약이 말하는 그리스도인이 아니라 율법주의자이다. 당신은 믿음과 행함을 혼합하고 있다"라고 말할지 모르겠다. 당신이 그렇게 말하는 것을 만일 노아가 들었다면, 그는 "하나님의 명령에 순종하는 것이 믿음에 따라 사는 것이다"라고 대답했을 것이다. 노아는 믿음대로 살기 위해 방주를 만들었다.

'믿음 장' 즉 히브리서 11장을 계속 읽어보자. 8절은 아브라함이 믿음으로 나아갔다고 말한다. 그렇다! 그는 믿음으로 나아갔다. 기드온은 믿음으로 싸웠는데 그것이 그의 행함이었다. 칼을 차고 나아간 것이 그의 행함이었다. '믿음 장'에서 우리는 바락과 삼손도 만난다. 물론 삼손이 자신의 자리에 편히 앉아서 하늘을 바라보며 "나는 믿는다"라고 말하며 손가락 하나 까딱하지 않았을 수도 있었을 것이다. 만일 그렇게 했다면 블레셋 사람들이 그의 주변에 벌 떼처럼 몰려들었을 것이다. 그러나 그는 그렇게 하지 않았다. 오히려 나귀 턱뼈를 취해 블레셋 사람들을 천 명이나 죽였다. 히브리서 11장은 또한 입다, 다윗 그리고 사무엘을 신앙인으로 규정한다.

히브리서 11장은 '믿음 장'일뿐만 아니라 '행함 장'이기도 하다. 하나님께서는 하나의 장(章)에 한쪽 날개만을 달지 않고 다른 쪽 날개도 달으신다. 그 다른 쪽 날개가 우리 눈에 쉽게 보이지 않을지라도 말이다. 혹시 당신은 내게 "당신의 이야기는 선을 행할 수 있는 인간의 능력을 강조하는 의미로 들린다"라고 말하고 싶은가? 오해하지 말라. 인간의 능력을 강조하고 싶은 의도는 내게 추호도 없다. 그것은 베드로가 '성령을 통해서'(벧전 1:22, '성령을 통해서'라는 표현이 개역개정판 한글성경에는 나오지 않는다 - 역자 주)라고 분명히 밝히기 때문이다. 하나님께서는 의롭게 될 수 있는 능력을 주시지 않으면서 의롭게 되라고 명령하는 분이 아니시다. 하나님께서 원하시는 행함은 '성령의 능력을 통해' 나타나는 행함이다.

속사람이 새로워지고 영혼이 깨끗하게 된 참된 그리스도인은 육신적 자신감으로 사는 사람이 아니다. 그는 육신이 결코 영적 열매를 맺을 수 없다는 것을 잘 안다. 그는 육신 안에서 행하지 않고 성령 안에서 행하는 사람이 율법의 요구를 충족시킬 수 있다는 것을 잘 안다.

거짓이 없이 사랑하라

베드로는 "거짓이 없이 형제를 사랑하기에 이르렀으니"(벧전 1:22)라고 말한다. 이 말에 담긴 깊은 의미에 대해 잠시 살펴보자.

여기서 '거짓이 없이'라는 말이 우리의 주목을 끈다. 거듭나지 못한 세상 사람들은 대개 사랑하는 척한다. 정치인들은 사랑을 꾸며낸다. 당신의 아기에게 입 맞추고 심지어 당신의 손에 입 맞춘

다. 그들은 미소를 짓고 가가호호 방문하고 여러 곳을 돌아다니고 심지어 촌구석까지 찾아가고 깃발을 흔든다. 이 모든 것은 표를 얻기 위함이다. 겉으로 보기에 그들은 당신을 매우 사랑하는 것 같다. 연설할 때는 꼬박꼬박 당신을 언급하면서 당신을 사랑한다고 열변을 토한다. 왜 그럴까? 투표용지에 그들의 이름에 기표할 수 있는 권리가 당신에게 있기 때문이다.

종종 나는 노조 지도자들이 착취당하고 짓밟히는 불쌍한 노동자들을 보고 눈물을 흘리는 모습을 본다. 하지만 때때로 그들의 눈물은 거짓된 눈물이다. 말로는 노동자들을 사랑한다고 하면서 실제로는 자기들의 배를 불리고 영향력을 확대하려고 발버둥치는 자들의 손아귀에 들어간 노조는 재앙이다.

세일즈맨을 예로 들어보자. 당신의 이름을 알게 된 세일즈맨이 당신의 집으로 찾아와 "존즈 씨, 당신을 뵈니 참 반갑습니다"라고 말한다. 그는 이웃집에서 당신의 이름과 당신의 가족에 대해 알아냈다. 그는 "짐(Jim)이 전쟁터에서 벌써 돌아왔습니까?"라고 물으며 관심을 보이지만, 사실 그의 진정한 관심은 당신에게 물건을 팔겠다는 것이다.

거듭나지 못한 세상 사람들은 대개 사랑이 있는 체한다. 다만 그들도 자기들과 밀접한 관계에 있는 소수의 무리에게는 진짜 사랑을 보인다. 하지만 성령께서는 우리 안에 진정한 사랑을 심어주셨다. 거짓이 없는 형제 사랑, 즉 그리스도인의 사랑은 겉으로만 꾸민 사랑이 아니다.

몇 년 전 나는 예배를 드리기 위해 어떤 교회에 갔다. 나는 뒤쪽에 앉아서 앞을 바라보며 예배가 시작되기를 기다렸다. 조금 후 그 교회의 목사가 다가오더니 내게 인사를 했다. 그 교회의 목사는 내가 누군지 몰랐다. 그는 내게 "이렇게 찾아와 도움을 주시니 정말 감사합니다"라고 말했다. 하지만 나는 도움을 주기 위해 그 교회에 간 것이 아니라 단지 예배를 드리기 위해 간 것이었다. 나는 그의 말에 100퍼센트 동의할 수 없었다. 사실 그의 말은 좀 지나쳤다. 만일 당신이 나를 지나치게 사랑한다면 나는 당신에 대해 걱정하게 될 것이다. 나를 지나치게 사랑하지 말고 다만 나를 충분히 사랑하라. 그러면 된다. 만일 당신이 나를 전혀 사랑하지 않는다 할지라도 나는 당신을 위해 기도할 것이다. 사실, 아부하는 사랑은 가식적(假飾的)인 사랑이다.

뜨겁게 서로 사랑하라

성령께서는 우리에게 사랑을 주시는데 그 사랑은 참된 사랑이다. 참된 사랑은 상대방에게 아부하지 않는다. 오히려 때로는 상대방을 꾸짖기도 한다. 신약성경에서 가장 신랄한 책은 요한일서이다. 사랑의 사도 요한도 다른 어떤 사도보다 매섭게 매를 들 수 있었다. 그는 필요하다면 매를 들었다. 성경은 "대저 여호와께서 그 사랑하시는 자를 징계하시기를 마치 아비가 그 기뻐하는 아들을 징계함같이 하시느니라"(잠 3:12)라고 가르친다.

베드로의 말을 계속 들어보자. 그는 "서로 사랑하라"(벧전 1:22)라고 가르친다. 그리스도인들 사이의 사랑이 마치 야생식물처럼 저절로 자라는 것은 아니다. 하나님께서 그리스도인들의 마음에 형제 사랑을 심어주신 것은 사실이지만, 우리는 그 사랑을 자꾸 키워야 한다. 민들레는 가꾸지 않아도 잘 자라지만, 우리의 사랑은 가꾸어주어야 잘 자란다. 인간의 마음도 자꾸 가꾸어야 하기 때문에 우리는 우리의 마음을 상대로 작업해야 한다. 다시 말해, 기도하고 성경 읽고 순종하고 믿고 겸손하고 성령께 마음을 열어야 한다. 그래야만 우리의 마음이 형제를 사랑할 수 있는 마음으로 변해 간다.

그렇다면 어떤 마음으로 그렇게 해야 하는가? 순수한 마음으로 그렇게 해야 한다. 순수한 마음이 아니라면 진정으로 사랑할 수 없다. 왜냐하면 순수한 마음으로 사랑한다는 것은 이타적(利他的)으로 사랑한다는 것을 의미하기 때문이다. 이타적 사랑은 자기의 사랑의 대상을 이용하지 않는다. 반대급부를 바라고 사랑하는 것이 아니다. 그런 사랑은 매우 고상한 것이기 때문에 현대인들은 그것에 대해 전혀 모르거나 거의 모른다. 이타적 사랑은 순수한 마음에서 나온다.

그런데 이런 참된 사랑은 뜨겁게 표현되어야 한다. 하나님께서는 어중간한 것들을 전부 미워하신다. 하나님께서는 열의 없는 마음을 싫어하신다. 두 마음을 품은 사람들을 미워하신다. 두 마음이란 절반은 이쪽으로, 절반은 저쪽으로 향한 마음이다. 야고보는 "의심하는 자는 … 두 마음을 품어 모든 일에 정함이 없는 자로다"(약 1:6,8)라고 말한다. 하나님은 두 마음을 미워하시기 때문에 "의심하는 자는 마치 바람에 밀려 요동하는 바다 물결 같으니 이런 사람은 무엇이든지 주께 얻기를 생각하지 말라"(약 1:6,7)라고 말씀하신다. 그러므로 마음을 정하라. 그 마음을 꼭 붙들고 다른 마음이 틈타지 못하게 하라. 마음이 둘로 갈라지면 안 된다. 마음이 갈라지면 그것이 곧 두 마음이다.

소위 '선데이 크리스천'(Sunday Christians)이라 불리는 사람들의 신앙은 오직 주일에만 국한되었다. 그래서 사람들은 그들에 대해 다음과 같이 농담을 했다.

"저들은 주일 저녁에 집으로 돌아가 옷장에 외출복을 걸을 때 그들의 신앙도 함께 걸어놓는다. 그리고 그 다음 주일 아침이 될 때까지 다시는 그것을 꺼내지 않는다."

그런 사람들의 마음이 두 마음이다. 하나님께서 두 마음을 미워하시는 이유는 거기에 진실이 없기 때문이다. 하나님께서는 우리가 순수한 마음으로 뜨겁게 사랑해야 한다고 말씀하신다. 뜨거운 사랑, 불같은 사랑, 열광적인 사랑을 요구하신다.

하나님께서는 "에브라임이 여러 민족 가운데에 혼합되니 그는 곧 뒤집지 않은 전병이로다"(호 7:8)라고 말씀하신다. 성장기 때 나는 메밀전병을 많이 먹고 자랐기 때문에 뒤집지 않은 전병이 어떤 것인지를 잘 안다. 전병을 뒤집지 않으면 한쪽만 익는다. 하나님께서는 한쪽만 익은 전병을 미워하신다. 하나님께서는 전병이 양쪽 모두 익기를 원하신다.

"뜨겁게 서로 사랑하라"(벧전 1:22)라는 베드로의 말에는 미지근한 것을 비판하는 의미가 담겨 있다. 물이 절반쯤 담긴 병을 가리켜 절반이 찼다고 말해야 하는가, 아니면 절반이 비었다고 말해야 하는가? 미지근한 물을 가리켜 절반이 뜨겁다고 해야 하나, 아니면 절반이 차갑다고 해야 하나? '절반의 그리스도인'을 가리켜 '절반의 죄인'이라고 해야 하는가, 아니면 '절반의 성도'라고 해야 하는가? 나는 잘 모르겠다. 하지만 내가 분명히 아는 한 가지 사실이 있다. 그것은 하나님께서 온전하지 못한 것을 다 쓸어버리실 것이라는 사실이다.

하나님께서는 어중간한 것을 용납하지 않으신다. 하나님께서 우리에게 하나님을 향해 절반의 마음만을 가지라고 말씀하셨는가? 결코 그렇지 않다. 만일 그렇게 말씀하셨다면 그분은 하나님이 아니실 것이다. 우리가 하나님으로 충만해지는 것이 하나님의 뜻이다. 절반만 충만해지는 것은 그분의 뜻이 아니다. 하나님께서는 절반만 차고 절반은 비어 있는 것을 용납하지 않으신다. 하나님께서 우리에게 주신 것들을 보라. 절반의 하루가 아니라 온전한 하루이다. 절반의 인격이 아니라 온전한 인격이다. 절반의 마음이 아니라 온전한 마음이다. 절반의 구원이 아니라 온전한 구원이다. 하나님께서는 우리의 사랑이 온전한 사랑이기를 원하신다. 반은 뜨겁고 반은 차가운 사랑을 원하지 않으신다. 그렇기 때문에 "네가 이같이 미지근하여 뜨겁지도 아니하고 차지도 아니하니 내 입에서 너를 토하여 버리리라"(계 3:16)라고 말씀하셨다.

깊이 생각해보라. 당신이 성령을 통해서 진리를 믿음으로 당신의 영혼을 깨끗하게 하여 형제를 사랑하기에 이르렀다는 것을 생각하라. 당신의 사랑이 행함을 통해 나타나도록 힘써라. 다시 말해, 순수한 마음으로 형제를 뜨겁게 사랑하라.

CHAPTER **06**

모든 악한 것을 버리는 자가 그리스도인이다

"그러므로 모든 악독과 모든 기만과 외식과 시기와 모든 비방하는 말을 버리고 갓난아기들 같이 순전하고 신령한 젖을 사모하라 이는 그로 말미암아 너희로 구원에 이르도록 자라게 하려 함이라 너희가 주의 인자하심을 맛보았으면 그리하라"(벧전 2:1-3).

성령께서 '그러므로'나 '그래서' 같은 말들을 사용하실 때 우리는 그런 말들 앞에 나오는 내용에 주목해야 한다. 왜냐하면 그런 말들이 전후 내용의 인과관계를 말해주기 때문이다.

베드로는 "그러므로 모든 악독과 모든 기만과 외식과 시기와 모든 비방하는 말을 버리고 갓난아기들 같이 순전하고 신령한 젖을 사모하라"(벧전 2:1,2)라고 말한다. 여기서 우리가 '같이'라는 말에 주목한다면 우리는 베드로의 이 말에서 나름대로 연결성을 보게 된다. 베드로는 우리가 거듭났다고 말한다. '거듭났다'는 것은 출생과 생명과 유기체와 관련된 말이다. 이 말은 시적 언어나 법적 용어가 아니라 생물학적 표현이다. 베드로는 예수님을 따라다닌 사람이었다. 그러므로 예수님이 "사람이 거듭나지 아니하면 하나님의 나라를 볼 수 없느니라"(요 3:3)라고 말씀하셨을 때 베드로는 예수님 옆에서 그분의 말씀을 들었을지도 모른다. 만일 그렇다면 "너희가 거듭난 것은 썩어질 씨로 된 것이 아니요 썩지 아니할 씨로 된 것이니 살아 있고 항상 있는 하나님의 말씀으로 되었느니라"(벧전 1:23)라고 말할 때 베드로는 하나님의 말씀을 기억하며 그렇게 말했을 것이다. 하늘로부터 태어나는 것, 즉 거듭나는 것은 땅에서 태어나는 것, 즉 육신적 출생과는 완전히 다른 것이다.

우생학(優生學)이라는 학문이 있다. 이것을 과학이라고 불러야 할지 말아야 할지 잘 모르겠지만, 굳이 과학이라 부르고 싶다면 과학의 작은 한 분야라고 말할 수 있을 것이다. 우생학을 열심히 주창한 사람들 중 한 명이 앨버트 E. 위김(Albert E. Wiggim)이었다. 그는 우생학에 대해 아주 많은 글을 썼다. 우생학이란 좋은 종족을 얻기 원해 좋은 동물이나 식물을 택해서 번식시키는 방법을 인류에게 적용하는 것이다.

우생학은 얼마 동안 꽤 영향력을 발휘하다가 사라져버렸다. 아돌프 히틀러는 우생학을 진지하게 받아들였고 최고 종족의 출현을 믿었다. 심지어 그는 "우월한 사람들을 뽑아내 그들의 자손들을 번식시키면 우월한 종족의 인류가 출현할 것이다"라고 말하기도 했다. 물론 우생학이 히틀러의 생각만큼 무모했던 것은 아니다. 그러나 우생학의 논리를 그대로 따르자면, 건강하고 똑똑하고 잘생긴 사람만 생육할 수 있고 그렇지 못한 사람들은 자식을 낳지 못하도록 법으로 정해야 한다는 이야기가 된다. 우생학이란 그런 학문이었다.

인간 생명의 유한성과 부패는 피할 수 없다

그렇다면 가정을 해보자. 즉 우생학의 주장대로 국가가 키 180센티미터 이하의 사람들의 결혼을 법적으로 금지시키고, 눈이나 얼굴 또는 신체의 일부에 문제가 있는 젊은 여성의 출산을 법적으로 금지하고, 그런 정책을 강제로 얼마간 시행한다면 결국 건강하고 인물이 뛰어난 좋은 아이들이 생겨날 것이다. 그러나 그렇다 할지라도 그들에게 두 가지 사실만큼은 절대적으로 확실하다. 한 가지는 그들이 '죽는다'는 것이고 또 다른 한 가지는 그들이 '썩는다'는 것이다. '생명의 유한성'과 '부패'는 마귀가 이 세상에 가져다준 두 단어이다. 우리가 아무리 발버둥쳐도 이 두 단어를 없애버릴 수는 없다. 거인처럼 건장한 종족을 만들어낸다 할지라도 그들도 인생의 길을 다 달려간 후에는 죽어서 썩을 것이다.

베드로의 편지를 통해 성령께서는 위로부터 나는 출생과 아래로부터 나는 출생을 대조시키신다. 성령께서는 "너희가 거듭난 것은 썩어질 씨로 된 것이 아니요 썩지 아니할 씨로 된 것이니 살아 있고 항상 있는 하나님의 말씀으로 되었느니라 그러므로 모든 육체는 풀과 같고 그 모든 영광은 풀의 꽃과 같으니 풀은 마르고 꽃은 떨어지되 오직 주의 말씀은 세세토록 있도다 하였으니 너희에게

전한 복음이 곧 이 말씀이니라"(벧전 1:23,24)라고 말씀하신다. 그렇다! 우생학을 통해 건강하고 좋은 종족을 만들어낸다 할지라도 그들의 영광은 풀의 꽃과 같이 떨어질 것이다. 오직 하나님만이 영원한 것을 주실 수 있다. 오직 하나님만이 영원한 것의 씨앗을 우리에게 뿌려주실 수 있다. 만일 그분이 그렇게 하지 않으시면 저주스런 두 단어, 즉 '생명의 유한성'과 '부패'라는 단어가 인간들에게서 영원히 떠나지 않을 것이다.

이 지구가 우리처럼 평범한 사람들로 충만하든 아니면 니체나 히틀러나 위김이 꿈꾸었던 초인 같은 사람들로 충만하든 간에 분명한 사실은 그들이 언젠가는 모두 죽는다는 것이다. 왜냐하면 성경이 "한 번 죽는 것은 사람에게 정해진 것이요 그 후에는 심판이 있으리니"(히 9:27)라고 말하기 때문이다. 이 세상에서 가장 부유한 부모들이나 가장 교육을 많이 받은 부모들이나 가장 아이큐가 높은 부모들이 건강하고 머리 좋은 자식들을 낳는다고 가정해보자. 아마 그 자식들은 지적으로나 문화적으로 많은 것을 이루고 또 누리며 살 것이다. 그러나 전능하신 하나님께서는 "범죄하는 그 영혼은 죽으리라"(겔 18:4)라고 말씀하셨다.

아무리 건강하고 교양 높은 부모라 할지라도 자녀의 심장에서 '생명의 유한성'이라는 단어를 빼내줄 수 없다. 자녀를 아무리 사랑해도, 자녀를 끌어안고 아무리 눈물 흘려도 자녀의 삶에서 생명의 유한성을 제거해줄 수는 없다. 그것은 인간이 생명의 유한성과 부패에서 결코 벗어날 수 없기 때문이다. 생명의 유한성과 부패는 마치 어두운 그림자처럼 모든 인간을 따라다닌다. 마치 쌍

둥이 구름처럼 우리 눈에 잘 보이지 않지만 사람들이 있는 곳이라면 어디에나 비를 뿌린다. 사실 '생명의 유한성'(mortality)과 '부패'(corruption)라는 단어는 점잖은 말이다. 앵글로색슨어[고(古)영어]를 사용해 직설적으로 표현하면 이 두 단어는 각각 '죽다'(die)와 '썩다'(rot)이다. 이것은 결코 점잖은 표현이 아니다.

'버리고'의 의미

라틴어에서 유래한 영어 단어들은 점잖지 못한 것을 점잖게 표현해주는 능력을 갖추고 있다. 하지만 투박한 앵글로색슨어는 점잖지 못한 것을 점잖지 못하게 표현한다. 투박한 앵글로색슨어로 표현하자면, 인간은 죽어서 썩는다! 베드로의 편지 속에서 성령은 결국 '죽어서 썩어질 출생'과 '죽지도 않고 썩지도 않는 출생'을 대조시켜 말씀하신다. 하나님께 감사하자! 왜냐하면 성경이 "너희가 거듭난 것은 썩어질 씨로 된 것이 아니요 썩지 아니할 씨로 된 것이니 살아 있고 항상 있는 하나님의 말씀으로 되었느니라"(벧전 1:23)라고 말하기 때문이다. 우리에게 전해진 복음의 말씀이 "살아 있고 항상 있는 하나님의 말씀"이다.

이 모든 것이 사실이므로 우리는 모든 사악함을 버린다. 베드로전서 2장 1절에 나오는 '악독'이라는 말은 사악함을 의미한다. 나는 베드로전서 2장 1-3절 본문을 정확히 이해하기 위해 기도하면서 철저히 연구했다. 나는 "버리고"(1절)라는 베드로의 표현을 깊이 검토해보았다. 이 표현을 통해 그가 말하려고 했던 것은 무엇인가? 내가 볼 때 '버리라'는 그의 표현은 옷을 갈아입을 때처럼 '벗어버려라'라는 뜻이거나 아니면 옷을 세탁할 때처럼 '씻어버려라'라는 뜻이다.

그러므로 베드로는 "벗어버리든 씻어버리든 악독을 전부 너희에게서 제거하라"라고 말한 것이다. 그렇다! 당신과 나는 그렇게 해야 한다. 물에 술 탄 듯 술에 물 탄 듯한 기독교는 "우리가 구원을 얻었으므로 이제 더 이상 아무것도 할 필요가 없다"라고 말하지만 하나님의 말씀은 그렇게 말씀하지 않는다.

우리의 본문을 다시 읽어보자.

"그러므로 모든 악독과 모든 기만과 외식과 시기와 모든 비방하는 말을 버리고 갓난아기들 같이 순전하고 신령한 젖을 사모하라"(벧전 2:1,2).

여기서 우리는 '그러므로' 다음에 '너희는'이라는 말을 넣어 읽어야 한다. 베드로는 "그러므로 너희는 … 버리고 … 사모하라"라고 말한 것이다. '버리고(버려라)'라는 동사의 주어는 물론 '너희'이다. 정리하면, 베드로는 "너희는 악독을 버려라"라고 말한 것이다. 악독을 버려야 할 사람은 '너희'이다. 그런데 베드로의 이 말에는 "너희가 악독을 버리는 일이 가능하다"라는 뜻이 내포되어 있다.

죄인들아 손을 깨끗이 하라

내가 이렇게 말하니까 당신이 "토저 목사님, 인간이 어떻게 자기의 마음을 깨끗하게 할 수 있습니까? 인간이 자기의 영혼에서 더러운 것을 제하는 일이 가능합니까?"라고 반론을 제기할지 모르겠다. 당신이 그렇게 말한다면 나는 당신에게 "인간이 어떻게 자기의 손을 씻습니까?"라고 되묻겠다. 인간은 자기의 손을 씻을 수 없고, 단지 자기의 손에 세제를 바르고 물로 씻어낼 수 있을 뿐이다. 그렇게 하면 손이 씻어진다. 세제와 물을 사용하지 않으면 손이 깨끗해지지 않는다. 인간이 손을 씻을 수 없지만 세제와 물을 사용하여 손을 깨끗하게 하듯이 인간은 그 자신을 씻을 수 없지만 자신을 깨끗하게 만들 수 있다.

내 말이 모순처럼 들리는가? 나는 지금 말장난을 하는 것이 아니다. 내 말에 담긴 뜻을 깊이 생각해보면 의문이 풀릴 것이다. 당신이 당신의 아들에게 "애야, 곧 저녁식사를 할 것이니 가서 손을 씻고 와라"라고 말하면 그 아이는 잠시 사라졌다가 돌아올 것이다. 물론 그 아이의 손은 깨끗해졌을 것이다. 조금 전까지만 해도 그 아이의 손은 깨끗하지 않았다. 그렇다면 그 아이가 손을 씻었는가? 그렇기도 하고 아니기도 하다. 그는 손에 세제를 바르고 물로 씻어냈는데 그 과정이 그 아이의 손을 깨끗하게 만들어주었다.

하나님은 죄인들에게 "죄인들아 손을 깨끗이 하라 두 마음을 품은 자들아 마음을 성결하게 하라"(약 4:8)라고 말씀하신다. 이 말씀은 무엇을 의미하는가? 하나님 아버지의 식탁에 앉기 전에 먼저 손을 씻으라는 뜻이다. 하지만 죄인들은 그들의 손을 씻을 수 없다. 이 세상의 물을 다 쓴다 해도 그들의 손을 깨끗하게 만들 수 없고 오직 그리스도의 보혈만이 그렇게 하실 수 있다. 그렇다면 하나님께서 왜 그들에게 "죄인들아 손을 깨끗이 하라"라고 하시는가? 그것은 당신의 자녀에게 "가서 손을 씻어라"라고 명령을 내리는 것과 똑같은 이유 때문이다. 세제와 물로 씻으면 그 아이가 깨끗해지지만, 만일 그 아이가 물과 세제를 사용하지 않고 손만 문지른다면 그 아이의 손은 결코 깨끗해지지 않을 것이다.

어떤 사람들은 모든 더러운 것들을 버리라는 하나님의 음성을 들었지만 그리스도의 보혈이 있는 곳으로 가지 않으면서 그것들을 버리려고 애쓴다. 그런 사람들은 결코 깨끗해질 수 없다. 왜냐하면 오직 그리스도의 보혈이 인간을 깨끗하게 할 수 있기 때문이다. 그리스도의 보혈을 의지하지 않는 사람들은 영원히 더러울 수밖에 없다.

1. 모든 악독을 버려라

베드로는 우리가 벗어버리거나 씻어버려야 할 것들이 무엇인지 말해준다. 우리는 사악함을 버려야 한다. 사악함은 악(惡)을 의미하는데 악은 덕(德)에서 나오지 않는 모든 것을 가리킨다. 자유주의적 기독교인들은 덕과 악의 문제에 있어서 완전히 잘못된 방향으로 나아간다.

학생들과 이야기할 때 나는 때때로 고개를 가로저으며 몸을 돌리게 된다. 그럴 때 나는 "너는 미련한 자의 앞을 떠나라 그 입술에 지식 있음을 보지 못함이니라"(잠 14:7)라는 말씀이 생각난다. 그들은 사악함에서 돌이키지 않고 대신 "사악함이 무엇입니까?" 또는 "덕이 무엇입니까?"라고 묻는다. 그러나 진실한 그리스도인은 행위를 뒤로 미루고 단지 이론적인 질문만 던지는 짓을 하지 않는다.

이런 가정을 해보자. 당신의 아들이 너무 배가 고파서 식탁으로 달려와 앉지만 당신은 그에게 "얘야, 그런 더러운 손으로는 식사를 할 수 없으니 가서 씻고 오너라"라고 말한다. 그런데 그 아이가 "어머니, 무엇을 가리켜 더러운 것이라고 하시는 것입니까? 더러운 것이 무엇인지 정의(定義)를 내려주세요"라고 말한다면 당신은 어떻게 하겠는가? 아마 당신은 당장 그를 욕실로 보낼 것이다. 우리는 하나님을 향해 이 아이와 같은 태도를 취한다. 하나님께서 "더러운 것들을 모두 버려라"라고 말씀하셨지만 우리는 행동하지 않고 다만 더러운 것이 무엇인지에 대해 또한 덕이 무엇인지에 대해 책을 쓴다. 그러나 아무리 책을 많이 쓰더라도 우리는 결국 한 발짝도 앞으로 나아가지 못하는 것이다.

아주 오래전 아테네에서 살았던 코가 뭉툭한 철학자 소크라테스는 사고력뿐만 아니라 유머감각도 뛰어났다. 그는 많은 젊은이들을 데리고 산책을 하곤 했다. 그 젊은이들 중 한 사람이 플라톤이었다. 당신이 시간을 내어 플라톤의 저서 《대화》의 일부분이라도 읽어본다면 매우 유익할 것이다. 이 책에는 소크라테스의 가르침과 행동이 기록되어 있다.

소크라테스와 그의 제자들이 우정을 주제로 대화를 나누었다. 그들은 걸으며 이야기했다. 걷다가 힘들면 앉아서 이야기했고 그러다가 다시 일어나 걸으며 이야기했다. 그렇다면 그들은 무엇에 대해 나누었을까? 물론 우정에 대해 이야기했다. '우정이 무엇인가?'라는 주제를 놓고 끊임없이 이야기했다. 어떤 한 제자가 우정이 이런 것이라고 이야기하면 또 다른 제자가 우정이 저런 것이라고 이야기했다. 그러면 소크라테스가 나서서 그 두 사람의 주장을 철저히 비판하면서 그들이 말하는 것은 전혀 우정이 아니라고 말했다. 대화를 시작한 지 시간이 많이 흘렀기 때문에 그들은 매우 지치고 배가 고팠다. 그런데도 그들은 아무런 결론에도 이르지 못했다. 그때 소크라테스는 웃으면서 제자들을 둘러보며 "우리가 매우 훌륭한 우정을 나누면서도 우정이 무엇인지 모른다는 것이 정말 놀랍지 않은가!"라고 말했다. 그렇다! 그들은 서로 좋은 친구들이었지만 우정의 정의를 몰랐다.

모든 악을 버리고 거룩한 덕을 함양하는 데 삶을 바친 사람도 정작 무엇이 악이고 무엇이 덕인지를 철학적으로 모를 수 있다. 사실, 몰라도 된다. 모든 거듭난 그리스도인은 양심과 성경의 빛에 의해 악이 무엇인지 또 덕이 무엇인지를 안다. 양심이 잘못된 교육에 의해 왜곡되지 않았다면, 양심은 무엇이 악이고 무엇이 덕인지를 우리에게 말해줄 수 있다. 우리의 양심이 성경말씀의 빛에 의해 올바로 인도를 받는다면, 우리는 무엇이 악이고 무엇이 덕인지를 알 수 있다. 악과 덕에 대한 철학적 정의를 모른다 할지라도 우리는 무엇이 악하고 무엇이 선한지를 알 수 있다.

"우리가 매우 훌륭한 우정을 나누면서도 우정이 무엇인지 모른다는 것이 정말 놀랍지 않은가?"라는 소크라테스의 말을 받아서 나는 "거룩함이 무엇인지 모르는 사람이 거룩해질 수 있다는 것이 정말 놀랍지 않은가!"라고 말하고 싶다. 베드로는 모든 악을 버리라고 가르친다. 그러므로 악이 무엇인지에 대해 논쟁하려고 하지 말라. 베드로의 교훈대로 악을 버려라.

2. 모든 기만과 외식을 버려라

모든 악독을 버리라고 명령한 베드로는 또 기만을 버리라고 명한다. 베드로가 사용한 '기만'(guile)이라는 단어는 사냥꾼이 미끼를 이용하여 새를 잡는 경우에서 유래한 단어이다. 하지만 우리는 쥐의 경우를 예로 삼아 생각해보자.

모든 쥐는 가정주부가 자기를 굉장히 사랑한다고 잠시나마 착각한다. 왜냐하면 자기가 가장 좋아하는 치즈를 자기 앞에 잔뜩 차려놓기 때문이다. 쥐 두 마리가 어디론가 가기 위해 부엌을 가로지르면서 자신들이 살고 있는 집의 안주인이 자신들을 좋아하는지 아닌지에 대해 이야기를 나눈다. 그런데 맛있는 냄새를 풍기는 신선한 치즈 덩어리가 그들 앞에 나타난다. 쥐들은 서로 쳐다보며 "우리가 그녀를 오해했는가? 우리를 기억하고 우리를 위해 음식을 준비해두다니. 그 여자는 하나님께 복 받을 것이다"라고 말한다. 그러나 이중 지혜로운 쥐는 결국 "아니야, 나는 저 여자를 알아. 저 치즈를 조심해야 해. 저 여자는 우리를 위해 식사를 준비해둔 것이 아니라 우리를 잡으려고 미끼를 놓은 거야"라고 말한다. 하지만 어리석고 고집 센 쥐는 "인간들을 나쁘게 보면 안 돼. 이것은 우리를 위해 차려진 진수성찬이야"라고 말하며 넙죽 치즈를 먹는다. 이 어리석은 쥐는 그것으로 끝이다. 다음날, 잘 속아 넘어간 쥐는 쓰레기통에 버려진다.

베드로가 말한 '기만'이란 것은 쥐를 잡기 위한 미끼 같은 것에 비유될 수 있다. 그는 모든 기만을 버리라고 충고한다. 그의 말 속에는 "다른 사람들을 속이기 위해 A를 마치 B인 것처럼 보이게 하지 말라"라는 뜻이 들어 있다. 자신의 모습을 그대로 드러내라는 것이 그의 교훈이다. 이는 정말 훌륭한 교훈이다! 재치 있는 교훈으로 우리의 실생활에 꼭 필요한 교훈이다.

역사상 가장 기만적인 사람들은 바리새인들이다. 예수님을 함정에 빠뜨리기 위해 그분께 집요하게 질문 공세를 퍼부었기 때문이다. 그들의 집요한 질문들 속에는 예수님의 입에서 나오는 말씀에서 꼬투리를 잡으려는 의도가 깔려 있었다. 그러나 예수님은 바리새인들의 함정에 빠지지 않고 오히려 그들의 말을 이용하여 자신의 메시지를 전하셨다. 바리새인들이 함정을 팠지만 예수님은 거기에 빠지지 않으셨다.

그리스도인은 상대방을 의도적으로 착각에 빠뜨리려는 행동을 해서는 안 된다. 겉 다르고 속 다른 말을 해서도 안 된다. 상대방을 속이면 안 된다. 항상 자기의 솔직한 모습을 보이며 진실되게 말해야 한다.

퀘이커파(the Quakers, 조지 폭스가 17세기에 창시한 기독교 교파)는 그들 당시의 그리스도인들이 언어를 조심해서 사용하지 않는 것에 단호히 반대했다. 그리하여 그들은 심지어 '씨(Mr.)', '부인(Mrs.)', '도련님', '마님' 등 경칭이나 특별한 호칭들조차 사용하지 않았다. 그들은 "우리는 그가 도련님인지 아닌지 모릅니다. 따라서 그를 부를 때 그냥 이름만을 부릅니다"라고 말했다. 그들은 칭호를 사용하지 않았는데 왜냐하면 칭호를 잘못 사용하면 오해를 불러일으키기 때문이었다. 심지어 그들은 'you'(당신 또는 당신들)라는 단어조차 사용하지 않았다. 이는 상대방이 한 명인데 이 단어를 사용하면 두 명 이상이라는 오해를 불러일으킬 수 있기 때문이다. 그렇기 때문에 상대방이 한 명일 경우, 그들은 'you'라는 단어를 사용하지 않고 대신 2인칭 단수를 의미하는 'thou'나 'thee'를 사용했다.

그러나 퀘이커교도의 관습은 지나친 것이다. 사실 그것은 언어에 속박되는 것이었다. 우리는 언어에 속박되어서는 안 되고 다만 우리의 의사를 정확히 표현하면 된다. 그리스도인들이 언어에 속박되는 것은 누군가 표현했듯이 '언어의 폭정'에 시달리는 것인데 유감스럽게도 이런 안타까운 일이 실제로 일어나기도 한다.

'외식'은 기만과 비슷하지만 똑같은 것은 아니다. 외식은 자신이 아닌 다른 사람처럼 행동하는 것이다. 다시 말해, 자신에게 없는 것을 있는 척하는 것이요 또 자신에게 있는 것을 없는 척하는 것이다. 진정한 그리스도인은 어떤 것도 숨기지 않는데 왜냐하면 아무것도 숨길 필요가 없기 때문이다. 만일 당신이 당신의 삶의 어떤 부분을 숨겨야 한다면 당신은 당신이 마땅히 살아야 하는대로 사는 것이 아니다. 하나님과 올바른 관계에 있는 그리스도인이라면 그의 삶의 어떤 부분도 숨길 필요가 없을 것이다.

하지만 내 말을 오해하지는 말라. 당신이 당신의 소득세가 얼마인지를 사람들에게 밝혀야 한다고 주장하는 것은 아니다. 인간이라면 누구에게나 있는 당혹감을 주는 은밀한 것까지 당신이 다 말해야 한다는 뜻은 아니다. 그런 것들은 별개의 문제이다. 내 말은, 도덕적 문제에 관한 한 숨길 것이 없어야 한다는 말이다. 위선자가 되지 말라. 당신의 모습을 그대로 드러내라. 당신이 아닌 어떤 다른 존재로 자신을 포장하지 말라. 당신에게 있는 것을 없는 것처럼 행하지 말라.

3. 모든 시기심을 버려라

나는 사전에서 '시기'라는 단어를 찾아보았다. 내가 사용한 사전은 구식이지만 매우 좋은 사전이다. 베드로의 편지에 나온 '시기'라는 말을 더 잘 이해하고자 나는 노아 웹스터(Noah Webster, 1758~1843. 미국의 사전 편찬가)가 이 단어에 대해 무엇이라고 말했는지 궁금했다. 이 단어에 대한 웹스터의 정의를 들으면 우리 중 어떤 사람들은 부끄러움을 느낄 수 있는데 아무튼 그는 "다른 사람의 탁월함이나 행운을 보고 화가 나고 당혹감을 느끼고 불만스럽고 불편한 것이 시기이다"라고 말했다. 다른 사람의 우월성이나 행운을 보면 당신의 마음이 불편하고 불만스럽고 당혹스럽고 분한가? 그렇다면 당신은 그 사람을 시기하는 것이다. 시기란 그런 것이다.

예를 들어보자. 어떤 사람이 예배에서 독주(獨奏) 요청을 받았을 때 다른 사람의 마음속에서 분한 생각과 불만과 불편함이 생기면 그것이 시기이다. 한 사람이 큰 교회로 부름을 받자 다른 사람의 마음속에서 분한 생각과 불만과 불편함이 생기면 그것이 시기이다. 누군가 큰 차를 사는 것을 보고 다른 사람이 분하고 당혹스럽고 불편한 마음을 가지면 그것이 시기이다. 이런 식으로 이야기하자면 끝이 없을 것이다. 인간의 삶의 모든 부분에서 이런 일이 일어날 수 있을 것이다. 다른 사람이 칭찬을 들으면 그것을 보고 마음이 불편하다면 그것이 시기하는 것이다.

내가 볼 때, 서로의 영역이 다르면 시기심이 생기지 않는다. 한 사람이 화가이고 다른 사람이 피아니스트인 경우를 예로 들어보자. 피아니스트가 사람들에게 칭찬을 들어도 화가는 마음이 불편해지지 않는다. 화가는 다른 사람들처럼 피아니스트를 칭찬해줄 수 있다. 그의 마음이 불편해지지 않는 이유는 영역이 서로 다르기 때문이다. 그러나 만일 다른 화가가 그의 면전에서 칭찬을 받으면 그의 마음속에서 분한 생각과 불만과 당혹감이 생길 수도 있는데 그것은 이 두 사람의 활동 영역이 똑같기 때문이다. 가수 앞에서 정치인을 입에 침이 마르도록 칭찬한다 해도 가수는 불편해 하지 않을 것이다. 하지만 어떤 가수 앞에서 다른 가수를 칭찬하면 그가 불편해질 수 있다. 사람들은 그들의 활동영역과 동일한 영역에서 활동하는 사람에게 영예가 주어지면 마음에 불편함을 느끼는 경향이 있다.

성령께서는 모든 시기심을 버리라고 말씀하신다. 그렇다면 어떻게 시기심을 버릴 수 있을까? 더러움을 씻기 위해 당신은 어떻게 하는가? 물과 비누를 이용할 것이다. 그렇다면 마음의 더러움을 씻기 위해서는 어떻게 해야 할까? 어린양의 보혈과 성령의 능력으로 그 더러움을 씻어야 할 것이다.

4. 모든 비방하는 말을 버려라

나는 종종 영어가 매우 재치 있다고 느낀다. '험담' 또는 '남의 이야기를 좋게 하지 않는 사람'이라는 뜻의 단어 'gossip'에는 명성을 무너뜨리는 사람이요, 다른 사람을 깎아내리는 사람이요, 뒤에서 헐뜯는 사람이라는 의미가 있다.

우선 '명성을 무너뜨리다'라는 말부터 생각해보자. 잘 알듯이, 명성이란 좋은 평판을 말한다. A라는 사람의 명성이 높은데 B라는 사람이 와서 그의 명성을 무너뜨리는 경우가 생길 수 있다. 그런 경우, B는 A의 명성을 잘라버리는 것이다. 마치 짐승의 뿔을 잘라 짐승의 기를 죽이듯이 말이다. 명성을 무너뜨린다는 말이 익살스럽다는 생각이 들기도 한다. 문제는 자기 앞에서 다른 사람을 칭찬하는 말을 듣는 것을 견디기 힘들어하는 사람들이 실제로 있다. 그런 사람들은 "물론 그 사람에게 그런 장점이 있지요"라고 말한 다음에 "하지만"이라고 꼭 토를 단다. 그러고는 그 사람의 단점을 한없이 열거하면서 그의 명성을 무너뜨린다.

두 번째로 살펴볼 말은 '깎아내리다'이다. A라는 사람이 B라는 큰사람을 깎아내려 작게 만들려고 한다. 남을 사정없이 깎아내려서 굴욕감을 안겨주는 것을 취미로 삼는 못된 사람들이 있다. 심지어 그리스도인들 중에도 그런 사람들이 있다. 그들은 크게 보이는 사람을 작게 보이게 만들 때 큰 기쁨을 느낀다. 어떤 사람이 어떤 일을 성취하려고 애쓰는 것을 보면 그들은 그 사람을 최대한 깎아내려야 한다는 사명감을 느낀다. 물론 하늘 높은 줄 모르고 세상 넓은 줄 모르고 날뛰는 사람의 기를 죽여야 할 필요가 전혀 없다는 것은 아니다. 하지만 그렇다고 그런 일을 자청해서 하겠다는 사람들에게는 화가 있을 것이다.

그 다음에 살펴볼 말은 '뒤에서 헐뜯다'이다. 이 표현은 참으로 재미있다! 내가 볼 때, 이것은 하나님에 의해 앞면과 뒷면으로 창조된 인간의 생김새를 묘하게 이용한 표현 같다. '뒤에서 헐뜯다'(backbite)라는 말은 말 그대로 '등 뒤에서 물어뜯는 것'이다. 만일 어떤 사람 앞에서 그를 헐뜯으면 그 사람의 분노에 찬 눈빛과 두 주먹을 상대해야 하지만 뒤에서 헐뜯으면 그럴 필요가 없다. 등 뒤에서 비난하는 것은 안전하기 때문에 사람들은 뒤에서 헐뜯는다.

확신하건대, 시기하고 남의 명성을 무너뜨리고 남을 뒤에서 헐뜯는 사람들이 교회에서 사라진다면 교회는 24시간 내에 부흥할 것이다. 우리는 뒤에서 헐뜯고 남의 명성을 무너뜨리고 남을 깎아내리고 시기하면서 "우리 교회가 부흥하지 않는 것은 자유주의자들과 현대주의자들 때문이다"라고 말한다. 그러나 똑똑히 알라. 복음주의 교회를 힘들게 하는 것은 자유주의자들이나 현대주의자들이 아니다. 그들은 복음주의 교회에 발붙일 수 없다. 복음주의 교회의 분위기가 그들을 용납하지 않기 때문이다. 그들을 복음주의 교회로 데려다가 얼마 동안 마음껏 지내도록 내버려두어 보아라. 얼마 못 가서 그들은 도피처를 찾을 것이다. 왜냐하면 복음주의 교회는 그들이 뿌리내릴 토양을 제공하지 않기 때문이다. 다시 말하지만, 그들은 복음주의 교회 안에서 오래 버티지 못하고 나가버린다. 그러므로 그들 때문에 교회가 부흥하지 못한다는 말은 근거가 없다.

현재 우리 교회들의 영적 상태가 그들 때문에 침체 상태에 있다고 말할 수 없다. 책임은 우리에게 있다. 왜냐하면 우리가 속이고 외식하고 시기하고 다른 사람들의 명성을 무너뜨리고 그들을 깎아내리고 뒤에서 헐뜯기 때문이다.

순전한 말씀을 사모하라

베드로는 "순전하고 신령한 젖을 사모하라 이는 그로 말미암아 너희로 구원에 이르도록 자라게 하려 함이라"(벧전 2:2)라는 말로 2절을 끝낸다. 방금 전에 그가 묘사한 죄들, 즉 "모든 악독과 모든 기만과 외식과 시기와 모든 비방하는 말"은 성장을 더디게 하고 생명을 위협하는 어린아이들의 질병과 같다. 이런 죄들을 버리라고 충고한 베드로는 한 걸음 더 나아가 "순전하고 신령한 젖" 즉 하나님의 말씀을 먹고 성장하라고 가르친다. 여기서 '순전한'이라는 단어는 이해하기에 쉽지 않은 단어이다. 물론 베드로가 사용한 단어는 헬라어이다. 이 단어를 번역하기 위해 영어성경 흠정역(KJV)은 'sincere'('거짓 없는', '성실한'이라는 뜻이지만 과거에는 '순수한'이라는 뜻으로도 사용되었다)이라는 단어를 사용했는데, 이 단어를 번역하느라 번역자들이 애를 먹었을 것이다.

학생이며 번역가인 어떤 사람이 이 단어를 우연히 보게 되었는데 그는 이 단어에 대해 내게 설명해주었다. 내가 볼 때, 그의 설명은 이 단어에 대한 설명으로 단연 최고이다. 그는 'sincere'이라는 단어가 우유에 대해서도 사용될 수 있다고 말했다. 그리스의 아테네를 여행하던 중 그는 길거리에서 우유를 실은 마차가 오는 것을 보았다. 그 마차에는 헬라어로 쓴 간판 같은 것이 붙어 있었는데 헬라어를 공부하던 그는 그것을 읽을 수 있었다. 거기에는 "우리 회사는 순수한(sincere) 우유만을 판매합니다"라고 쓰여 있었다. 그것을 읽는 순간 그는 그 뜻을 즉시 깨달았다. 그것은 '불순물이 섞이지 않은'이라는 뜻이었다. 그렇다! '순전한 젖'은 불순물이 섞이지 않은 젖이라는 말이다. 물이 섞이지 않았다는 것이다.

이제 당신은 성경에서 베드로가 사용한 '순전한'이라는 헬라어의 의미를 이해하겠는가? 그는 "불순물이 섞이지 않는 말씀을 먹고 성장하라"라고 가르친 것이다. 말씀에 물을 섞지 말라. 순수한 말씀만을 먹어라. 다시 말해, 하나님의 말씀이 당신에게 주려는 의미를 그대로 받아들여라. 당신의 마음에 드는 구절들만 뽑아서 읽지 말라. 과거에 읽던 성경책들을 꺼내어 훑어보라. 당신의 마음에 드는 구절들에만 밑줄이 그어져 있는 것을 보고 놀라게 될 것이다.

성경말씀을 전부 받아들여라

옛날 이스라엘에서는 이런 일이 있었다. A그룹의 사람들은 A라는 산에 올랐고 B그룹의 사람들은 B라는 산에 올랐다. 그들은 하나님의 사람이 그들에게 읽어주는 성경말씀을 듣고 "아멘"이라고 말해야 했다. 하나님의 사람이 하나님의 복을 약속한 구절을 A그룹에게 읽어주자 그들은 "아멘"이라고 화답했다. 또 그가 하나님의 저주를 기록한 구절을 B그룹에게 읽어주자 그들도 역시 "아멘"이라고 화답했다. 하나님의 사람이 다시 A그룹에게 하나님의 복에 대해 더 읽어주었을 때 그들은 "아멘"이라고 대답했다. 또 그가 B그룹에게 하나님의 저주에 대해 더 읽어주었을 때 그들도 "아멘"이라고 대답했다. 이스라엘 백성은 하나님의 말씀을 전부 받아들였다. 복과 저주를, 격려와 따끔한 충고를, 위로와 채찍질을 모두 받아들였다.

　우리는 하나님의 말씀을 전부 받아들여야 한다. 말씀에 물을 타서 묽게 해서는 안 된다. 그렇기 때문에 베드로는 "순전하고 신령한 젖을 사모하라 이는 그로 말미암아 너희로 구원에 이르도록 자라게 하려 함이라"라고 말하는 것이다. 우리의 영적 성장은 말씀을 통해 이루어진다. 말씀을 많이 먹을수록 그만큼 성장은 빨라진다.

　때때로 나는 과거에 믿었다가 그 후 신앙생활을 하지 않은 사람들을 상담하게 된다. 그런 상담이 자주 있는 것은 결코 아니지만 아무튼 그런 사람들과의 상담은 대개 일정한 패턴에 따라 진행된다. 그들은 내게 "더 이상 기도할 수 없습니다. 내 생활이 자꾸 엉망이 되어 갑니다. 교회에 가고 싶은 마음이 별로 생기지 않습니다"라고 말한다. 그럴 때 나는 대개 "성경을 읽습니까?"라고 묻는데 그러면 그들은 대부분 "아니요. 읽지 않습니다. 과거만큼 읽지 않는 것 같습니다"라고 대답한다.

　그것이 문제이다! 말씀의 순전한 젖을 먹지 않는 신자는 약해지다가 완전히 침체에 빠져버릴 수 있다. 말씀을 멀리하는 사람에게는 온갖 질병이 찾아와 둥지를 틀게 된다. 그렇지만 불순물이 섞이지 않은 말씀을 먹는 사람은 아주 건강해진다. 우리는 말씀을 먹고 말씀에 순종해야 한다. 그럴 때 영적으로 성장할 것이다.

CHAPTER 07
성경의 진리를 자신에게 비추는 자가 그리스도인이다

"너희가 주의 인자하심을 맛보았으면 그리하라 사람에게는 버린 바가 되었으나 하나님께는 택하심을 입은 보배로운 산 돌이신 예수께 나아가 너희도 산 돌 같이 신령한 집으로 세워지고 예수 그리스도로 말미암아 하나님이 기쁘게 받으실 신령한 제사를 드릴 거룩한 제사장이 될지니라"(벧전 2:3-5).

성경을 읽는 사람들이 착각하는 것 중 하나는 어떤 진리의 말씀이 자동적으로 자신에게 적용된다는 생각이다. 다시 말해, 어떤 진리가 성경 안에 있으므로 그것이 자동적으로 그들에게 진리가 된다는 생각이다. 그러나 반드시 그런 것은 아니다.

"[만일] 너희가 '주께서 인자하시다는 것'을 맛보았으면 그리하라"(벧전 2:3, '만일'이라는 단어는 개역개정판 한글성경에 나오지 않는다.

'주께서 인자하시다는 것'이 개역개정판 한글성경에서는 '주의 인자하심'으로 번역되어 있다 - 역자 주).

베드로는 '만일'(if)이라는 단서를 붙인다. 그는 "만일 너희가 주께서 인자하시다는 것을 맛보았다면, 내가 지금부터 말하는 것이 너희에게 적용될 것이다. 하지만 너희가 그분이 인자하시다는 것을 맛보지 못했다면 너희는 처음으로 돌아가 먼저 그분이 인자하시다는 것을 맛보아야 한다. 그런 다음에야 비로소 전진이 가능해진다"라고 말한 것이다.

신약이 말해주는 놀라운 사실은 우리가 하나님의 선한 말씀과 내세의 능력을 맛보았고, 또 주께서 인자하시다는 것을 맛보았다는 것이다.

베드로는 '맛보았다'(벧전 2:3)라는 표현을 사용했는데, 우리는 성경이 이 말을 통해 무엇을 의미하려고 했는지 분명히 알아야 한다. 이 말은 시험하기 위해 무엇을 맛본다는 의미가 아니다. 요리하는 여자는 그녀가 만들고 있는 음식의 간이 맞는지를 알기 위해 음식을 혀에 대보는데 성경은 그런 의미에서 맛본다고 말하는 것이 아니다. 물론 일반적으로 '맛보다'라는 말이 그런 의미로 사용되는 것이 사실이다. 하지만 성경은 결코 그런 의미에서 '맛보다'라는 말을 사용하지 않는다. 어떤 것을 먹겠다는 의도 (어쩌면 전혀) 없이 단지 '시험적으로' 맛보는 것은 성경의 개념이 아니다.

끝까지 받아들이는 것

베드로전서 2장 3절의 원어의 의미를 찾아보기만 하면 우리는

'맛보다'라는 말이 무엇을 의미하는지 알게 될 것이다. 여기서 이 말은 어떤 것을 삶 속에서 온전히 체험하여 그것을 영원히 우리의 것으로 만드는 것을 의미한다. 우리는 삶 속에서 체험해야 한다. 이와 동일한 단어가 신약의 히브리서에서 우리 주님에 대해 사용되었다.

"오직 우리가 천사들보다 잠시 동안 못하게 하심을 입은 자 곧 죽음의 고난 받으심으로 말미암아 영광과 존귀로 관을 쓰신 예수를 보니 이를 행하심은 하나님의 은혜로 말미암아 모든 사람을 위하여 죽음을 맛보려 하심이라"(히 2:9).

'맛보다'라는 표현에 대해 신학적 해석을 내리려는 사람들은 이 히브리서 말씀에 주목해야 한다. 신약에 나오는 '맛보다'라는 표현이 '단지 자기 마음에 드는지 들지 않는지를 알기 위해 슬쩍 맛보는 것'을 의미한다고 주장하는 사람들은 예수님도 죽음을 단지 시험적으로 슬쩍 맛보셨다고 해석해야 할 것이다. 그것은 베드로전서 2장 3절에 사용된 원어와 히브리서 2장 9절에 사용된 원어가 동일하기 때문이다. 히브리서 2장 9절에서도 '맛보다'라는 말은 시험을 의미하지 않는다. 다시 말해, 결과가 어떤지를 알기 위해 슬쩍 맛보는 것을 의미하지 않는다. 여기서 '맛보다'라는 것은 체험하고 통과하고 부딪히고 끝까지 견뎌내는 것을 의미한다.

우리 예수님의 십자가 죽음이 바로 그런 것이다. 예수님은 죽음이 하나님의 마음에 드는 것인지 아닌지를 알기 위해 죽음을 가지고 시험하신 것이 아니다. 죽음을 끝까지 받아들일 것인지 아닌지를 결정하기 위해 슬쩍 맛보신 것이 아니다. 예수님은 자신을 온전히 던지셨고 자신을 죽음에 내어주셨고 말 그대로 죽음을 체험하셨다.

베드로의 편지의 수신자들은 단지 '하나님의 인자하심'(the grace of God)을 체험한 것이 아니라 '그분이 인자하시다는 것'(the Lord was gracious)을 체험했다. 우리는 이 표현에 나오는 미묘한 차이에 주목하고 그것을 인정해야 한다. 베드로는 주께서 인자하시다는 것을 맛보아야 한다고 말한 것이다. 시험해보는 것과 맛보는 것은 다르다. 심지어 하나님의 말씀과 그분의 인자하심과 그분이 인자하시다는 것을 체험하는 것은 다르다.

선물과 선물을 주신 분이 분리되어서는 안 된다

우리는 선물과 그것의 근원을 분리해서는 안 되며, 선물과 선물을 주신 분을 분리해서도 안 된다. 우리는 "나는 용서받았다"라고 말해서는 안 되고 "하나님께서 나를 용서하셨다"라고 말해야 한다. "내게는 영생이 있다"라고 말해서는 안 되고 "하나님께서 내게 영생을 주셨고 그리스도께서 내 삶 속에 계시다"라고 말해야 한다. 요컨대, 하나님께서는 하나님 자신과 하나님의 선물을 분리하지 않으신다. 하나님께서 무엇을 주시든 간에 하나님께서는 그 안에서 그분 자신을 주시지 않을 수 없다. 어떤 사람이 용서를 받았다면 그것은 용서의 하나님이 그 사람을 만져주신 것이다. 하나님께서 그를 용서하신 것은 사실이지만 더 중요한 것은 용서가 아니라 하나님이시다. 어떤 사람이 영생을 얻었다는 것은 바꿔 말하면 그가 예수 그리스도를 알게 되었다는 것인데, 여기서 '알게 되었다'는 것은 '체험하게 되었다'라는 것을 의미한다. 우리는 하나님의 선물을 하나님으로부터 분리하지 않도록 조심해야 한다.

오늘날 그리스도인들의 문제는 무엇인가? 그것은 그들이 하나님의 선물을 얻었지만 그것을 주신 하나님을 잊어버렸다는 사실이다. 고상하고 강력하고 활기차고 만족스러운 영적 체험은 좋은 것이다. 하지만 하나님의 선물을 받고 하나님을 잊어버리는 영적 체험은 좋은 것이 아니다.

선물이 아니라 선물을 주신 분에 집중해야 한다

아주 좋지 않은 예가 복음서에 나오는데 그것은 주님을 만난 열 명의 나병환자가 치료를 받았지만 그들 중 한 명만이 주님께 감사한 사건이다. 그들은 "가서 제사장들에게 너희 몸을 보이라"(눅 17:14)라는 주님 말씀을 듣고 길을 가다가 깨끗함을 받았다. 건강이라는 선물을 받은 것이다. 그들 중 아홉 명은 건강이라는 선물에 만족하여 그들의 길을 계속 갔다. 그런데 한 사람은 그 선물을 주신 분을 기억했다. 그의 관심이 선물 자체에서 그 선물을 주신 분으로 옮겨진 것이다. 그는 겸손한 마음으로 다시 돌아와 주님께 감사했다. 그때 주님은 "열 사람이 다 깨끗함을 받지 아니하였느냐 그 아홉은 어디 있느냐"(눅 17:17)라고 말씀하셨다. 다른 아홉 사람은 선물 자체에 만족하는 것으로 끝났다. 오직 한 사람만이 다시 돌아와 선물을 주신 분을 더 잘 알게 되었다.

캠벨 몰간(Campbell Morgan, 1863~1945. '강해 설교의 제왕'이라고 불렸던 그는 런던 웨스트민스터 채플의 담임목사를 지냈다)은 언젠가 "복음을 전할 때 우리는 사람들에게 평안을 전해서는 안 된다. 복음을 전할 때 우리는 양심의 평안을 전해서는 안 된다. 우리는 오직 생명을 전해야 한다"라고 말했다. 나는 그의 말에 전적으로 동의한다. 사람들에게 선물을 전할 때 우리는 그 선물을 주시는 분을 반드시 함께 전해야 한다.

우리의 기도가 얼마나 이기적인가! 하나님께 나아갈 때 우리는 마치 쇼핑물품 목록처럼 기도제목들을 적어가지고 나아간다. 그리고 그분께 "하나님, 이것도 해주시고 이것도 해주시고 또 이것도 해주시고 또 이것도 해주세요"라고 간구한다. 그러다가 하나님께서 한 가지를 응답해주시면 우리는 응답받은 제목에 줄을 그어 지워버리고 그 다음 제목으로 넘어간다. 이런 식으로 우리의 기도는 계속 된다.

이런 현상을 볼 때, "하나님께서 우리에게 이용당하시는 것 같다고 느끼셔서 매우 섭섭해하실 것 같다"라는 생각이 내 머릿속을 스친다. 주님께 속량 받은 사람들이 그분보다는 속량에 더 관심을 쏟을 때, 주님께 용서받은 사람들이 그분보다는 용서에 더 마음이 끌릴 때, 주님께 생명을 받은 사람들이 그분보다는 생명에 더 관심을 가질 때 주님은 마음이 무거우실 것이다.

우리의 '설교'와 '가르침'과 '개인적 체험'에서 우리는 하나님께 돌아가야 한다. 다른 것이 아닌 하나님께 관심을 돌려야 한다. 사실, 우리가 원하는 것을 표현할 때마다 우리는 우리의 표현의 시작이나 중간이나 끝에 '하나님'이라는 단어를 넣을 수 있다. 예를 들면 "하나님께서 살아 계시다", "하나님께서 임재해 계시다", "하나님께서 사랑하신다", "하나님의 말씀", "하나님의 성령", "하나님의 메시아"라고 표현할 수 있다. 모든 것은 하나님께 속하고, 하나님과 함께 시작하고, 하나님과 함께 계속되고, 하나님과 함께 끝난다.

나오라, 멀어지라, 가까워지라, 모이라

베드로의 말 속에는 "주님께서 인자하시다는 것을 너희가 맛보고 체험했다면 너희의 체험은 인자하신 주님과 함께한 체험이다"라는 뜻이 들어 있다. 그렇다. 그들은 바로 그런 체험을 했다. 물론 다른 곳에 있는 모든 참된 그리스도인들도 그런 체험을 한다.

나는 베드로의 편지의 수신자들에게서 네 가지 사실을 발견했는데 그것은 그들이 나왔고, 멀어졌고, 가까워졌고, 또 모였다는 것이다. 물론 그들이 반드시 이 순서대로 체험한 것은 아니었을 것이다. 또 그들이 모두 동시에 그런 체험을 한 것도 아니었을 것이다. 아마도 한 번에 하나씩, 또는 한 번에 두 개씩 체험했을 것이다. 아무튼 그들에게서 이 네 가지가 모두 나타난 것은 사실이다.

우선, 베드로의 편지의 수신자들은 세상에서 '나왔다'. 우리는 세상을 교회 안으로 끌어들이고, 세상을 거룩하게 하고, 세상에 세례를 주고, 세상에 기름을 붓고, 세상의 '해골 그림'(해골 아래 대퇴골을 엇갈리게 배치한 그림으로 해적선 깃발이나 독극물 용기 등에 쓰인다)을 감추려고 애쓴다. 그러나 우리는 세상을 교회 안으로 끌어들여서는 안 되고 오히려 세상에서 빠져나와야 한다. 아무리 정통 신앙을 부르짖는 기독교라 해도 세상에서 빠져나오는 것을 강조하지 않는다면 그런 기독교는 부적절하고 불완전한 것이다.

우리가 두 번째로 살펴볼 사실은 그들이 '멀어졌다'는 것이다. 그들은 옛 생활에서 멀어졌다. 그들의 옛 생활이 무엇이었든 간에 그들은 그것에서 멀어졌다. 그렇다면 우리는 무엇으로부터 멀어져야 하는가? 이 문제에 대해서는 사람마다 다를 것이다. 아무튼 그것이 무엇이든 간에, 하나님의 선한 인자하심을 맛보고 하나님께서 인자하시다는 것을 맛보기 위해 그분께 나아오는 자는 옛 생활에서 멀어져야 한다.

이렇게 옛 생활에서 멀어지는 사람은 자연스럽게 주님과 '가까워지게 된다'. 이것이 세 번째 사실이다. 복음이 무엇인가? 주님과 가까워지라고 가르치는 것이 복음이 아닌가?

우리가 살펴볼 마지막 사실은 베드로의 수신자들이 '모였다'는 것이다. 그리스도께 가까이 가는 사람은 형제들에게도 가까이 가게 된다. 그리스도께 더 가까이 갈수록 형제들에게 더 가까이 가는 것이 당연한 일이다. 그리스도인들을 모으는 방법이 무엇인가? 일종의 정치적 수완을 발휘해 연합 전선을 만드는 것이 방법이 아니다. 그들이 그리스도께 가까이 가도록 만들면 된다. 예를 들어보자. 교회 앞에서 여러 선교 전시회가 열리는데 내가 여러분을 그곳에 데려가기를 원한다고 가정해보자. 내 초대를 받고 여러분이 전시회장에 나타났다. 여러분은 전시회장에 온 것이지만 그렇게 함으로써 서로 가까이 있게 된 것이다. 전시된 것들을 자세히 살펴보기 위해 그것들에 가까이 다가갈수록 여러분은 더 가까이 있게 된다. 그러다보면 서로 어깨가 닿을 정도로 가까이 있게 될 것이다.

우리가 그리스도께 가까이 가면 우리는 자동적으로 서로 가까워지게 마련이다. 그렇기 때문에 나는 다른 사람들을 멀리하면서 혼자 신앙생활을 하겠다고 틀어박히는 사람들을 이해할 수 없다. 사실 그런 사람들이 실제로 존재한다. 그들은 기질적으로 반사회적(反社會的), 아니 정확히 말하면 비사회적(非社會的) 성격의 소유자들이기 때문에 성도들의 교제를 좋아하지 않는다.

만일 당신이 예수님과 함께 있다면 당신 주변에는 예수님의 사람들이 있게 될 것이다. 따라서 우리는 성도들의 교제를 우리 삶의 매우 중요한 부분의 하나로 만들어야 한다. 이런 말을 하면 일부 사람들이 불쾌하게 여길지 모르겠지만 그렇다 할지라도 나는 여기서 "교회라 불리는 '눈에 보이지 않는 영적 실체'가 이 세상에 반드시 있어야 한다. 성령께서는 교회 밖에서 일하지 않으신다"라고 말하지 않을 수 없다. 성령께서는 교회를 통해 이런저런 방법들로 일하신다. 그렇기 때문에 내가 목사로서 일하는 것이다.

거룩한 나라

다시 정리해 말하자면, 베드로의 편지의 수신자들은 세상에서 나왔고, 그들의 옛날 생활에서 멀어졌고, 그리스도께 가까워졌고, 서로 모였다. 베드로의 말에 따르면, 우리는 '산 돌이신 예수께'(벧전 2:4) 나아간다. 예수님을 '산 돌'로 묘사한 비유는 성경에 종종 등장한다. 때로는 '돌'이라는 표현 대신 '바위'라는 표현이 사용되기도 한다. 이 비유는 거의 건물과 관련해 언급된다. 물론 다윗이 그가 숨은 크고 험한 바위에 대해 언급한 성경 구절들이 몇 개 있기는 하다. 하지만 대개의 경우 이 비유는 건물과 관련되어 사용된다.

이스라엘 민족은 하나님을 아는 민족이었기 때문에 그들은 성전 건물을 비유의 소재로 사용했을 것이다. 이스라엘은 세상의 어떤 나라보다도 하나님을 의식하며 살았다. 반면에 미국은 하나님을 의식하며 사는 나라가 아니라 세속적인 나라이다. 미국인들은 성경이 '세속적 생각'이라고 부르는 생각에 사로잡혀 살아간다. 선거철이 되면 정치인들이 기독교인들의 표를 얻기 위해 하나님을 높이는 발언을 한다. 하지만 미국의 정치 지도자들을 살펴보면 세속적인 마음의 소유자들이 주류를 이루고 있다.

내가 사용하는 '세속적'이라는 표현의 의미를 당신이 정확히 이해했으면 좋겠다. 내가 말하는 뜻은 "야곱의 형 에서가 세속적이었다"라는 말에 담긴 의미와 똑같다. 에서에게는 이 세상이 관심사였다. 물론 우리에게도 이 세상이 관심사이다. 하지만 에서와 달리 우리에게는 세상보다 더 높은 다른 관심사가 또 있다. 에서에게는 더 높은 관심사가 없었다. 미국인들에게도 별로 없다. 하지만 이스라엘 민족에게는 있었다. 사실 이스라엘 민족에게는 다른 것이 없었는데 그들에게는 시민법도 없었다.

잉글랜드의 역사를 보면, 과거의 어떤 시기에 그들에게는 교회법과 시민법이 있었다. 여러 세기 동안 잉글랜드 사람들은 시민법에 따라 재판을 받은 다음 풀려나 다시 교회법에 따라 재판을 받았다. 시민법에 따라 다스리는 죄가 있었고 또 교회법에 따라 다스리는 죄가 있었다. 관리(官吏)도 두 종류가 있었는데 세속의 관리가 있었고 교회의 관리가 있었다. 정부 안에 또 다른 정부가 있었다고 말할 수도 있다.

그러나 이스라엘 민족의 경우는 전혀 달랐다. 그들에게는 세속적 관리가 없었다. 시민법도 없었고 세속법전도 없었고 성문법도 없었다. 오직 하나님에 대한 법만이 있었다. 성경이 이스라엘의 법전이었고, 이스라엘의 제사장들과 서기관들이 그 나라의 관리들이었고, 대제사장이 그 나라의 지도자였다. 하나님에 의해 기름 부음을 받은 왕이 그 나라를 다스렸다. 이스라엘은 신정국가(神政國家)였다. 그들은 세계 역사상 그 어떤 민족보다도 하나님을 의식하며 살았다. 바꿔 말해, 이스라엘만큼 하나님을 생각하며 살았던 민족은 역사상 없다.

사람들은 망원경으로 하늘의 별들을 보지만 그 별들을 만드신 분에 대해서는 아무 관심이 없다. 다시 말해, 별들을 만드신 하나님과 별들을 완전히 분리해버린 것이다. 그들은 하나님 없이 하늘의 별들을 연구하는 학문을 가리켜 '천문학'이라고 말한다. 이 땅의 암석이나 화석, 지하자원 등을 연구하는 것을 '지질학'이라고 부른다. 눈에 보이지 않는 미세 물질이나 극미세 물질 입자의 세계를 연구하는 것을 '물리학'이라고 부른다. 오늘날 세상은 자연과 하나님을 분리해버렸다.

하지만 이스라엘 민족은 결코 그렇게 하지 않았다. 그들에게는 하나님이 전부였다. 그들이 산을 볼 때 그 산은 하나님의 산이었다. 그들이 나무를 볼 때 나무는 하나님을 찬양하기 위해 손뼉을 쳤다. 비를 볼 때 그들의 눈에는 그 비를 내리신 하나님이 보였다. 그들의 입에서는 불평의 말이 나오지 않았다. 비가 온다 할지라도

"참 궂은 날씨군요"라고 불평하는 사람이 없었다. 왜냐하면 하나님께서 비를 보내셨기 때문이다. 하나님께서 모든 것 안에 계셨다. 누군가 비유를 말한다면 그 비유는 하나님과 연관되어 있었다. 바위와 돌에 대해 말한다면 그들은 성전 건물에 대해 말하는 것이었다.

'산 돌'의 의미

이스라엘 민족에게는 성전 건물이 있었지만 그것은 생명이 없는 돌들을 쌓아올려 만든 것이었다. 그것은 죽은 성전이었다. 하나님께서는 그것이 죽은 성전이라는 것을 잘 아셨다. 그 성전 안에서 살아 있는 유일한 것은 금으로 만든 그룹들의 날개들 사이의 쉐키나(Shekinah, 성경에는 나오지 않지만, 많은 유대 문헌들에서 하나님의 임재를 표현하기 위해 사용된 단어)뿐이었다. 성전 자체는 죽은 것이다. 이 사실을 잘 아셨던 주님은 성전의 돌들을 가리켜 "너희가 이 모든 것을 보지 못하느냐 내가 진실로 너희에게 이르노니 돌 하나도 돌 위에 남지 않고 다 무너뜨려지리라"(마 24:2)라고 말씀하셨다.

예루살렘 성전이 파괴된 후 오랜 세월 동안 사람들이 그 자리를 밟고 다녔고 심지어 그 위에서 쟁기질까지 했다. 그런 일들이 일어난 것은 그것이 죽은 성전이기 때문이다. 하지만 새 성전, 즉 '신령한 집'(벧전 2:5)은 살아 있는 돌들로 만들어진다. 그것은 살아 있는 성전이며, 그 성전의 모퉁이 머릿돌은 '그리스도'이시다. 그 성전을 구성하는 돌들은 속량 받고 영생의 선물을 받은 남자들과 여자들이다. 그들은 살아 있는 돌들이다.

내가 여기서 지적하지 않을 수 없는 것이 있는데 그것은 영어성경 흠정역(KJV)에 나타난 작은 실수이다. 흠정역은 오류가 전혀 없다고 생각하는 사람들이 있겠지만 사실은 그렇지 않다. 흠정역으로 베드로전서 2장 4,5절을 읽어보자. "보배로운 '산 돌'이신 예수께 나아가 너희도 '활발한 돌'(lively stone)같이 신령한 집으로 세워지고"에서 문제가 되는 것은 '활발한 돌'이라는 표현이다. 흠정역 성경의 번역자들이 왜 여기서 'lively'라는 단어를 사용했는지 나는 이해가 안 간다. 헬라어 성경에서는 4절의 '산 돌'(living stone)에서 '산'(living)을 표현한 단어와 5절의 '산 돌'(lively stone)에서 '산'(lively)을 표현한 단어가 똑같은 단어이다. 똑같은 헬라어 단어를 왜 'living'과 'lively'로 다르게 번역했는지 이해되지는 않지만, 400여 년 전에 흠정역 성경을 만들 때는 'living'과 'lively'가 동일한 뜻을 가졌던 것이 아닐까 하고 상상해본다. 물론 지금은 두 단어의 뜻이 서로 다르다.

'lively'가 어떤 뜻인지를 알려면 당신의 어린 아들을 생각해보라. 어린아이는 한곳에 머물러 있지 않고 톡톡 튀듯이 이곳저곳을 왔다 갔다 한다. 빨리 이동하기 때문에 당신이 그 아이에게 진지하게 긴 이야기를 하기 힘들다. 한마디로 말해서 그 아이는 '활발한' 것이다. 이것이 'lively'의 뜻이다. 그런데 이 단어가 과거에는 '살아 있는'이라는 뜻을 가지고 있었다. 그래서 흠정역 번역자들이 이 단어를 사용하여 '살아 있는'이라는 의미를 표현한 것이다. 물론 지금은 이 단어에 '살아 있는'이라는 뜻이 없다. 결론적으로 말해 베드로전서 2장 5절의 '활발한 돌'은 '산 돌'이라는 의미로 이해되어야 한다. 교회의 머리, 즉 예수 그리스도께서 '산 돌'이시듯이 교회의 구성원도 역시 '산 돌'이다. 성전을 이루는 구성원들인 신자들은 '살아 있는 돌들'이다. 물론, 예수님은 한 분이시므로 단수로 표현되고 신자들은 여러 명이므로 복수로 표현된다. 하지만 예수님을 수식하는 형용사와 신자들을 수식하는 형용사에는 의미상 아무 차이가 없다.

새 반석이신 예수 그리스도

이스라엘 민족의 성전은 죽은 돌들로 만들어진 죽은 성전이었다. '산 돌'이 이스라엘 민족을 찾아오셨지만 그들은 '산 돌'이신 그분으로 성전을 지을 수 없었다. 그렇기 때문에 그분은 그들에게 버린 바 되셨다. 그러나 예수 그리스도는 새로운 성전의 살아 있는 모퉁이 머릿돌이 되셨다. 예수 그리스도는 옛 성전의 돌들 위에 쌓아올려진 또 하나의 돌이 되신 것이 아니라 전혀 다른 새 성전의 모퉁이 머릿돌이 되셨다.

이스라엘 사람들과 건축자들도 예수 그리스도를 보았지만 머리를 가로저으며 "저 돌은 우리의 성전에 맞지 않는다. 우리의 성전은 돌들을 줄지어 쌓아서 튼튼히 만들어졌고 그 꼭대기에는 아름다운 보석 장식도 있다. 이토록 완벽한 우리의 성전에 저 돌이 끼어들 틈은 조금도 없다"라고 말했다. 예수 그리스도는 그들의 성전에 맞는 분이 아니셨다. 예수 그리스도가 그들의 뜻에 맞는 분이 아니셨기 때문에 배척당하여 결국 십자가에서 죽으셨다. 옛 성전에는 그분이 들어가실 틈이 전혀 없었다. 사실, 그리스도는 미래를 위한 새 성전에서 가장 중요하게 사용되도록 이미 하나님께서 정하신 모퉁이 머릿돌이셨다. 예수 그리스도는 하나님께 택하심을 입은 보배로운 '산 돌'이셨다. 그렇다면 이 돌에 대해 잠시 이야기해보자.

구약의 인물 야곱은 여행 중 광야에서 잠을 잤는데 그때 그는 한 돌을 취해서 베개로 삼았다. 꿈에 환상을 본 그는 잠에서 깨어나 베개로 삼았던 돌을 가져다가 기둥으로 세우고 그 위에 기름을 붓고 그곳을 벧엘, 즉 '하나님의 집'이라고 불렀다. 그 후 이스라엘 민족이 애굽에서의 종살이에서 벗어나 40년 동안 광야에서 방황할 때 이 돌이 그들을 따라다녔다. 물론 그것이 동일한 돌은 아니었다 할지라도 그것은 적어도 상징적으로는 그들을 따라다녔다. 그러므로 어느 날 이스라엘 백성이 목마를 때 모세가 바위를 쳐서 물을 내었고 그들이 모두 동일한 바위에서 물을 마셨는데 그것은 적어도 상징적으로는 야곱이 베개로 삼고 기름을 부은 돌이었다.

그 후 우리 주님이 이 세상에 오셨다. 예수님은 이 바위에 의지하면 무너지지 않을 것이고 이 바위를 의지하지 않으면 무너져 멸망할 것이라고 말씀하셨다. 그것은 동일한 돌이었는데 예수님은 "내가 이 반석 위에 내 교회를 세우리니"(마 16:18)라고 말씀하셨다. 이 반석이 베드로라고 주장하는 사람들이 있지만, 나는 그들의 견해에 동의하지 않는다. 성경에 나오는 모든 비유와 예표(豫表)와 상징과 암시를 고려할 때 나는 이 반석이 '예수 그리스도'라고 말하지 않을 수 없다. 구약의 다니엘서에는 "손대지 아니한 돌이 산에서 나와서 쇠와 놋과 진흙과 은과 금을 부서뜨린 것을 왕께서 보신 것은"(단 2:45)이라는 구절이 나오는데 이것은 예수 그리스도의 재림을 예언한 말씀이다. 예수님이 다시 오시면 땅에서 다스리실 것인데 그분이 우리의 구주요 우리의 반석이시다.

그리스도인 각자가 제사장이다

그렇다면 이 새 반석을 중심으로 세워진 집의 기능은 무엇인가? 여기서 우리는 구약의 성전과는 다른 점을 보게 된다. 구약의 성전은 죽은 돌들로 만들어졌지만 신약의 성전은 살아 있는 영적인 돌들로 만들어진다. 구약의 성전의 제사장은 성전 안으로 걸어 들어가 그의 직무를 수행했다. 하지만 신약에서는 제사장들 자신이 성전이다.

구약의 성전과 신약의 성전은 이토록 다르다. 신약의 성전은 움직이는 성전이요 돌아다니는 성전이다. 왜냐하면 살아 있는 인간들로 만들어진 성전이기 때문이다. 그런데 이 신약의 성전을 이루는 각 사람들은 그들 자신이 제사장이다. 그러므로 그들에게는 가톨릭에서처럼 신부(神父)가 필요 없다. 우리에게는 대제사장 예수 그리스도가 계신다. 따라서 우리는 미혼의 늙은 신부에게 우리의 고민을 털어놓는 전화를 걸 필요가 없다. 우리가 제사장이라 할지라도 우리에게는 하나님 우편에 계신 대제사장이 계신다. 우리가 하나님 앞으로 나아갈 때 우리는 어떤 다른 사람을 중개자로 삼을 필요가 없는데 그것은 우리가 이루고 있는 성전이 제사장들로 이루어진 성전이기 때문이다. 중개자 없이 우리는 직접 예수 그리스도에게 나아갈 수 있다.

어떤 사람들은 "예수 그리스도는 너무 크고 높은 분이시므로 우리가 직접 예수님에게 나아갈 수 없다. 따라서 우리는 예수님의 어머니 마리아에게 가서 도움을 청해야 한다"라고 말한다. 이런 사람들의 말에 따르면, 예수님을 움직일 수 있는 힘이 우리에게는 없고 오직 마리아에게 있으므로 우리가 그녀에게 가서 부탁하면 그녀가 예수님에게 말씀드려서 일을 처리해준다는 것이다.

그러나 마리아가 우리를 도울 필요는 없다. 마리아라는 유대인 여자는 그 당시에 자신의 소임을 다했을 뿐이다. 갈보리 언덕에서 희생 제물로 드려질 예수 그리스도께서 그녀를 통해 이 세상으로 들어오셨고 그녀를 통해 육신을 가지셨다. 그녀는 예수님이 성장해 성인이 되실 때까지 그분께 젖을 먹이고 돌보고 사랑하는 사명을 충성스럽게 수행했다. 하지만 그 후 그녀는 우리 시야에서 거의 사라졌고 대신 우리 예수님이 전면에 등장하신다. 이것이 성경의 기록인데도 오늘날 일부 사람들은 예수님을 최대한 작게 보이게 하고 마리아를 최대한 크게 보이게 만들기 위해 젖 먹던 힘까지 쏟아 붓고 있다. 참으로 안타까운 일이 아닐 수 없다. 나는 내 주 예수 그리스도를 크게 보이게 만들고 나머지 사람들은 모두 작게 보이게 만들기 위해 노력할 뿐이다.

우리 그리스도인들이 제사장이므로 우리를 도와줄 다른 제사장은 필요 없다. 우리가 만드는 성전은 하나님께서 거하시는 거룩한 곳이다. 우리는 염소나 어린양이나 비둘기를 바치는 제사를 드리지 않고 "신령한 제사"(벧전 2:5)를 드리는데 우리의 신령한 제사는 사랑의 봉사와 찬양과 노래와 예배이다.

주께 찬양을 올려 드려라

비판자들은 우리를 가리켜 '시편을 노래하는 자들'이라고 부른다. 그들은 옛날 스코틀랜드의 신앙인들을 가리켜 '시편을 노래하는 스코틀랜드인의 무리'라고 비판했다. 그러나 그 스코틀랜드인들은 세계 역사에 족적(足跡)을 남겼다. 뉴 잉글랜드의 험한 해안을 걸었고 또 미국 역사에 고상한 인격의 자취를 남긴 우리 신앙의 조상들도 역시 시편을 노래한 사람들이었다. 그들은 예배를 위해 따로 마련한 통나무집에서 소그룹으로 모이면서 시편을 노래하며 그들의 입술의 열매, 즉 찬양의 노래를 하나님께 올려드렸다. 하지만 그들은 거기서 멈추지 않았다. 그들은 도끼를 어깨에 메고 나가 도시를 만들고, 인류 역사상 유례없는 문명을 건설했다. 그들이 바로 시편을 노래한 청교도들이었다.

우리가 하나님의 이름으로 하나님의 영광을 높이기 위해 시편을 노래할 때 하나님은 들으신다. 우리는 성령 안에서 하나님께 시편과 노래와 영적 멜로디를 올려 드린다. 비판적이고 냉소적인 세상 사람들은 우리가 눈을 감고 눈에 보이지 않는 분과 대화를 나누는 것을 보고 우리에게 "당신들은 지금 무엇을 하는 것입니까?"라고 묻는다. 그럴 때 우리는 "우리는 하나님께 바쳐진 그분의 성전입니다. 우리는 성전의 제사장들로 눈에 보이지 않는 하나님께 시편의 찬양을 올려 드리고 눈에 보이지 않는 하나님께 기도드리는 것입니다"라고 대답한다. 하나님께서는 눈에 보이지 않지만 분명히 존재하신다. 눈에 보이지 않지만 우리 가까이 계신다. 세상은 우리를 바보 취급하면서 조롱하지만 우리는 그들이 말하는 그런 바보가 아니다.

우리가 드리는 찬양과 노래와 신령한 제사는 하나님께서 기쁘게 받으시는 것이다. 하나님께서는 성전의 모퉁이 머릿돌을 받으셨고 또 살아 있는 돌들을 받으셨는데, 이 살아 있는 돌들은 성령의 성전이 되기 위해 모퉁이 머릿돌을 중심으로 모여 있다. 당신이 진정으로 기도했다 할지라도, 진정으로 찬송을 불렀다 할지라도, 하나님을 사랑하는 마음에서 물질을 드렸다 할지라도 그것들의 결과가 현실적으로 분명히 나타나는 것은 아니다. 그렇기 때문에 세상은 당신을 보고 "당신이 무엇인가 열심히 하는 것 같은데 현실적으로 이루어진 것이 없지 않습니까?"라고 말하며 조롱한다.

그러나 분명히 기억하라. 귀한 것들은 당장 드러나지 않는 경우가 많다. 하지만 장차 때가 이를 것이니 그때가 되면 눈에 보이지 않는 것들만이 남게 될 것이고, 눈에 보이는 것들은 연기처럼 흩어져 사라질 것이다. 그렇다! 눈에 보이는 것들에 대해 성경은 "그것들은 다 옷과 같이 낡아지리니 의복처럼 갈아입을 것이요 그것들은 옷과 같이 변할 것이나"(히 1:11,12)라고 말한다. 하지만 창세 때부터 존재한 하나님의 보이지 않는 것들은 예수 그리스도 안에서 우리의 것이 되어 천국처럼 영원무궁토록 남아 있을 것이다.

성경의 진리가 우리에게 적용되었는가?

그런데 여기서 확인해야 할 중요한 사실은 이 진리가 당신에게 적용되었는가 하는 것이다. 다시 말해 주께서 인자하시다는 것을 당신이 맛보았는가, 즉 체험했는가 하는 것이다. 당신에게 가장 중요한 것은 성경의 진리를 확인하는 것이 아니다. 성경의 진리는 이미 의심의 여지없이 확인되었기 때문이다.

성경의 진리는 두 가지 불변의 사실에 의해 확인되었는데, 그것은 예수 그리스도의 부활과 오순절 성령강림이다. 모든 것은 예수 그리스도를 중심으로 돌아간다. 마리아의 거룩한 아들이 하나님 말씀의 진리를 두 어깨에 메고 계신다. 만일 예수님이 넘어지신다면 하나님 말씀이 무너져 깨어지는 소리가 우리의 귓전을 때릴 것이다. 그러나 만일 예수님이 자신의 주장대로 하나님의 아들로 부활하셨다면 성경의 모든 진리는 견고히 설 것이다.

그러므로 나는 현대주의자들, 비판자들, 특히 고등비평(성경 본문 자체를 연구해 정확한 본문을 찾아내는 본문비평 작업의 토대 위에서 성경의 문학 형식, 저작 연대, 저술 목적 및 저자 문제를 연구하는 것)을 일삼는 자들, 헐뜯는 자들 그리고 냉소주의자들을 두려워하지 않는다. 그러므로 나는 구약의 선지자 요나와 고래의 문제를 놓고 고민하지 않는다. 다시 말해, 고래가 요나를 삼킬 수 있었느냐 아니냐 하는 문제로 고민하지 않는다. 전능하신 하나님께서는 요나뿐만 아니라 그가 탔던 배와 니느웨까지도 삼킬 수 있는 고래를 만드실 수 있다.

중요한 것은 고래가 요나를 삼킬 수 있느냐 하는 것이 아니라 예수님이 그 사건에 대해 무엇이라고 말씀하셨느냐 하는 것이다. 그분은 "요나가 밤낮 사흘 동안 큰 물고기 뱃속에 있었던 것같이 인자도 밤낮 사흘 동안 땅속에 있으리라"(마 12:40)라고 말씀하셨다. 예수님은 요나 이야기의 사실성에 근거해 자신의 주장을 말씀하셨다. 진리이신 예수님이 요나의 이야기를 사실로 인정하셨으므로 요나의 이야기는 사실이다.

내가 볼 때, 우리는 때때로 변증학에 너무 치우치는 경향이 있다. 성경이 진리이냐 아니냐 하는 문제는 우리의 한계를 벗어나는 문제이다. 예수 그리스도께서 부활하고 승천하여 하나님 우편에 앉으시고 성령께서 오순절에 오셨다는 사실은 변증학을 인간의 손에서 빼앗아 영원히 성령의 손에 맡겨 드린 것이다. 오랜 시간 힘들게 추론하는 과정을 통해 우리가 성경의 진리를 믿게 된 것이 아니다. 우리는 하나님께서 허락하신 성령의 감동에 의해 단번에 성령의 진리를 믿게 된 것이다.

성경이 진리이냐 아니냐 하는 것을 이제 더 이상 묻지 말라. 당연한 것을 가지고 왜 자꾸 말이 많은가? 이제부터는 성경의 진리가 당신에게 적용되었느냐 하는 문제에 대해 고민하라. 다시 말하지만, 지금은 성경이 진리이냐 하는 문제가 중요한 것이 아니라 성경의 진리가 당신과 나에게 적용되었느냐 하는 문제가 중요한 것이다.

시인이자 성직자인 앙겔루스 실레시우스(Angelus Silesius, 1624~1677. 독일의 신비가 및 시인)는 다음과 같이 말했다.

그리스도께서 천 번을 베들레헴에서 태어나셨다 할지라도
당신 안에서 태어나지 않으셨다면
당신의 죄가 여전히 당신을 정죄할 것이다.
당신의 영혼 안에서 골고다의 십자가가 세워지지 않는다면
십자가는 당신의 죄를 속량할 수 없다.

오늘날 우리가 할 일은 집으로 가서 골방에 들어가 성경을 펴고 무릎을 꿇으며 하나님께 "오, 하나님, 이 말씀이 제게 적용되었습니까?"라고 기도하는 것이다.

당신이 매우 훌륭한 사람이면서도 진정한 그리스도인이 아닐 수 있다. 당신이 매우 고상한 사람이면서도 거듭난 사람이 아닐 수 있다. 당신이 존경스런 종교인이면서도 주께서 인자하시다는 것을 맛보지 못했을 수 있다. 우리 자신의 마음을 살피자. 성경의 진리가 내게 적용되었는지를 알기 위해 우리 스스로 살피자. 구주의 부활과 성령의 강림은 성경이 진리라는 것을 영원히 확신해주었다.

하지만 성경의 진리가 우리에게 적용되었는가? 이것은 아주 중요한 질문이다. 하나님의 계시의 진리의 빛에 비추어 당신 자신을 살피며 하나님께 "오, 하나님, 저는 성경을 믿습니다. 하지만 성경의 진리가 제게 응하였습니까?"라고 기도하라. 성경의 진리가 아직 당신께 적용되지 않았다 할지라도 이제부터 그렇게 될 수 있다. 믿고 회개하면 그렇게 될 것이다.

CHAPTER 08
하나님나라의 왕 같은 제사장이 그리스도인이다

"또한 부딪치는 돌과 걸려 넘어지게 하는 바위가 되었다 하였느니라 그들이 말씀을 순종하지 아니하므로 넘어지나니 이는 그들을 이렇게 정하신 것이라 그러나 너희는 택하신 족속이요 왕 같은 제사장들이요 거룩한 나라요 그의 소유가 된 백성이니 이는 너희를 어두운 데서 불러내어 그의 기이한 빛에 들어가게 하신 이의 아름다운 덕을 선포하게 하려 하심이라 너희가 전에는 백성이 아니더니 이제는 하나님의 백성이요 전에는 긍휼을 얻지 못하였더니 이제는 긍휼을 얻은 자니라"(벧전 2:8-10).

나는 "벌은 꽃에서뿐만 아니라 잡초에서도 꿀을 얻을 수 있다"라고 믿음으로 지금까지 일해 왔다. 누가 진리를 말하든, 그 진리가 어디에서 나타나든 진리는 진리이다. 진리를 말한 사람이 우리의 예상을 뛰어넘는 사람이라 할지라도 나는 그가 말한 진리를 부정하지 않는다.

예를 들어보자. 무신론자가 "2 더하기 2는 4이다"라고 말했을 때 나는 무신론자가 그렇게 말했다고 해서 그 진리를 부정하지 않는다. '2 더하기 2가 4'라는 진리는 누가 말하든 간에 진리이다. 우리는 진리를 말한 사람과 진리를 분리해 생각해야 한다.

고대 철학자들 중 한 사람이었던 에피쿠로스(A.D. 341~270년. 그리스의 철학자)의 사상은 초대교회 그리스도인들의 사상과 양립할 수 있었다. 왜냐하면 진리는 서로 일맥상통하는 면이 있기 때문이며 어디에서나 타당하기 때문이다. 초대교회는 에피쿠로스의 사상을 받아들였다. 물론 그의 사상을 성경처럼 영감된 진리로 받아들인 것이 아니라 다만 유용한 부차적 메시지로 받아들였다.

내가 에피쿠로스의 사상을 소개하는 것은 그의 사상이 내가 말하려고 하는 것을 잘 설명해줄 수 있기 때문이다. 나는 그가 한 말을 축어적으로 옮기지 않고 의역하여 전하겠다. 그는 다음과 같이 말했다.

"인간의 가장 확실한 사실은 그가 인간이라는 것이다. 인간의 본질을 알면 인간이 어떤 존재가 되어야 하는지를 알 수 있다. 망치를 예로 들어보자. 망치를 손에 쥐어보라. 당신이 정상적으로 사고한다면 망치가 어디에 사용되는 물건인지를 어렵지 않게 짐작할 수 있다. 망치의 생김새를 보면 그것이 널빤지를 자르거나 연어 캔을 딸 때 쓰는 것이 아니라는 사실을 쉽게 짐작할 수 있을 것이다. 망치의 모양을 보면 그것이 무엇인가를 때리도록 만들어졌다고 느끼지 않을 수 없다. 만일 당신이 톱을 집어 든다면 그것이 못을 박을 때 쓰는 것이 아니라 나무를 자를 때 쓰인다는 것을 추측하게 될 것이다."

이 고대 철학자의 주장은 "인간의 본질을 알면 그가 어떤 사람, 어떤 존재가 되어야 하는지를 알 수 있다"라는 말로 요약될 수 있다. 인간의 첫째가는 책임은 인간이 되는 것이다. 에피쿠로스가 내린 결론은 우리가 우리의 의무들을 알 수 있다는 것인데, 그는 거기까지 이야기하고 끝냈다. 성경은 의무와 특권들에 대해 별로 말하지 않는다. 그런데 에피쿠로스에 따르면, 우리가 누구인지를 알고, 우리 인간성의 다양한 측면들을 알고, 우리가 어떤 방향으로 나아가는지를 안다면 우리는 우리의 의무들을 알게 된다는 것이다.

예를 들어보자. 당신의 본질을 인간으로 규정했다면 당신의 최고 특권과 책임은 인간으로서의 발전을 목표로 삼는 것이다. 그런데 인간으로서의 발전이 무엇인지를 알려면 당신이 맺고 있는 관계들을 살펴보아야 한다. 만일 당신이 아들이나 딸이라면 당신에게는 부모에 대한 책임과 의무가 있게 된다. 만일 당신이 남편이나 아내라면 배우자를 향한 책임과 의무를 부정할 수 없다. 만일 당신이 어떤 나라의 시민이라면 당신에게는 나라에 대한 의무가 있을 수밖에 없다. 당신이 자녀를 둔 아버지라면 아버지로서의 의무를 감당하지 않을 수 없다. 이런 식의 예를 든다면 끝이 없을 것이다.

우리의 본질은 그리스도인이다

앞서 말한 것을 바탕으로 베드로의 말을 살펴보자. 그는 다음과 같이 말한다.

"너희는 택하신 족속이요 왕 같은 제사장들이요 거룩한 나라요 그의 소유가 된 백성이니"(벧전 2:9)

에피쿠로스는 "우리에게 가장 확실한 사실은 우리가 인간이라는 사실인데 바로 그 사실에서 우리의 책임들을 추론해낼 수 있다"라고 말했다. 하지만 베드로는 우리에게 가장 확실한 것은 우리가 '그리스도인'이라는 사실이라고 지적한다. 베드로는 우리가 인간이라는 사실을 당연히 여겼다. 사실, 그는 에피쿠로스가 끝낸 곳에서 시작했다. 베드로는 우리가 예수 그리스도의 부활을 통해 거듭나서 산 소망을 갖게 된 자들이라고 말한다(벧전 1:3 참조). 그는 우리가 인간이라는 사실에서 출발하지 않고 우리가 그리스도인이라는 사실에서 출발한다. 그런 다음, 그리스도인인 우리의 본질에 적어도 네 요소가 있고, 우리의 관계 또한 적어도 네 가지라고 말한다.

그리스도인인 우리의 본질을 규정하는 것들은 네 가지이다. 그리스도인인 우리에게도 다양한 관계들이 있다. 그리스도인으로서 우리가 누구인지를 깨달을 때, 우리는 우리의 의무와 특권을 알게 된다.

우리는 택하신 족속이다

그리스도인이기 때문에 당신은 하나님께서 '택하신 세대'라 부르시는 무리의 일원이다. 하나님께서는 구약의 이스라엘 민족에 대하여 사용되었던 모든 용어를 신약의 교회에 적용하여 사용하셨는데, 차이가 있다면 신약에서는 그것들이 영적인 차원으로 승화되었다는 것이다. 구약에서 이스라엘 민족은 택하신 자손이라 불렸다. 에드워드 페로넷(Edward Perronet, 1726~1792. 잉글랜드의 찬송시 작가)의 '주 예수 이름 높이어'라는 찬송가에서 우리는 "택함 받은 자손 너희 이스라엘 족속아! 타락에서 구속받은 너희여!"라고 노래한다. 베드로의 말에 따르면, 우리 그리스도인들의 본질은 여러 가지로 표현될 수 있다. 우리가 누구인지를 규정할 수 있는 표현들 중 하나는 바로 '택하신 세대'라는 말이다.

여기서 '세대'(generation)라는 말은 우리가 흔히 말하는 가계(家系)라는 뜻이 아니며, 우리가 '이 세대의 사람들'이라고 말할 때 의미하는 세대도 아니다. 이 말은 '족속'(族屬)을 의미한다. 물론 족속이라는 말이 거듭난 사람들을 뜻하는 말로는 다소 거칠게 느껴지겠지만 아무튼 베드로의 말에 따르면, 우리 그리스도인들은 택함 받은 종족이요 새로운 족속이다. 우리는 인간으로 이 땅에 왔지만 거기서 끝나지 않고 새로운 출생, 즉 거듭남을 거쳤다. 거듭남을 거친 사람들이 새로운 족속을 이루었는데, 이 족속은 아담의 타락한 후손과는 완전히 구별되기 때문에 마치 다른 세계에 속한 사람들 같다.

그렇기 때문에 베드로는 그의 수신자들을 가리켜 '사람들 중에서 택함 받은 세대, 즉 택함 받은 족속'이라고 말한 것이다. 그렇다! 우리가 바로 그런 존재이다. 에피쿠로스의 인간은 자기가 시민임을 기억함으로써 국가에 대한 책임을 깨달았는데, 그와 마찬가지로 우리 그리스도인들은 우리가 새로운 족속의 인간들임을 기억함으로써 우리의 책임과 특권을 깨달을 수 있다.

이런 이야기를 들으면 세상이 우리를 비웃을 것이라는 사실을 나는 잘 안다. 우리 중 어떤 사람들의 행동을 보고 그들이 비웃는 것은 어떤 의미에서 당연하다. 과거 우리는 하찮고 저급한 사람들이었고, 지금도 때로는 과거의 행동방식에서 벗어나지 못하는 모습을 보이기도 한다. 하지만 하나님께서는 우리가 새로운 택함을 받은 족속이라고 말씀하신다. 우리는 선택된 족속이다. 농부가 좋은 종자를 선택하여 최고의 열매를 맺듯이 하나님께서도 선택받은 최고의 족속을 만들어내신다.

하지만 그 족속이 아담의 뿌리에서 나오게 하지 않고 하늘로부터 난 자의 출생에서 나오게 하신다. 하나님께서는 새로운 족속의 인간들을 만들어내신 것이다. 그리고 그 새로운 족속에게는 책임과 특권이 주어진다고 말씀하셨다. 우리가 어떤 존재라는 것을 기억할 때, 우리는 우리가 어떤 사람이 되어야 하는지를 깨달을 수 있다.

하나님의 사람들이 자신이 누구인지를 기억하면 좋겠다. 우리가 어떤 사람들인지에 대해 세상이 이러쿵저러쿵하는 소리가 우리에게 들린다. 우리가 어떤 사람들인지에 대해 정부가 말하는 소리가 우리 귀에 들린다. 세상 사람들이 볼 때 우리는 단지 종교인들에 지나지 않는다. 정부가 볼 때 우리는 세금을 내는 사람, 선거권을 가진 사람들로 보인다. 그러나 하나님께서는 우리가 단지 그런 존재가 아니라고 말씀하신다. 물론 우리는 시민이기 때문에 세금을 낸다. 투표를 하든 하지 않든 간에 세금을 낸다. 하지만 우리는 단지 그런 존재로 끝나는 것이 아니다. 우리는 택함 받은 족속이다. 진정으로 거듭난 그리스도인들의 사상은 이 세상의 사상과 다르다. 그들은 새로운 차원의 인류요 새로운 족속의 인류이다. 물론 우리가 하늘로부터 났지만 우리는 여전히 인간이다. 그렇기 때문에 우리는 두 번 태어난 족속이다.

우리는 왕의 혈통에 속하는 제사장들이다

조금 전에 이야기했듯이 우리는 두 번 태어난 족속이다. 따라서 우리는 우리가 어떤 사람들이 되어야 할지에 대해 깊이 생각해봐야 한다. 그런데 베드로는 우리가 두 번 태어난 족속이라는 말로 그의 이야기를 끝내지 않는다.

그에 따르면, 우리는 또한 '왕의 혈통에 속하는 제사장들'이다. 구약의 이스라엘 사람들은 제사장이라는 것이 어떤 것인지를 잘 알았다. 왜냐하면 그들에게 제사장이 있었기 때문이다. 제사장이라는 말을 들으면 그들은 그것이 어떤 의미가 있는지를 잘 알았다. 구약 시대에 제사장은 공식적으로 하나님께 나아갈 수 있는 사람, 백성을 위해 하나님께 나아갈 수 있는 사람이었다. 그런데 모든 지파의 사람들이 제사장이 될 수 있었던 것은 아니다. 오직 레위 지파 사람들만이 제사장이 될 수 있었다. 만일 예수님께서 구약 시대에 제사장이 되려고 하셨다면 그것은 불가능했을 것이다. 왜냐하면 예수님은 레위 지파에 속하지 않고 유다 지파에 속하셨기 때문이다. 아무튼 사람들은 제사장이 어떤 것인지를 잘 알았다. 제사장은 제사를 드리고 기도하고 하나님과 사람들 사이에서 중재자 역할을 했다. 그런데 베드로는 우리가 제사장이라는 것이다. 그리스도인들이 제사장이라는 것이다.

우리의 본질을 규정하는 말 중 또 하나는 '제사장'이다. 우리는 제사장인데 그냥 제사장이 아니라 '왕의 혈통에 속하는 제사장'이다. 구약의 제사장들은 왕의 혈통에 속하는 제사장이 아니었다. 제사장 계통은 레위 지파 사람들이었지만 왕의 계통은 유다 지파 사람들이었다. 구약 시대에는 이 두 계통이 결코 섞이지 않았다. 물론 신약 시대의 그리스도인들은 유다 지파도 아니고 레위 지파도 아니고 단 지파도 아니고 그 어떤 지파도 아니다. 그들은 새로운 신분의 인간이요 두 번 태어난 인간인데 그들의 직능(職能) 중 하나가 제사장이다. 그들은 왕의 혈통의 씨, 즉 예수 그리스도로부터 태어났기 때문에 왕의 혈통에 속하는 제사장이다.

당신 자신이 왕의 혈통에 속한 제사장이라는 것을 분명히 알라. 세상이 무엇이라고 말하든, 심리학 서적들이 무엇이라고 말하든 그런 것들에 속지 말라. 하나님의 말씀을 읽고 당신이 누구인지를 분명히 알라. 믿는 사람으로서, 그리스도인으로서, 즉 그리스도를 따르는 자로서 당신이 누구인지를 알라. 당신은 왕의 혈통에 속하는 제사장이므로 당신에게는 제사장의 권한이 있다. 그리스도인들에게는 제사장의 권한이 있는 것이다. 그리스도인들 중 일부에게만 제사장의 권한이 있는 것이 아니다. 그리스도인이라면 누구에게나 그것이 있다. 교회 자체가 제사장의 집단이고, 각각의 그리스도인은 자기가 자기의 제사장이다. 이것은 깊은 진리이기 때문에 일부 사람들은 이 점을 이해하지 못한다.

그리스도인들 각자가 하나님 앞에서 왕의 혈통에 속한 제사장이므로 우리에게는 구약 성전의 제사장이 더 이상 필요하지 않다. 불교의 제사장이나 가톨릭교회의 제사장(사제)이 필요하지 않다. 우리에게 다른 제사장이 필요 없는 것은 바로 우리 자신이 제사장이기 때문이다. 제사장이 다른 제사장의 도움을 받기 위해 찾아간다는 것은 있을 수 없는 일이다. 우리 자신이 제사장인 이유는 우리가 새로운 신분의 인간이 되었기 때문이다. 우리는 새로운 족속의 인류이다. 물론 우리가 옛 인류의 한 부분을 차지하고 있는 것은 사실이지만 예수 그리스도를 통해서 새로운 인간이 된 것도 사실이다.

장차 때가 이르면 우리의 옛 인간성은 우리에게서 사라질 것이다. 마치 나비가 날아오르면서 고치를 벗어버리듯이 말이다. 그때가 되면 이 세상에서 우리의 신분은 아무 의미가 없게 될 것이다. 그때가 되면 우리가 그토록 시간과 돈을 사용해서 추구하던 것들과 우리가 그토록 자랑했던 것들이 다 사라질 것이다. 우리는 옛 아담에게 속했던 것들을 마치 고치처럼 버리고 새로운 생명으로 들어갈 것이다. 오직 새것들만이 영원히 살아 있을 것이며, 옛것들은 죽어서 없어질 것이다. 앞에서 말했듯이 우리는 새로운 족속이지만 거기서 끝나지 않는다. 우리는 또한 왕의 혈통에 속한 제사장이다.

우리는 거룩한 나라이다

성경은 우리가 '거룩한 나라'라고 말한다. 성경은 교회를 나라로 간주한다. 예수 그리스도께서는 우리의 주(主)와 왕(王)이시며, 이스라엘은 만국(萬國)의 일부가 아니라 만국 중에서 유일한 거룩한 나라이다. 그러므로 그리스도의 진정한 교회는 만국의 일부가 아니라 만국 중에서 유일한 거룩한 나라이다.

나는 당신에게 때로는 조용히 앉아서 당신이 누구인지에 대해 깊이 생각해보라고 권하고 싶다. 잘 생각해보라. 혹시 당신은 "나는 나 자신에 대해 관심 갖기를 원하지 않습니다"라고 말하고 싶은가? 하지만 당신 자신에게 관심을 가지는 것이 좋을 것이다. 왜냐하면 마귀가 당신에게 관심을 갖고 있고, 또 세상도 당신에게 관심을 갖고 있기 때문이다. 만일 당신이 그리스도를 믿는 사람이라면 하나님 앞에서 조용히 앉아서 성경을 펴놓고 '거듭난 사람으로서 나는 누구인가? 그리스도인이 됨으로써 나의 관계들이 어떻게 달라졌는가? 나의 본질은 어떻게 달라졌는가?'에 대해 생각해 보라.

그리스도인으로서 당신의 본질을 규정하는 것들 중 하나는 당신이 구별된 나라에 속해 있다는 사실이다. 거룩하다는 것은 도덕적으로 깨끗하다는 것을 의미할 뿐만 아니라 의식적으로 분리되어 있다는 것도 의미한다. 왕의 혈통에 속하는 제사장인 우리는 새로운 영적(靈的) 나라로, 세상 안에 있지만 세상에게 영향을 받지 않는다. 이스라엘 민족이 한 나라로서 만국 중에 거했지만 세상에 속하지 않았듯이 말이다.

지구본을 가져다 돌려보라. 어떻게 돌리느냐 하면, 육지가 최대한 많이 보이고 바다가 최대한 적게 보이도록 돌려보라. 그러면 그

거대한 육지 부분의 중심이 팔레스타인 지역이라는 사실을 알게 될 것이다. 하나님께서는 하나님의 나라가 땅의 한가운데에 있게 될 것이라고 말씀하셨고, 또 하나님의 말씀대로 이루어지게 하셨다. 그리하여 이스라엘은 구별된 나라로서 살았다. 이스라엘 주변 사방에 다른 나라들이 있었지만 이스라엘은 열국의 한가운데에서 구별된 나라로서 분명한 국경을 가지고 살았다. 하지만 저주가 찾아왔다. 그것은 이스라엘이 '거룩한 나라'로서 그들의 신분을 망각하고 주변 나라들과 혼인하고 섞여서 살기 시작했기 때문이다. 하나님께서는 그 주변 나라들을 풀어놓으셨고, 그들은 군대를 이끌고 와서 이스라엘을 파괴했다. 예루살렘이 70번이나 파괴될 정도까지 말이다.

당신이 자신을 그리스도인이라고 믿는다면 당신은 거룩한 나라에 속한 것이다. 새로운 족속이요 새로운 제사장이요 새로운 나라의 일원이기 때문에 당신은 다른 나라의 사람들과 공연히 시끄러운 문제를 일으켜서는 안 된다. 그들과 불화해서는 안 되고 오히려 그들을 사랑하고 최대한 그들과 화목하게 살아야 한다. 당신은 세상과 구별된 거룩한 나라의 일원이기 때문이다.

오늘날 기독교는 자신의 정체성을 분명히 인식하지 못하고 있다. 우리는 세상과 섞여 어울리고 같이 돌아가기 때문에 세상과 기독교의 명확한 구분이 사라졌다. 우리에게 남은 것은 비겁한 타협뿐이다. 하나님께서는 한쪽에 빛을 두면서 "빛이 있으라"라고 말씀하셨고 다른 쪽에 어둠을 두면서 "어둠이 있으라"라고 말씀하셨다. 그리고 빛을 낮이라고, 어둠을 밤이라고 부르셨다. 하나님께서는 낮과 밤의 구분이 언제까지나 계속되도록 만드셨다. 그러나 우리는 경건하지 못한 희미한 불빛 속에서 살아간다. 거기에는 거룩한 빛이나 거룩한 것들이 거의 없다. 어둠 그리고 심지어 죄는 기독교의 빛나는 옷들 중 어떤 것들을 취하여 더럽혔다. 그러나 하나님의 사람들은 하나님께서 알려주신 그들의 정체성에 따라 살아야 한다. 즉, 세상의 한가운데에서 살지만 세상과는 구별되는 거룩한 나라의 사람들로 살아가야 한다.

우리는 유별난 백성이다

베드로가 말하는 그리스도인들의 네 번째 본질은 그들이 '유별난 백성'이라는 것이다. 여기서 '유별난 백성'(peculiar people)이라는 말에 대해 잠시 살펴보자. 흠정역 성경을 번역할 당시 이 말은 새로운 지위를 얻게 된 백성, 즉 값을 치른 분의 소유가 된 백성을 의미했다. 현재와는 매우 다른 의미이다. 지금은 'peculiar'가 '이상한 행동을 하는', '별스러운', '성격적 문제가 있는', '변덕스러운' 같은 뜻을 의미한다. 하지만 이 단어가 여기서는 '값을 치른 분의 소유가 된'이라는 뜻이다. 구약의 신명기에서 이스라엘 민족이 바로 그런 백성으로 제시된다. 다시 말해, 그들은 희생된 어린 양의 피로 값을 치르신 하나님의 소유가 된 백성으로 제시된다. 그리스도인들이 바로 그런 존재들이다.

세상은 그리스도인들이 완고하고 오만한 사람들이라고 비난한다. 세상은 "그리스도인들은 자기들만이 하나님의 백성이라고 주장하지만, 하나님은 모든 사람의 아버지이시다"라고 말한다. 그러나 하나님께서는 모든 사람들의 아버지가 아니시다. 당신을 비난하는 세상 사람들에게 이러쿵저러쿵 변명하려고 애쓰지 말고 단지 그들에게 "아니오!"라고 말하라. 권위 있는 사람들의 말을 인용해서 말하지 말라. 그렇게 해보았자 당신의 진리를 약화시킬 뿐이다. 단지 그들의 주장에 "아니오!"라고 말하라. 왜냐하면 하나님께서 만인의 아버지가 아니시라는 것을 당신이 잘 알기 때문이다. 하나님께서는 주 예수 그리스도를 믿는 사람들의 아버지이시다. 하나님께서는 위로부터 난 그들을 왕의 혈통에 속한 제사장, 택함 받은 족속, 그리고 그분의 소유가 된 백성으로 삼으셨다. 그 밖의 어떤 사람이나 민족도 그렇게 하지 않으셨다.

이 점에 대해 온전히 하나님의 진리 위에 설 수 있는 완벽한 권리가 당신에게 있다. 만일 사람들이 "당신은 자신을 누구라고 생각합니까?"라고 묻는다면 "하나님께서 내게 자비를 베풀어 알려주셨기 때문에 나는 내가 누구인지 잘 압니다. 나는 전에는 백성이 아니었지만 이제는 하나님의 백성이 된 사람이요 전에는 긍휼을 얻지 못하였지만 이제는 긍휼을 얻은 사람입니다(벧전 2:10 참조)"라고 대답하라. 이 베드로전서 2장 10절을 당신의 지갑 뒷면에 써넣거나 당신의 마음 판(板)에 새길 수 있는 권리가 당신에게 있다. 당신이 진정한 그리스도인이라면 말이다.

그리스도인으로서 우리는 우리가 하나님께서 말씀하신 그런 존재라고 믿어야 한다. 의심이나 불신앙이나 거짓 겸손에 사로잡혀 하나님의 은혜를 거부하는 어리석음을 범하지 말라. 하나님께서 주신 것을 믿음과 참된 겸손 가운데 받아들여라. 만일 그것을 아직 받아들이지 못했다면 이제라도 받아들일 수 있다. 하나님의 자비의 문이 활짝 열려 있어 누구라도 그 문으로 들어가 그것을 받을 수 있기 때문이다.

그리스도인들은 하나님의 소유가 된 백성이다. 그들은 구별된 백성이요, 거룩한 나라요, 다른 제사장이 필요 없는 왕의 혈통에 속한 제사장이요, 세상의 한복판에서 만들어지는 교회라는 새로운 집단의 구성원들이다. 우리는 하나님께서 말씀하신 바로 그런 존재들이다. 그 이상도 그 이하도 아니다.

CHAPTER 09
땅에 살지만 하늘을 향해 걸어가는 자가 그리스도인이다

"사랑하는 자들아 거류민과 나그네 같은 너희를 권하노니 영혼을 거슬러 싸우는 육체의 정욕을 제어하라"(벧전 2:11).

하나님께로부터 권세를 받지 못했으면서도 그것을 받았다고 착각하는 사람들이 예수 그리스도의 교회 안에 너무 많다. 그런 현상이 성경에 대한 오해에서 비롯되었는지 아니면 개인적 성격의 결함 때문인지 나는 모르겠다. 아무튼 내가 확실히 아는 한 가지는 일부 그리스도인들이 성경적 근거 없이 스스로 권세를 취한다는 것이다.

하지만 사도로서 베드로는 하나님께서 이 땅에 주신 모든 권세를 가졌다. 사실 그의 권세는 모세의 권세보다 더 컸는데 왜냐하면 모세의 권세보다 더 광범위했기 때문이다. 하지만 그런데도 베드로는 곳곳에 흩어져 사는 그리스도인들에게 명령하지 않고 그들에게 권했다. 그들에게 "사랑하는 자들아"라는 따뜻한 애정 표현을 아끼지 않았다.

베드로가 그렇게 한 이유는 명령을 통해 통제할 수 없는 도덕적 행동들이 있기 때문이다. 물론 어떤 도덕적 행동들은 명령을 통해 통제할 수 있다. 예를 들어 "살인하지 말라"라고 명령하여 살인을 막을 수 있다. 살인하지 말라는 명령을 듣고 사람을 죽이지 않으면 그 명령에 따른 것이고 사람의 목숨을 살린 것이다. 하지만 이런 경우와는 달리 우리가 자발적으로 실천해야 하는 도덕적 행위들이 있다. 그런 행위들은 협박이나 강제력으로는 통제할 수 없기 때문에 우리의 자발적 순종이 필요한 행위들이다.

만일 베드로가 "너희는 거류민과 나그네로 살면서 육체의 정욕을 피하라"라고 명령했다면 그는 불가능한 것을 명령한 것이다. 육체의 정욕을 제어하려면 거류민과 나그네의 성격을 이해하고 하나님 앞에서 겸손히 깨끗한 삶을 살아야 하는데, 그렇게 살려면 영적 자발성이 있어야 한다. 명령을 통해서는 그렇게 살 수 없다.

예를 들어보자. 직장에서 퇴근한 남편이 험악하고 상스러운 표정으로 아내에게 다가가 "내가 먹을 음식이 왜 식탁 위에 차려져 있지 않은 거야?"라고 소리치며 화를 낸다. 아내는 그런 남편 때문에 겁을 먹는다. 하지만 저녁 식사를 요구할 일종의 권리가 남편에게 있다는 것을 아는 그녀는 서둘러 식탁 위에 음식을 차린다. 남편은 명령을 통해 저녁 식사를 먹게 된 것이다. 하지만 그런 그도 아내에게 "나를 사랑하라"라고 명령할 수는 없다. 그는 명령으로 사랑을 얻을 수 없다. 왜냐하면 내면에서 나오는 자발성이 없으면 사랑이 불가능하기 때문이다.

물론, 명령에 따르는 것은 내면적 자발성 없이도 가능하다. 사도 바울도 "그러므로 형제들아 내가 하나님의 모든 자비하심으로 너희를 권하노니 너희 몸을 하나님이 기뻐하시는 거룩한 산 제물로 드리라"(롬 12:1)라고 말했다. 이 경우, 그는 명령하지 않았다. 우리의 몸을 거룩한 산 제물로 드리는 것은 제재나 보복에 대한 두려움 없이 자발적으로 이루어져야 하는 것이다. 제재나 보복을 통해 그것을 이루려고 한다면 반드시 실패할 수밖에 없다.

영적 거류민은 세상에 동화되어서는 안 된다

베드로는 그의 편지의 수신자들에게 그리스도인들은 '이 땅에 있는 거류민'이라고 말한다. 베드로가 사용한 '거류민'이라는 말은 '머물러 사는 사람들'이라는 뜻이다. 흔히 이 말은 자기의 고국이 아닌 남의 나라에서 일시적으로 체류하는 사람들을 가리킨다. 이런 사람들은 남의 나라에서 편하지 않으며, 또 남의 나라를 자기 나라처럼 편하게 여기지도 않는다. 그 나라의 사람들과도 여러 면에서 구별된다. 특히 언어, 의복, 관습, 행동 그리고 문화에 의해 구별된다. 다시 말하지만, 거류민은 자기의 고국이 아닌 외국에서 살지만 거기에 영구적으로 정착할 생각을 갖고 있지 않고 다만 일시적으로 머물 뿐이다. 그들의 어색한 말투 때문에 그들은 그곳 사람들과 쉽게 구별된다. 물론 그들의 의복, 관습, 행동, 음식 그리고 문화도 그곳 사람들과는 매우 다르다.

미국에는 거류민이 많지 않다고 말할 수 있다. 미국은 외국에서 이주해온 사람들을 매우 빨리 동화시키기 때문이다. 마치 용광로처럼 차이점들을 녹여서 없애버리기 때문에 그들이 본래 어디에서 온 사람들인지조차 구별하기 힘들 정도이다. 그들의 투박한 말투가 매끄러운 말투로 변하기만 하면 그들은 미국인이 된 것이다.

그런데 베드로는 그의 편지의 수신자들이 '결코 현지에 동화되지 않는 일시적 체류자'라고 말한다. 비유를 들어보자. 미국 뉴욕 시에는 유엔(UN)에서 일하는 사람들이 있다. 그들은 뉴욕 시에서 영구적으로 살 의사가 없는 사람들이다. 일시적으로 머물기 때문에 귀화 서류를 제출하지도 않는다. 그들이 바로 거류민이다. 그들과 그들 주변 사람들 사이에는 언어, 관습, 행동, 역사 그리고 전통 등 여러 면에서 차이가 있다는 말이다.

거류민이 위기에 처한 사람을 도울 수 있다

어떤 거류민이 그의 주변 사람들에게 동화되어버린다면 그는 더이상 거류민이 아니다. 그리스도인들을 거류민이라고 부른 베드로는 그들이 귀화하거나 거류민의 본질을 포기하는 것을 허락하지 않는다. 우리 그리스도인들은 이 땅에서 언제까지나 거류민일 뿐이다.

거류민으로 시작했다가 거류민의 신분을 망각하는 경우들이 있는데 구약에 나오는 아브라함의 조카 롯이 그 좋은 예이다. 아브라함과 롯은 갈대아인의 우르에서 나와 팔레스타인 땅으로 들어갔다. 어느 날 아브라함의 목자들과 롯의 목자들 사이에 다툼이 일어나 이 두 사람은 만나서 의논을 했다. 그들은 친척이었으므로 그렇게 의논하는 것이 당연했다. 그들은 서로 각자의 길을 가기로 결론을 내렸다. 그들의 재산 규모가 너무 커져서 그들이 함께 있을 수 없었고, 그들의 목자들이 서로 다투었기 때문이다. 아브라함은 롯에게 "네가 사방을 둘러보고 네 좋은 대로 먼저 선택하여 가라. 그러면 내가 다른 곳으로 가리라"(창 13:9 참조)라고 말했다. 이기적인 사람이었던 롯은 요단 지역을 바라보고 그곳으로 갔다. 아브라함은 헤브론에 있는 마므레 상수리 수풀로 옮겨서 거주했으나 그 지역은 풀이 아주 많지는 않았다.

롯은 풀이 많은 곳으로 가서 소돔을 향해 장막을 쳤다. 그 후 오래되지 않아 그는 소돔 성문에 앉게 되었는데, 그것은 그가 소돔의 성주(城主)가 되었거나 적어도 소돔 성에서 높은 공직에 있었다는 것을 의미한다. 당시에는 성문이 공무를 처리하는 곳이었기 때문이다. 마치 지금 시청에서 공무를 처리하듯이 말이다. 그런데 어느 날 타국의 왕들이 소돔 성을 침략해 롯과 그에게 딸린 사람들을 사로잡아 갔다.

그런데 포로가 된 사람들 중에서 어떤 자가 탈출하여 누군가에게 도움을 청했다. 누구에게 청했겠는가? 물론 롯은 아니었다. 왜냐하면 롯도 포로가 되어 잡혀 있었기 때문이다. 그렇다면 그는 누구에게 도움을 청했을까? 바로 히브리 사람 아브라함에게 도움을 청했다.

'히브리인'이라는 말은 거류민을 의미한다. 소돔 성의 사람들이 사로잡혀 간 위기 상황에서 도움을 줄 수 있는 유일한 사람은 소돔과 동화되지 않고 오히려 그들과 구별된 사람이었다. 그들의 무리 밖에 있는 사람이 그들을 위기에서 구해주었다. 그들에게 도움을 줄 수 있는 사람은 롯이 아니라 아브라함이었다. 롯은 이미 손발이 묶인 채 꼼짝 못하는 처지에 놓여 있었다. 마치 시장에서 팔리기 위해 손발이 묶인 돼지처럼 말이다. 전에는 성문에 앉았던 사람이 이제는 어디론가 가고 있는 마차 안에 묶여 꼼짝 못하는 신세가 되었다. 마치 도살장으로 실려 가는 소처럼 말이다. 포로로 잡혀가던 사람들은 아브라함에게 도움을 청하지 않을 수 없었다. 아브라함은 소돔 및 그곳의 모든 사람들과 교류가 없던 거류민이었다. 하지만 아브라함은 자신의 작은 군대를 이끌고 달려가 적을 무찌르고 롯과 그의 사람들을 구해냈다.

거류민으로 시작했다가 거류민의 신분을 망각하는 경우를 이해하기 위해 다른 예를 들어보자. 그리스도인 두 사람이 동시에 신앙생활을 시작한다. 하지만 그들 중 한 사람은 이 세상의 일들에 깊숙이 관여한다. 그러다가 거류민으로서 그의 특징을 잃어버린다. 그가 성문에 앉을 정도로 높은 지위에 올랐다 해도 다른 그리스도인에게 있는 것이 그에게는 없다. 다른 그리스도인은 세상에 빠지지 않고 세상 사람들의 삶의 방식을 최대한 멀리하면서 거류민의 삶을 살아간다.

그러던 중 그들 주변에서 큰 문제가 터진다. 그럴 경우, 사람들은 누구에게 도움을 청하겠는가? 세상의 삶의 방식에 동화되어버린 롯과 같은 사람인가? 그렇지 않다. 왜냐하면 그 자신이 다른 사람들과 마찬가지로 곤경에 처해 꼼짝 못하는 처지가 되었기 때문이다. 문제가 터지면 사람들은 아브라함 같은 사람, 즉 세상에 빠지지 않고 세상의 삶의 방식을 멀리한 사람에게 도움을 청하기 마련이다.

그리스도인들은 지나가는 나그네일 뿐이다

베드로는 "너희 그리스도인들은 거류민일 뿐만 아니라 또한 나그네이다"(벧전 2:11 참조)라고 말한다. 나그네는 어떤 한 곳에서 다른 곳으로 이동하고 있는 사람이다. 어떤 목적지를 향해 나아가고 있는 사람이라는 말이다. 그리스도인은 목적지를 향해 가고 있는 사람이라는 것을 늘 명심하라. 그리스도인은 출발지에 계속 서 있는 사람이 아니요 이미 목적지에 도달한 사람도 아니요 목적지를 향해 전진하고 있는 사람이다.

때때로 나는 전화를 받게 되는데 내게 전화를 건 사람들은 "나는 아무개입니다. 지금 시카고에 왔는데 인사를 드리려고 전화했습니다"라고 말한다. 그때 나는 그들이 누구인지 알기도 하고 또 때로는 모르기도 한다. 아무튼 그들은 자기가 누구라고 소개하거나 아니면 내가 알고 있는 목사나 저술가 같은 사람들을 거명하면서 내게 인사한다. 그때마다 나는 "아, 그러세요. 지금 시카고를 방문하신 것입니까?"라고 묻는다. 그러면 그들은 대개 "시카고를 방문한 것은 아니고요, 지나가는 길에 잠깐 들렀습니다"라고 대답한다. 그들은 디트로이트나 클리블랜드 같은 곳에서 출발해 오마하나 덴버를 향해 가던 길에 시카고에 잠깐 들른 것이다.

그렇다! 잠깐 들른 것이다. 호주머니에는 목적지로 가는 차표가

들어 있지만, 지나는 길에 잠깐 시간을 내어 친구나 친구의 친구에게 전화를 해서 안부를 물은 것이다. 그것이 나그네이다. 길을 가는 존재, 단지 지나가는 사람, 그런 것이 나그네이다. 나그네는 정착하지 않는다. 그리스도인들은 이 세상에 정착하지 않고 살아간다. 천국은 우리의 목적지요 우리의 고국이다. 이 땅은 우리가 지나가는 광야일 뿐이다.

세상 사람들은 그리스도인들이 이 세상을 '눈물의 장막'으로 본다고 비난한다. 나는 그리스도인들의 그런 세상관을 신랄하게 비판한 글들을 읽어보았다. 비판자들은 그리스도인들을 향해 "이 눈물의 장막에 대해 불평이나 하고 앉은 당신들은 우울한 늙은 까마귀인가?"라고 비난한다. 그러나 그들이 비난하든 말든 우리 그리스도인들이 볼 때 이 세상은 눈물의 장막이다.

우리가 사는 이 세상은 잠시 지나가는 곳에 불과하다. 죄가 그렇게 만들었다. 이 세상은 지나가는 광야일 뿐이다. 잠시 머문다 할지라도 그것은 하룻밤에 불과하다. 날이 새면 우리는 텐트를 걷어서 출발하게 되는데 그렇게 함으로써 우리의 본향인 천국에 하루 더 가까워진 것이다. 우리는 이 땅에 결코 정착하지 않는다. 세상 나라에 귀화하지 않는다.

예수 그리스도와 동행하는 나그네

종종 나는 시간을 내어 찬송가책에 실린 찬송가들을 불러본다. 거기에는 그리스도인들이 하늘나라로 가고 있는 나그네들이라고 노래하는 찬송가들이 실려 있다. 훌륭한 찬송가들 중에서 조금씩

발췌해 맛을 보자. 존 메이슨 닐(John M. Neale, 1818~1866. 잉글랜드의 성직자, 학자 및 찬송가 작가)은 다음과 같이 썼다.

오, 순례자의 무리여!
예수님을 길동무 삼아
머리 되신 그분을 향해
계속 발걸음을 내딛는 자들이여,
그대들은 복되도다!

존 S. B. 몬셀(John Samuel Bewley Monsell, 1811~1875) 목사가 쓴 '기쁨으로 가는 길에'라는 찬송가의 한 절(節)이 특히 내 마음을 끈다.

우리가 갈 길을 기쁨으로 갑시다
우리의 지도자 주님이 정복하셨으니
원수들은 사라졌도다
밖으로 그리스도는 우리의 안전이시요,
안으로 그리스도는 우리의 기쁨이시라
우리가 그분께 성실하다면
누가 우리의 소망을 짓밟겠는가?

모든 사람은 윌리엄 윌리엄스(William Williams, 1717~1791. 웨일즈의 복음전도자이자 찬송가 작가)가 만든 저 유명한 웨일즈 찬송가 '나

'그네와 같은 내가'를 기억할 것이다.

나그네와 같은 내가 힘이 부족하오니
전능하신 나의 주여 내 손 잡고 가소서
하늘 양식 내게 먹여주소서
하늘 양식 내게 먹여주소서

존 케닉(John Cennick, 1718~1755. 초기 감리교 신자로 찬송가 작가)은 '하늘나라 왕의 자녀들'에서 다음과 같이 노래했다.

우리는 하나님이 계신 본향으로 가고 있다네
이 길은 우리의 조상들도 걸어간 길이라네
그들이 그곳에서 지금 복을 누리니
우리도 머지않아 그 복을 누리겠네

1721년 니콜라우스 폰 진젠도르프(Nicholaus von Zinzendorf, 1700~1760. 독일 모라비아 교파의 창시자)는 다음과 같이 썼다.

예수님이시여,
우리가 안식을 얻을 때까지
우리를 계속 인도하소서
우리가 가는 길이 신나는 길이 아니라 할지라도
우리는 두려움 없이 차분히 주님을 따를 것입니다

아버지의 나라에 이르기까지
주님의 손으로 우리를 인도하소서

이것들은 단지 몇 가지 예에 불과하다. 이것들과 비슷한 찬송가 가사들이 또 많이 있는데 그것들은 이 땅을 '광야'로 묘사하고 있다. 이 작사가들은 그리스도인들을 고국을 향해 광야를 통과하고 있는 나그네로 본 것이다. 하지만 그들은 결코 혼자 통과하고 있는 것이 아니다. 그들 안에 계신 주 예수 그리스도께서 그들과 함께 가고 계시기 때문이다. 그리스도께서 눈에 보이시지는 않지만 분명 그리스도께서 그들과 동행하신다.

나그네로서 그들은 때로는 어떤 장소에서 텐트를 치고 하룻밤을 묵을 것이다. 또 어떤 때는 전사가 되어 싸우며 앞으로 나아갈 것이다. 하지만 그러면서도 그들은 항상 광야의 길을 가는 것이다.

육체의 정욕을 제어하는 삶을 살아라

광야를 통과할 때 우리 그리스도인들은 영혼을 거슬러 싸우는 육체의 정욕을 제어해야 한다(벧전 2:11 참조). 육체의 정욕은 몸과 마음에 뿌리를 둔 자연적 욕구이다. 죄가 없다면 이런 자연적 욕구가 문제 되지 않겠지만, 죄가 있는 현재 상황에서는 이런 자연적 욕구가 영혼의 원수이다.

여기서 우리는 사람들에게 명령할 수 없고 다만 거류민과 나그네 같은 그들에게 권해야만 하는 경우를 보게 된다. 그런데 한 가지 분명한 것이 있다. 나그네로서 결국 목적지에 무사히 도착하려는 사람은 누구나 영혼을 거슬러 싸우는 육체의 정욕을 제어해야 한다. 만일 그렇지 못하면 광야를 통과하는 속도가 점점 느려지거나 아니면 아예 한 곳에 발이 묶이게 된다. 내적 삶이 육체를 이겨야 한다. 그렇지 못하면 육체가 내적 삶을 이길 것이다.

우리가 이해하기 어렵고 또 한탄스러운 사실이 하나 있다. 그것은 우리의 한 부분이 우리의 다른 부분을 거슬러 싸운다는 사실이다. 그것이 자연의 법칙이다. 자연은 더 높은 자연을 거슬러 싸운다. 육체는 영을 거슬러 싸우고, 육체의 정욕은 우리의 영혼을 거슬러 싸운다.

토머스 아 켐피스(Thomas A Kempis, 1380~1471. 독일의 신비가 및 영적 생활의 지도자로서 《그리스도를 본받아》의 저자)는 "우리의 저급한 욕구들을 만족시키는 삶에는 평안이 없다. 언제나 평안은 그것들을 제어할 때 주어진다"라고 말했다. 에머슨(R.W. Emerson, 1803~1882. 미국의 사상가이자 시인)은 그리스도인이 아니었지만 위대한 사상가였다. 그는 "육체를 이기는 승리는 그것이 아무리 작은 것이라 할지라도 우리의 영혼을 강하게 만든다"라고 말했다.

우리는 본향을 향해 가고 있는 나그네인데 우리의 유일한 적은 바로 우리 자신 안에 있다. 하나님께서는 들판에 있는 사자들을 바꾸어놓으셨다. 하나님께서는 사탄에게 "여기까지는 네게 허용되지만 더 이상은 안 된다"라고 말씀하셨다. 하나님께서는 세상의 군대들이 하나님의 기름부음을 받은 자에게 감히 손을 대지 못하도록 말씀하셨다. 세상의 군대들이 하나님의 선지자에게 해를 끼치지 못하도록 하셨다. 문제는 우리 안에서 일어나는 유혹이다. 그 유혹에 굴복하면 우리의 영혼이 파괴될 것이다.

그렇기 때문에 성령께서는 "거류민과 나그네 같은 너희를 권하노니 영혼을 거슬러 싸우는 육체의 정욕을 제어하라"(벧전 2:11)라고 말씀하신다.

CHAPTER 10
하나님의 영광을 드러내는 존재가 그리스도인이다

"너희가 이방인 중에서 행실을 선하게 가져 너희를 악행한다고 비방하는 자들로 하여금 너희 선한 일을 보고 오시는 날에 하나님께 영광을 돌리게 하려 함이라"(벧전 2:12).

성실하고 진지한 그리스도인은 그의 삶에서 한 가지 중요한 문제에 대해 결론을 내려야 한다. 그 문제는 '내가 이방인들을 향해 어떤 태도를 가져야 하는가?'이다. 내가 말하는 이방인들은 우리 주변에서 흔히 볼 수 있는 '구원받지 못한 사람들'을 의미한다. 평생의 대부분 시간을 불가피하게 접촉해야 할 '구원받지 못한 사람들'을 향해 우리는 어떤 태도를 취해야 할까? 내가 '평생의 대부분 시간'이라고 말했는데 이 말은 결코 과장이 아니며, 매우 정확하게 사용된 말이다. 그리스도인들이 함께 모이는 것은 사실이다. 하지만 우리는 사실 더 많은 시간을 주변의 이방인들과 보내며 살아가고 있다.

그리스도인들의 주요 특징 중 하나는 '함께 모인다는 것'이다. 그들은 이곳저곳에서 여러 형태로 자주 모인다. 그들의 모임은 격식을 차리지 않고 편히 모일 수 있는 주일학교 야유회부터 시작해 날마다 정해진 시간에 예배당에 모여 예배를 드리기도 하는 등 매우 다양하다. 함께 모이는 습관이 잘 형성되어 있다는 것이 그들의 장점 중 하나이다. 진정한 그리스도인들이 함께 모이는 데에는 그럴 만한 충분한 이유가 있다.

그리스도인들도 함께 모이기를 좋아한다

우선 그리스도인들은 새로운 인류에 속한다. 베드로는 그리스도인들에게 "너희는 택하신 '세대'요 왕의 혈통에 속하는 제사장들이요 거룩한 나라요 유별난 백성이니"라고 말한다. 우리 그리스도인들은 육신적 출생을 통해 인류의 일부가 되었지만, 영적 출생을 통해 인류 안에서 다시 새로운 인류를 형성한다. 우리가 세상 사람들에게는 나그네일지라도 그리스도인들끼리는 서로 나그네가 아니다. 그러므로 우리끼리 자주 모이는 것은 지극히 당연한데 그것은 서로의 언어를 이해하는 사람들끼리 자주 모이는 것이 인간의 본성에 부합하기 때문이다.

나는 폴란드 사람들, 스웨덴 사람들, 리투아니아 사람들, 심지어 독일 사람들이 끼리끼리 모이면서 배타적 경향을 보이는 것을 이해할 수 있다. 사람들은 그들을 가리켜 "저 사람들은 배타적이다"

라고 말한다. 하지만 그들이 배타적이라고 비난할 수 없을 것 같다. 왜냐하면 그들은 자기들의 언어를 자연스럽게 구사하는 사람들과 어울리고 싶어 하기 때문이다. 그들은 바다 건너 고국에서 들었던 언어로 말하는 사람들과 어울리고 싶어 한다. 그 언어는 그들이 태어나서 갓난아기 때 들었던 언어요, 어린아이일 때 듣고 이해했던 언어요, 이제는 그들의 귀를 즐겁게 해주는 언어이다. 동일한 민족끼리 서로 모이는 경향을 보이는 것은 자기들의 언어를 들으면 기분이 좋아지기 때문이다. 그리스도인들도 서로 모이기를 좋아하는데 그것은 서로의 언어를 이해하기 때문이다.

우리 그리스도인들은 새로운 인류일 뿐만 아니라 새로운 가족이다. 가족은 서로 모이기를 좋아한다. 도시인들보다 순박한 사람들이 많이 사는 저 시골지역으로 가보라. 그러면 가족이 오랜만에 모이는 경우를 볼 수 있는데 그때에는 먼 친척들도 함께 모이곤 한다. 그들은 함께 앉아서 이야기꽃을 피운다. 그들 중에는 서로 난생처음 보는 사람들도 있고, 작년에 태어난 아기도 있다. 그들은 함께 모여 기쁨을 얻는다. 서로 공통점이 많기 때문이다. 가족의 구성원들 사이에 존재하는 유대감은 이 세상의 다른 어떤 집단에서도 찾아볼 수 없는 독특한 것이다.

우리 그리스도인들은 동일한 가족의 구성원들이다. 즉, 하나님의 권속(眷屬)이다. 하나님은 우리의 아버지이시고, 하늘과 땅에 있는 하나님의 권속은 그분의 이름으로 불리는 한 가족이다. 그렇기 때문에 그리스도인들은 함께 모이기를 좋아한다.

서로 비슷한 관심을 가진 사람들은 함께 모이면 즐겁다. 그들이

한자리에 모이면 대화의 주제가 풍성해지기 때문에 좋다. 대화의 주제가 취미생활이든 스포츠이든 정치이든 철학이든 간에 그들은 자기의 관심사에 대해 이야기하는 것을 좋아한다. 그렇기 때문에 그들은 자기와 똑같은 분야에 관심을 가진 사람들과 함께 있으면 즐거워진다.

스포츠를 아주 싫어하는 사람이 오직 스포츠에 대해서만 이야기하는 사람들 틈에 끼어 있다고 상상해보자. 그럴 경우 그 사람과 나머지 사람들 사이에는 공통의 관심사가 없기 때문에 사실상 교제도 없다. 그러나 그런 사람이 자기와 똑같은 관심을 가진 사람들 속에 섞여 있다면 이야기가 완전히 달라진다. 그는 그들과 점점 더 깊은 교제 속으로 빠져들 것이다. 그리스도인들의 교제도 마찬가지이다. 그리스도인들은 모이기를 좋아하는데, 함께 모이면 서로 간에 관심과 우정이 증폭된다.

그리스도인들이 함께 모이는 또 다른 이유는 서로 도덕적 격려가 가능해지기 때문이다. 세상 사람들에게 둘러싸여 살아가는 소수의 그리스도인들은 동일한 그룹에 속하는 사람들과 자리를 함께함으로써 도덕적 용기를 얻을 수 있다.

비그리스도인들에게 어떤 태도를 취해야 하는가

이제까지 말한 이유들 때문에 우리 그리스도인들은 함께 모이기를 좋아한다. 하지만 그렇다 할지라도 보통 더 많은 시간을 이방인들과 더불어 보내야 하는 것이 현실이다. 이 땅에서 살아갈 때 더 많은 시간과 날과 달과 해를 비그리스도인들과 함께 보내야 한다.

비그리스도인들은 그들에게 동정적(同情的)이지 않고, 그들과 달리 믿음이 없고, 구원받지도 못했다.

  직장을 예로 들어보자. 우리는 아침에 출근하기 위해 집을 나설 때부터 밤에 집에 돌아올 때까지 그리스도인을 보지 못한다. 설사 그리스도인을 본다 할지라도 그가 그리스도인인지 알 수 없다. 우리가 길거리에서 마주치는 사람이 그리스도인일지도 모른다. 하지만 그것을 확인할 길은 없다. 그렇기 때문에 그 사람이 그리스도인이라 할지라도 그 순간 그 사람과의 만남은 우리에게 아무 의미가 없다. 그러므로 아침에 출근할 때부터 밤에 퇴근할 때까지 우리는 이방인들 중에서 살아간다. 더 심한 경우도 있다. 우리 중 어떤 사람들은 주일 저녁에 예배를 마치고 교회 문을 나설 때부터 수요일이나 그 다음 주일에 다시 교회에 올 때까지 그리스도인을 보지 못한다. 왜냐하면 그들의 가정 내에도 그리스도인이 없기 때문이다.

  기차 여행을 할 때 내가 그리스도인을 얼마나 많이 만났을까? 나는 미국의 여러 지역을 꽤 많이 여행했는데, 내가 "저 사람은 하나님의 사람이다"라고 말할 수 있는 사람을 단 한 명 만나본 것 같다. 그는 열차의 침대칸 이용객들을 시중드는 사환이었다. 내가 성경을 읽고 있는 것을 보고 그가 내게 말을 걸었다. 여행할 때마다 나는 성경책과 공책과 펜과 독서대를 가지고 다닌다. 그런 나의 모습을 많은 사람들이 보았지만, 그런 나를 보고 웃으며 호의적으로 내게 말을 건 사람은 그 사환뿐이었다. 아마 당신의 경험도 내 경험과 비슷할 것이다.

이번 주에 당신이 물건을 샀다면 당신이 들른 가게의 주인들 중 얼마나 많은 사람들이 그리스도인이었는가? 만일 당신이 물건을 파는 입장에 있다면 당신에게서 물건을 산 사람들 중 그리스도인들이 얼마나 많았는가? 당신이 기독교 상점에서 일하고 있다면 아마도 그리스도인들에게 물건을 팔았을 것이다. 하지만 우리가 물건을 사거나 팔 때 우리의 상대는 대개 그리스도인들이 아니다.

만일 당신이 학생이 30명에서 40명 정도 되는 학급을 가르치는 선생이라면, 당신의 학급에서 그리스도인들이 얼마나 되는지, 당신의 이웃집에는 그리스도인들이 얼마나 사는지, 당신의 동네에는 그리스도인들이 얼마나 사는지 생각해보라. 아마 그렇게 많지 않을 것이다. 부부가 모두 그리스도인인 가정이 두세 집 눈에 띄겠지만, 사실 그런 가정은 매우 드물 것이다. 말씀이 전파되어 그리스도인들이 생길 때 하나님께서는 대개 그들을 여러 곳에 은밀히 두신다. 어느 곳에나 그리스도인들이 있지만 그들은 서로 접촉하기 힘들다. 왜냐하면 대부분의 시간 동안 서로 떨어져 있기 때문이다.

우리는 일주일에 몇 시간만 그리스도인들과 함께 보내고 그 외의 시간에는 '구원받지 못한 사람들'과 함께 살아간다. 그렇기 때문에 우리는 "나는 구원받지 못한 사람들을 향해 어떤 태도를 취해야 하는가?"라는 중요한 질문에 대답하지 않을 수 없다.

이 질문에 대한 대답을 위해 하나님께서는 베드로를 통해 큰 원리를 제시하신다. 물론, 구체적인 경우들을 위한 세부적인 지침들을 제시하시는 것은 아니다. 하나님의 큰 원리는 "너희가 이방인

중에서 행실을 선하게 가져"(벧전 2:12)라는 말씀에 담겨 있다. 다른 역본(譯本)들에서는 이 말씀이 "예절 바르고 선하고 옳게 처신하라", "흠 잡을 데 없이 정직하게 살아라", "품위 있게 행동하라", "언행을 정직하고 선하고 옳게 하라", 또는 "비난받지 않도록 곧게 살아라"라고 번역되어 있다. 이는 베드로가 사용한 원어의 의미를 전달하기 위해 다양한 번역자들이 사용한 표현들이다. 아무튼 이 말씀을 어떻게 적용하느냐 하는 문제는 상황과 때와 개인에 따라 달라질 것이다.

말씀의 원리는 구체적 상황에 적용되어야 한다

하나님께서는 하나님 없이도 살아갈 수 있다는 착각에 빠뜨리는 말씀을 결코 우리에게 하지 않으신다. 하나님께서는 성경을 통해 우리에게 교훈을 주신다. 우선 큰 원리를 말씀해주시고, 그 다음에는 상황과 개인과 때와 경우에 따라 그 큰 원리가 어떻게 적용되어야 하는지를 말씀해주신다. 그러므로 단순히 "내게는 성경이 있다. 나는 어떻게 해야 할지를 잘 안다. 여기 9절 말씀에 나와 있다. 나는 정확한 대답을 안다"라고 말하는 것은 옳지 않다. 많은 사람들이 그렇게 하지만 사실 그것은 옳지 않다.

그런 태도는 신령하지 못한 정통주의자들의 태도이다. 그들은 언제나 대답을 알고 있다고 확신한다. 자기들이 성경 구절을 인용할 수 있기 때문에 정답을 알고 있는 것이라고 주장한다. 그러나 우리는 성경 구절이 단지 큰 원리만을 말해준다는 것을 기억해야 한다. 그 원리가 제대로 적용되려면 살아 계신 성령의 임재가 필요하다. 그 원리를 삶에 적용하려면 겸손과 믿음과 뜨거운 기도가 필요하고, 때로는 십자가를 지는 것도 필요하다.

정통주의자들은 "나는 대답을 안다. 여기 7개 교리에 나와 있다"라고 말한다. 하지만 겸손한 그리스도인들은 그들보다 더 지혜롭다. 겸손한 그리스도인들도 물론 교리를 알고 그것을 믿는다. 다른 누구 못지않게 확실히 믿는다. 하지만 거기서 끝나지 않고, 그것을 구체적 상황과 경우에 적용하기 위해 열심히 기도하고 때로는 금식하고 희생하고 겸손한 마음으로 성령을 의지한다.

당신은 하나님께서 당신에게 성경을 던져주시며 "이 책에 네가 따를 규칙들이 적혀 있다. 그 규칙들을 따르면 결국에는 목적지에 도달할 것이다. 안녕!"이라고 말씀하셨다고 믿는가? 그렇게 믿는 것은 올바른 믿음이 아니다. 하나님께서는 이렇게 말씀하신다.

"이 책에 규칙들이 적혀 있다. 의(義)를 위한 교훈들이 적혀 있다. 지금 우쭐해하지 말라. 너는 연약한 인간이고 상황은 때에 따라 변하기 때문이다. 그러므로 네가 어떤 방향으로 나아가야 할지를 완전히 안다고 자만하지 말라. 너는 나를 전심으로 의지해야 한다. 나를 늘 붙잡아야 한다. 항상 기도하면서 말이다. 그렇게 하지 않으면 너의 구체적 상황에서 성경의 교훈들을 어떻게 적용해야 할지를 알지 못할 것이다."

다시 말하지만, 하나님께서는 하나님 없이도 살아갈 수 있다는 착각에 빠뜨리는 말씀을 결코 우리에게 하지 않으신다. 당신이 신구약 성경 전체를 다 암기한다 할지라도 당신에게는 하나님의 임재와 성령의 도우심이 필요하다. 왜냐하면 그래야 지극히 작은 성경말씀이라도 구체적 삶에서 실천할 수 있기 때문이다. 칼로 두부를 자르듯이 딱 잘라서 지침을 내려주는 것은 하나님의 방법이 아니다.

우리 인간들은 분명히 못 박는 것을 좋아한다. 우리는 분명한 답을 써 넣은 액자를 벽에 걸어놓고 있다가 친구가 찾아오면 그 액자를 가리키며 "여보게, 저것을 보게. 내 믿음이 저렇게 정리되었네. 얼마나 분명한가! 네 다리로 견고히 서 있는 책상처럼 내 믿음도 저렇게 견고히 섰다네"라고 말할 수 있는 것을 좋아한다. 성경 구절을 손에 꽉 쥐고 "이제는 내 삶을 어떻게 끌고 나가야 할지를 안다"라고 말하고 싶은 것이 우리의 본능이다. 하지만 하나님께서는 우리에게 "애야, 네가 아는 것은 큰 원리뿐이다. 네 상황에 필요한 구체적인 것을 알려면 겸손과 믿음과 기도가 필요하다"라고 말씀하신다.

하나님께서는 그리스도인들에게 필요한 태도를 말해주는 큰 원리를 베드로를 통해 말씀해주셨다. 그 원리는 "이방인들 중에서 정직하게 행하라. 예의 바르고 선하고 옳고 흠 없이 곧게 살아라"라는 원리이다. 물론 이것은 큰 그림을 보여준 것이지, 구체적 상황에 필요한 세부적 지침들은 아니다. 하지만 이 원리는 근원적인 뿌리와 같다. 이 원리가 출발점인데 왜냐하면 반드시 필요한 원리이기 때문이다. 우리가 책에 있는 모든 규칙을 안다고 할지라도 정직하고 품위 있고 흠 없는 삶을 살지 않으면 우리의 삶은 이방인들에게 아무것도 줄 수 없다.

그리스도인들을 싫어하는 사람들도 있다

"너희를 악행한다고 비방하는 자들로 하여금 너희 선한 일을 보고 오시는 날에 하나님께 영광을 돌리게 하려 함이라"(벧전 2:12)가 필립스 역본(영국의 목회자이자 성경번역가인 J. B. 필립스가 쉬운 현대어로 번역한 신약 번역본)에서는 "비록 이방인들이 평소에는 너희를 가리켜 행악자라고 비방할 수도 있지만 재앙이 닥치면 그들이 너희의 올바른 행실을 보고 하나님께 영광을 돌릴 수도 있다"라고 번역되어 있다. 이 번역에서 나는 "비록 이방인들이 평소에는 … 비방할 수도 있지만"이라는 표현을 좋아한다. 내가 느낄 때, 이 표현에는 왠지 슬픔을 자아내는 유머가 깃들어 있는 것 같다. 아무튼 베드로 시대에는 그리스도인들이 세상 사람들에게 비방당하는 것이 당연시되었던 것이다. 그리스도인들이 비방당하는 것은 당연히 겪어야 할 일이었다.

1. 한 번 태어난 자들은 두 번 태어난 자들을 핍박한다

구원받지 못한 이방인들은 왜 그리스도인들을 비난하고 싶어 하는가? 내가 볼 때, 거기에는 몇 가지 이유가 있다.

예를 들면, 한 번 태어난 사람들은 두 번 태어난 사람들에게 본능적으로 적대적 태도를 취한다. 이 사실을 아는 세상 사람들은 거의 없다. 심지어 그리스도인들 중에서도 이것을 모르는 사람들이 있다. 하지만 이것은 사실이다. 만일 하나님께서 전 세계에 부흥을 일으키신다면 한 번 태어난 사람들이 두 번 태어난 사람들을 본능적으로 대적할 것이다. 그런 일은 이미 인류 역사의 초기에 일어났는데 아벨과 가인의 사건이 바로 그것이다. 가인은 아벨에게 적대적 태도를 취했다. 가인은 한 번 태어난 사람이었고, 아벨은 두 번 태어난 사람이었기 때문이다. 그런 일은 두 형제에게서 반복되었는데 이삭과 이스마엘 사이에서 일어났다. 이스마엘이 이삭을 핍박했다. 여종의 자식이 자유 있는 여자의 자식을 핍박했는데 그것은 본능적 적의 때문이었다. 한 번 태어난 사람들이 두 번 태어난 사람들을 본능적으로 핍박하는 일은 오늘날도 많이 일어나고 있다.

2. 그리스도인을 향한 본능적 적대감

과학자들은 '본능적 적대감'이라는 표현을 사용하곤 한다. 어떤 동물들은 본능적으로 어떤 다른 동물들을 두려워한다. 심지어 동물원이나 가정에서 길러져 그 다른 동물들을 본 적이 없다 할지라도 본능적으로 두려워한다.

사냥꾼이 말을 타고 갈 때 말이 떨기 시작하거나 앞다리를 들어 올리며 서거나 콧바람을 불거나 나직하게 "히힝" 하고 울면 사냥꾼은 말의 천적이 나타났다고 확신하게 된다. 대개의 경우, 그 천적은 곰이다. 말은 작은 산 너머에 있는 곰에서 나는 냄새를 맡고 곰의 존재를 직감하는 것이다. 굳이 곰을 눈으로 보지 않아도 곰의 존재를 안다. 사냥을 나간 적이 한 번도 없기 때문에 곰의 냄새를 맡아본 적이 없는 망아지라 할지라도 곰의 냄새를 맡으면 자제심을 잃게 된다. 사냥꾼은 그런 사실을 잘 안다. 말이 곰에 대해 느끼는 것이 바로 본능적 적대감이다. 곰을 미워하고 두려워하는 것이 말에게 있는 것인데, 이는 경험을 통해 생긴 것이 아니라 본능적인 것이다.

세상 사람들은 그리스도인을 처음 본다 할지라도 그를 미워한다. 과거 로버트 재프리(Robert Jaffray, 1873~1945. 중국과 인도네시아 등지에서 선교사로 일했다)와 윌리엄 글로버(William Glover)의 시대에 선교사들이 처음으로 중국에 들어갔을 때 그들은 서양의 악귀들이라고 불렸고, 늘 생명의 위협을 느끼며 살아야 했다. 유교적인 중국이 기독교에 대해 보인 첫 반응은 적대적인 것이었는데, 그것은 기독교인들이 거듭난 사람들이었기 때문이다. 그리스도인들은 중국인들에게 어떤 해를 끼치지 않았고 단지 그들의 땅으로 갔을 뿐이다. 그런데 중국인들이 왜 그리스도인들에게 적대적이었을까? 그것은 기독교의 영(靈)과 이방인들의 영이 다르기 때문이다. 기독교의 영과 이방인들의 영은 서로 화합할 수 없다. 결코 타협할 수 없다.

그리스도 안에 계신 영과 그리스도 주변의 세상의 영은 서로 달랐다. 세상 사람들은 책잡을 수 없는 그리스도의 사소한 행동을 언제나 물고 늘어졌는데 그것은 그리스도의 언행 때문이 아니라 그리스도의 존재 때문이었다.

그러므로 사실을 받아들여라. 어떤 그리스도인들은 "세상이 기독교를 대적한다고 이야기하면 젊은이들이 낙심하여 믿음을 갖지 않게 될 것이다. 젊은이들에게 당신이 그리스도인이 되면 세상의 적대감에 직면해야 할 것이라고 이야기하면 그들이 낙심하게 될 것이다"라고 말한다. 하지만 걱정하지 말라. 진실을 말한다고 해서 하나님의 일이 무너지는 것은 아니다. 어차피 믿음을 가질 사람이라면 진실을 알지라도 결국 믿음을 갖게 된다. '절반의 기독교'만을 이야기해주는 것은 상대방을 속이는 것이다. '절반의 기독교'만을 배운 사람이 세상의 비난에 직면하면 낙심하여 신앙생활을 그만두게 된다. 우리는 그런 사람들을 가리켜 배교자라고 부른다. 하지만 그는 배교자가 아니다. 그는 자기가 무엇을 붙잡았는지를 몰랐던 사람이다. 바꿔 말하면, 무엇이 자기를 붙잡았는지를 몰랐던 사람이다. 그러므로 그에게 처음부터 진실을 모두 말해주어라.

3. 세상 사람들은 그리스도인들을 시기한다

이 시점에서 나는 세상 사람들의 시기에 대해 말하지 않을 수 없다. 그리스도인들은 세상 사람들을 부끄럽게 만든다. 그 결과, 그들은 그리스도인들을 시기한다. 가인은 아벨을 시기했다. 그런데 여기서 내가 지적하고 싶은 미묘한 점이 있다. 그것은 그리스도인들을 향한 세상 사람들의 적대감이 다소 과장된 것이라는 점이다. 사실, 그들의 마음속 깊은 곳에는 그리스도인들처럼 되고 싶다는 은밀한 갈망이 자리 잡고 있다.

나는 17세의 젊은 나이에 믿고 구원받았다. 내가 교회에 가는 길에 구원받지 못한 사람들의 무리가 길거리에 있었지만 그들과 별로 어울리지 않았다. 그때 그 무리 중에 섞여 있었던 어떤 사람이 나중에 믿고 회심했다. 그리고 내게 "내가 무엇 때문에 마음에 자극을 받아 뉘우치게 되었는지 자네는 아는가? 자네가 우리 무리의 옆을 지나가면서도 우리와 섞이지 않은 것 때문에 그렇게 되었네. 단지 자네가 교회에 왔다 갔다 하는 것을 보고 나는 내가 죄인이라고 생각하게 되었다네"라고 말했다. 비그리스도인들이 겉으로는 그리스도인들을 놀리고 농담으로 은근히 비꼬기도 하지만, 속으로는 불안감에 사로잡혀 있다.

정직한 그리스도인들의 선한 행실

세상 사람들이 예수 그리스도의 복음을 받아들일 수 있도록 그들을 준비시키는 하나님의 가장 강력한 도구는 무엇인가? 그것은 바로 이방인들 중에서 올곧은 삶을 살고 있는 정직한 그리스도인들이다. 그리스도인들을 향한 세상 사람들의 적대적 태도는 짐짓 과장된 것이고, 그들의 시끄러운 비난의 함성은 다소 허풍에 불과하다. 사실, 죄인들 깊은 곳에는 하나님께서 심어놓으신 '영원을 사모하는 마음'이 자리 잡고 있다. 그들은 그리스도인들이 인생의 최고 목적에 도달했지만 자기들은 그렇지 못하다고 느끼기 때문에 불만에 사로잡혀 있다. 그들은 화가 나기 때문에 그리스도인들을 비난하고 깎아내린다. 하지만 성경에 따르면, 그러면서도 그들은 그리스도인들의 선한 행실을 눈여겨본다.

윤리적 존재인 인간이 의(義)를 파괴하기 위해 발버둥 친다 할지라도 그것은 얼마 안 가서 실패하기 마련이다. 아돌프 히틀러는 모든 도덕적 법을 뒤집어엎으려고 시도했다. 즉, 의를 죄로 만들고 죄를 의로 만들려고 했다. 히틀러는 '바산의 황소들의 시대'(시 22:12,13 참조) 이후 떠들어댔던 그 누구보다 큰소리로 방송을 통해 떠들며 그의 국민을 선동했고, 결국 그의 군대가 외국을 침략했다. 그러나 지금 그는 어디에 있는가? 현재 가난하고 비틀거리고 지치고 상심한 독일은 미친 듯이 국민을 선동한 히틀러 때문에 버렸던 것들을 되찾기 위해 최대한 노력하고 있다.

국가가 의를 뒤집어엎으려고 시도한다 할지라도 그런 시도는 얼마 못 가서 실패하기 마련이다. 악이 옳은 것이라고 국민에게 아무리 떠들어봤자 도덕적 국민은 그런 궤변을 받아들이지 않는다. 심지어 구원받지 못한 국민도 그런 궤변을 받아들이지 않는다. 왜냐하면 그들에게도 나름대로 도덕이 있기 때문이다. 우리 그리스도인들이 구원받지 못한 사람들에게 선행을 보인다면 그것은 그들을 무장해제시키는 것과 마찬가지이다. 즉, 그들의 총을 빼앗아 절벽 아래로 던져버리는 것과 마찬가지이다.

물론 그렇게 할지라도 그들은 여느 때와 마찬가지로 그들의 주장을 늘어놓고 허세를 부리고 오만한 태도를 취하고 우리를 비판하고 비방하겠지만, 그러면서도 마음속으로는 자신들의 말조차 확신하지 못할 것이다. 왜냐하면 우리의 선행이 이미 그들의 마음을 흔들어놓았기 때문이다.

베드로가 말한 "오시는 날"(벧전 2:12)은 어떤 날인가? 구약의 이사야서에는 "벌하시는 날과 멀리서 오는 환난 때에 너희가 어떻게 하려느냐 누구에게로 도망하여 도움을 구하겠으며 너희의 영화를 어느 곳에 두려느냐"(사 10:3)라는 말씀이 나온다. 베드로가 말한 '오시는 날'은 '벌하시는 날'을 의미하거나 '멀리서 오는 환난 때'를 의미한다. 하지만 이 둘 중 어떤 것을 의미하는지에 대해 성경 해석자들도 모르고 나도 모른다. 따라서 나는 이것에 대한 두 가지 해석을 모두 당신에게 이야기해주겠다.

'오시는 날'이라는 말이 '땅에 환난이 일어나는 때'를 의미한다는 것이 첫 번째 해석이고, 이 표현이 주님께서 만인의 죄를 심판하실 '최후의 심판 날'을 의미한다는 것이 두 번째 해석이다. 나로서는 어떤 해석이 옳은지 모르겠다. 나는 내가 안다고 감히 주장하지 않는다. 솔직히 말하면, 베드로가 이 두 가지 의미 중 어떤 의미로 말했는지를 아는 것이 불가능하다는 생각도 든다. 베드로가 이 두 가지를 모두 염두에 두고 말했을 수도 있고, 아니면 이 두 가지 중 어떤 하나를 염두에 두고 말했을 수도 있다. 아무튼 지금 당신을 비방하는 사람이 결국에는 고통의 때에 당신으로 인하여 하나님께 영광을 돌리게 될 것이다.

하지만 그 고통의 때가 최후의 심판의 날인지 아닌지 나는 알 수 없다. 솔직히 말하면 나는 전자의 해석 쪽으로 약간 기운다. 다시 말해서, 이 고통의 때가 욥이 고난을 당한 경우나 다른 사람들이 고난을 당한 경우들처럼 일반적인 의미의 고난의 때를 가리키는 것 같다고 생각한다.

사람들은 반드시 하나님의 사람을 찾는다

이방인들 중에서 살아가는 그리스도인에게는 묘한 점이 있다. 어느 동네에 그리스도인이 살고 있다. 그 동네 사람들은 그가 그리스도인인 것을 모두 안다. 하지만 그들은 고개를 가로저으며 "저 사람은 광신자이다. 그는 제대로 된 복음주의적 교회에 나가고 시간을 내어 기도한다. 그는 좋은 사람이지만 그의 신앙은 우리가 이해할 수 없다"라고 말한다.

물론 그의 동네에는 교회에 다니는 사람들이 있다. 하지만 그리스도인이 아니라 그야말로 '교회에 다니는 사람들'일 뿐이다. 주일 아침이 되면 그 동네의 어느 집에서 누군가 성경책을 끼고 교회를 향해 걸어간다. 그 모습이 사람들의 눈에 확 띄기 때문에 증기를 내뿜으며 달리는 증기자동차를 연상시킨다. 또 다른 사람이 다른 집에서 나와 다른 교회를 향해 걸어간다.

이런 식으로 이집 저집에서 사람들이 나와서 교회로 향한다. 교회에 다니는 사람들은 많다. 하지만 그들은 올바른 삶을 살지 않는다. 그 동네에 단 한 명의 그리스도인이 있을 뿐이다. 동네 사람들은 그가 어떻게 사는지를 안다. 그의 삶의 방식을 놀리기도 하지만 아무튼 그가 어떻게 사는지를 알고 있다. 그런데 동네 사람들 중 누군가에게 큰 어려움이 닥치면 그는 누구를 찾겠는가? 누구에게 도움을 구하겠는가? 바로 하나님의 사람이 아니겠는가? 동네 사람들은 위기에 봉착하면 언제나 하나님의 사람에게 도움을 청한다.

세월이 흘러가면 해결되는 것들이 많이 있으므로 낙심하지 말라. 포기하지 말고 조급해하지 말라. 당신의 동네에서 오랜 세월 동안 올바른 삶을 살아보라. 그러면 틀림없이 동네 사람들에게 약간 비난을 당할 것이다. 하지만 어려움이 닥치면 그들은 당신을 찾을 것이다. 언제나 그럴 것이다. 평소에 사람들은 "우리는 아무개 집 아버지가 마음에 든다. 그는 우리와 카드놀이도 하고, 술도 마시고, 담배도 피고, 음담패설을 늘어놓는다. 때로는 아주 재미

있는 행동도 한다. 어디서 그런 재미있는 이야기를 듣고 왔는지 참 재주도 좋다!"라고 말한다. 좋다. 하지만 동네의 누군가에게 시련이 닥치면 그는 누구를 찾겠는가? 음담패설을 늘어놓는 사람에게 도움을 구하겠는가? 결코 그렇지 않다. 그는 기도하는 사람을 찾는다!

올바른 믿음의 길이 영광된 승리의 길이다

사람들은 의사를 찾아가 "의사 선생님, 나는 완전히 지쳐버렸습니다. 내가 어떻게 해야 합니까?"라고 말한다. 그럴 때 의사가 "건강에 좋지 못한 것들을 피하고 규칙적으로 생활하고 균형 잡힌 식사를 하고 충분한 수면을 취하십시오. 그렇게 6개월만 하면 몰라볼 정도로 건강이 좋아질 것입니다"라고 대답하면 그들은 고개를 가로저으며 "선생님, 그런 것은 다 아는 이야기가 아닙니까? 무언가 새로운 것 좀 이야기해주십시오. 내일이면 몸이 좋아져 일을 시작해야 합니다"라고 말한다.

환자가 이렇게까지 이야기하는 것을 듣고 의사는 그들에게 알약을 준다. 알약을 먹은 사람들은 자기들의 몸이 좋아졌다고 생각한다. 그러나 사실은 그렇지 않다. 그들은 건강을 속히 되찾아야겠다는 생각 때문에 조급해한다. 미국인들은 조급하다. 미국의 기독교도 마찬가지이다. 어떤 사람들은 알약처럼 만들어진 기독교를 원한다. 즉시 효력을 발휘하는 그런 기독교 말이다.

그러나 하나님께서는 "그렇게 안달하지 말라. 너는 영원히 살아야 할 사람이다. 끝까지 해봐라. 어렵다고 포기하지 말라. 평생을 견뎌라. 한 주, 한 달, 일 년 올바른 길을 걸으며 계속 기도하면 결국은 승리할 것이다"라고 말씀하신다.

그러나 이런 하나님의 말씀을 듣고도 우리는 "하지만 하나님, 나는 오늘 승리하기를 원합니다"라고 말씀 드린다.

당신은 히브리서 11장을 읽어보았는가? 거기에 나오는 옛 신앙인들 중 어떤 사람들은 하나님을 믿었지만 믿음의 결과를 거의 보지 못한 채 죽었다. 그러나 그들은 모두 믿으면서 죽었다. 하나님은 당신이 믿음으로 살기를 원하신다. 그리고 필요하다면, 당신이 믿음으로 죽기를 원하신다. 결국은 당신이 승리할 것이다.

당신이 이 땅을 떠난 후에는 아름다운 향기가 이 땅에 남을 것이다. 당신의 꽃병이 깨질지라도 그 속에 있던 장미의 향기가 사방에 퍼질 것이다. 이 땅을 떠날 때 당신은 "내 가족은 어떻게 되는가?"라는 의문에 사로잡히게 될 것이다. 사실 나도 '내 가족, 내 형제와 자매, 그리고 내 친인척들이 어떻게 될 것인가?' 하는 문제를 안고 살아간다. 그들이 걱정되지만 그들을 위해 무엇을 해야 할지 잘 모르겠다.

하지만 한 가지 분명히 아는 것은 있다. 만일 내가 올바로 산다면, 그들의 목전에서 믿음대로 성실히 산다면, 나는 그들이 반박할 수 없는 증거를 그들 앞에 제시한 것이다. 만일 내가 끝까지 믿음의 길을 간다면 아마도 그들은 "(그분이) 오시는 날에" 그분께 영광을 돌릴 것이다.

CHAPTER 11

하나님나라의 법을 따르는 자가 그리스도인이다

"인간의 모든 제도를 주를 위하여 순종하되 혹은 위에 있는 왕이나 혹은 그가 악행하는 자를 징벌하고 선행하는 자를 포상하기 위하여 그의 보낸 총독에게 하라 곧 선행으로 어리석은 사람들의 무식한 말을 막으시는 것이라 너희는 자유가 있으나 그 자유로 악을 가리는 데 쓰지 말고 오직 하나님의 종과 같이 하라"(벧전 2:13-16).

세상의 정부는 하나님께서 세우신 제도이다. 하지만 이렇게 말한다고 해서 내가 과거 왕권신수설(王權神授說)을 인정하는 것은 아니다. 왕권신수설은 왕에게 백성의 생사를 결정할 수 있는 충분한 권세가 있다고 보기 때문에 그를 백성 위에 군림하는 신적(神的) 존재로 만들어버렸다. 왕권신수설을 주장하는 왕은 자기 마음대로 결정하고 자기 고집대로 하고 잔인하게 백성을 억압할 수 있었다. 아무도 주(主)께서 기름 부으신 자를 대적할 수 없다는 논리를 내세웠기 때문이다. 그러나 내가 지금 말하려고 하는 것은 왕권신수설이 아니다. 성경은 세상의 정부에게 왕권신수설을 인정하지 않는다.

창세기 9장에 따르면, 세상 정부의 최고 지도자의 개념은 하나님으로부터 나왔고 또 가족의 개념에서 발전되었다. 가족의 개념에서 아버지라는 존재는 가족의 근원이요 가족의 머리요 가족의 보호자요 가족의 부양자(扶養者)이다. 이 개념에 따르면, 아버지는 가족을 보호하고 부양하기 때문에 가장으로서의 권세를 가지게 된다. 이런 개념은 구약의 역사(歷史)에서 볼 수 있듯이 가족의 범위를 뛰어넘어 부족으로 퍼져 나갔다. 그 다음에는 지역사회로, 그 다음에는 큰 도성으로(아테네와 스파르타에서 볼 수 있듯이, 도시 자체가 정부였다), 그 다음에는 국가로, 결국에는 제국으로 퍼져 나갔다.

'왕-하나님' 개념

성경에서는 왕이라는 개념이 매우 두드러지게 나타난다. 사실, 성경이 인정하는 유일한 정부 형태는 흔히 왕이라고 불리는 최고 권력자가 그에게 순종하는 행복한 백성을 다스리는 형태이다. 흥미롭게도 '왕'(king)이라는 말은 '친척'(kin)이라는 말에서 유래했다.

미국 북부에서는 친척이라는 뜻을 의미하는 'kin' 또는 'kinfolk'이라는 단어를 좀처럼 사용하지 않는다. 하지만 남부에서는 "내 친척(kinfolk) 중 누구도 살아 있지 않다"라든지 "내 친척(kin) 중 누구도 참석하지 않았다" 같은 말을 자주 들을 수 있다. 남부에서 이 단어들이 자주 사용되는 이유는 이 단어들이 매우 가까운 친척(대개는 혈족)을 가리키는 말이기 때문이다. 'kin'이라는 단어에 영어 철자 'g'를 붙이면 'king' 즉 '왕'이 된다. 왕이란 친척들 중에 나와서 그의 사람들을 다스리는 자이다.

왕이라는 말에는 친척 관계가 포함될 뿐만 아니라 '고결한 자'라는 개념도 포함되어 있다. '혈연관계와 인격의 고결함으로 인하여 최고 지도자 자리에 오른 친척'이 구약성경에서 이상적으로 여기는 왕의 개념이다. 가정에서는 아버지라는 존재가 가족을 사랑하는 마음으로 가족을 보호하고 가족의 머리가 되었다. 이와 마찬가지로, 국가에서는 백성과 친척 관계가 있으면서 백성을 사랑하는 사람이 최고 지도자가 되는 것이 구약의 왕 개념이었다. 외부에서 온 사람이 권력을 찬탈하는 것이 아니라 혈연관계에 있는 고결한 인격의 소유자가 왕이 되는 것이 구약의 왕 개념이다.

어떤 사람들은 성경에 나오는 '왕-하나님' 개념에 줄기차게 반대한다. 그들은 높이 들린 보좌에 앉아서 온 땅을 다스리시는 왕으로서의 하나님이라는 개념을 인정하고 싶지 않은 것이다. 만왕의 왕이요 만주의 주이신 예수 그리스도라는 개념을 받아들이고 싶지 않은 것이다. 하지만 그런 개념은 성경의 첫 쪽부터 마지막 쪽까지 관통하고 있다. '왕-하나님' 개념에 반대하는 사람들은 "왕권신수설이라는 고대의 사상이 성경에 영향을 미친 것이라고 본다. 하나님을 왕으로 보는 사상은 인간의 정부에 대한 고대의 그릇된 개념에 뿌리를 두고 있기 때문에 '왕-하나님'이라는 개념은 폐기되어야 한다"라고 주장한다. 그러나 왕이라는 개념을 깊이 분석해보면 '왕-하나님'의 개념이 얼마나 적절한 것인지 잘 드러난다.

왕이란 존재는 그 백성의 고결한 지도자이다. 그러므로 그는 백성에게 굴종을 강요해 영광을 얻어서는 안 되며, 백성에게 번영과 행복을 안겨줌으로써 영광을 얻어야 한다. 왕이 하나님의 도우심으로 온 땅을 다스려야 한다고 말하는 시편 72편을 읽어보라. 또 이사야서 11장을 읽어보라. 거기에는 여호와께서 자신의 아들 예수 그리스도에게 기름을 부으시어 땅의 왕으로 삼으신다는 내용이 나온다. 거기에서는 왕이 그의 백성에게 번영과 자유와 행복을 안겨줌으로써 영광을 얻게 된다는 개념이 나오는데, 이것이야말로 왕에 대한 구약의 개념이다.

어떤 통치자와 정부도 완전할 수 없다

그런데 이 개념은 구약뿐만 아니라 신약도 지지하는 개념이다. 하지만 실제 현실 속에서 문제가 생긴다. 국가의 최고 지도자도 인간인데 인간은 타락한 존재이다. 완전한 사람은 아무도 없다. "내 남편이 나를 버리고 도망했으니 나는 어떻게 해야 합니까?"라고 통곡하는 여자들의 이야기가 신문에 실린다. 이것이 우리의 현실인데 사람들은 완전한 결혼생활에 대해 이야기한다. 완전한 결혼생활은 없다. 왜냐하면 남편과 아내가 모두 타락한 인간이기 때문이다. 사람들은 완전한 정치가를 원한다. 하지만 완전한 정치가는 있을 수 없다. 모든 정치가는 타락한 인간이기 때문이다. 그들이 정치가로서 어느 수준까지 올라간다 할지라도 여전히 타락한 인간이다. 완전한 선생도 없고 완전한 자녀도 없다. 완전한 인간은 없는데 왜냐하면 모든 인간이 타락했기 때문이다.

하나님께서 통치자와 정부를 세우시는 것은 사실이지만 어떤 통치자나 정부도 완전할 수 없다. 완전한 형태의 정부는 존재할 수 없는데 그것은 민주주의 체제에서든 군주제에서든 통치자들은 결국 인간이기 때문이다. 인간은 타락한 존재이고, 타락한 인간은 이기적이고, 이기적인 인간은 악하다. 물론 모든 통치자들이 악한 것은 아니다. 예를 들면, 잉글랜드 역사에서 별처럼 빛나는 고결한 왕들과 여왕들이 있었다. 그렇기 때문에 잉글랜드 사람들은 고결하고 의로운 군주들이 다스렸던 과거의 찬란한 시대에 대해 향수를 가지고 있다. 물론, 잉글랜드뿐만 아니라 다른 모든 나라들도 고결하고 의로운 군주들이 다스렸던 시대들이 있을 것이다.

언젠가 사람들이 사무엘 존슨(Samuel Johnson, 1709~1784. 영국의 시인 및 평론가) 앞에서 정치와 정부의 올바른 형태에 대해 이야기를 나누고 있었다. 그들의 이야기를 듣던 사무엘 존슨은 목청을 가다듬더니 다음과 같은 유명한 말을 남겼다.

"여러분, 나는 한 나라의 정부의 형태가 어떤 것이어야 하는가 하는 문제가 별로 중요하지 않다고 봅니다. 통치자들이 의로운 사람들이라면 국민은 행복할 것입니다."

그의 이 말을 우리의 의사당에 써 붙이면 참 좋겠다. 아니, 모든 나라들의 의사당에 써 붙이면 좋겠다. 우리의 지도자들이 의로운 사람들이라면 국민은 행복할 것이다. 하지만 그들이 모두 의로운 사람들인 것은 아니다. 왜냐하면 그들도 다른 모든 사람들처럼 유혹에 약한 인간이기 때문이다.

한 성경 구절을 다른 구절들에 비추어 해석하라

베드로는 우리에게 정부에 순순히 복종하라고 명한다. 그의 이 명령을 정확히 이해하기 위해서는 베드로전서 2장 13-16절 그리고 성경의 다른 구절들에 비추어 이 명령을 해석해야 한다. 우리가 명심해야 할 것이 있다. 어떤 성경 구절에 담긴 의미를 정확히 이해하려면 그 구절 하나만 가지고 해석해서는 안 되고 다른 성경 구절들도 참고해야 한다는 것이다. 성경 구절 하나에서 진리를 찾으려고 하지 말라. 그것과 연관된 다른 구절, 또 다른 구절, 또 다른 구절, 그리고 또 다른 구절을 보라. 그러면 결국 하나님의 온전한 진리가 당신 앞에 나타날 것이다. 하나의 구절을 절대적으로 받아들이고 나머지는 모두 배제하면 세상에서 가장 황당한 교리가 탄생할 것이다.

우리가 사는 이 시대에도 사무실이나 공장에서 사람들은, 성경에 대해 아직까지 많이 알지 못하는 젊은 그리스도인을 놀리기 위해 그에게 "하나님이 없다는 말이 성경에 나온다"라고 말한다. 물론 "하나님이 없다"라는 표현 자체가 성경에 나오는 것은 사실이지만 그 표현 하나만 가지고 이야기해서는 안 된다. 그 표현의 앞뒤에 무슨 말이 나오는지도 생각해야 한다. 성경은 "하나님이 없다"라고 말하고 끝내는 것이 아니라 "어리석은 자는 그의 마음에 이르기를 하나님이 없다 하는도다"(시 14:1)라고 말한다.

어떤 사람들은 "하나님도 피조물인데 왜냐하면 어떤 다른 존재에서 유래했기 때문이다. 모든 존재는 언젠가 다른 존재로부터 유래했기 때문에 생긴 것이다"라고 말한다. 이것은 황당하기 짝이 없는 논리이다. 이것은 철저한 비판을 견뎌낼 수 있는 견실한 근거에 기초한 사상이 아니다. 다른 성경 구절들을 전부 무시하고 하나의 성경 구절에 집착하는 사람들은 아마도 이런 사상을 받아들일 것이다.

어떤 집에서 하녀로 일하는 그리스도인 여자가 집안에서 아주 멋진 보석을 보았다. 그것이 탐났던 그녀는 그것을 몰래 훔쳤다. 하지만 보석이 없어진 것을 알게 된 주인은 그녀에게 해명하라고 요구했다. 그러자 그녀는 미소 지으며 이렇게 말했다.

"나는 그리스도인입니다. 그것이 내 것이기 때문에 내가 가졌습니다."

주인은 "말도 안 되는 소리 하지 말라"라고 말했다.

하녀는 "사도 바울이 '만물이 다 너희 것임이라'(고전 3:21)라고 말하지 않았습니까?"라고 대답했다. 그녀의 논리는 만물이 다 그녀의 것이므로 자기가 그 보석을 가질 수 있다는 것이었다. 하지만 그녀는 성경 구절을 잘못 사용한 것이다.

이 하녀처럼 우리도 성경 구절을 잘못 사용할 수 있다. "인간의 모든 제도를 주(主)를 위하여 순종하되 혹은 위에 있는 왕이나 혹은 그가 악행하는 자를 징벌하고 선행하는 자를 포상하기 위하여 그의 보낸 총독에게 하라"(벧전 2:13,14)라는 말씀을 읽을 때 우리는 이 말씀이 전부라고 생각해서는 안 된다. 이 말씀이 우리가 순종해야 할 옳고 적절하고 필요한 큰 진리의 한 면을 보여주는 것은 사실이다. 하지만 이 말씀은 성경의 다른 구절들에 비추어 이해되어야 한다.

충돌하는 그리스도인

예를 들어보자. 이 말을 한 베드로 자신도 언젠가 권세자들과 충돌했다. 그가 기도하며 복음을 전했을 때 권세자들이 그를 불러 경고하여 "도무지 예수의 이름으로 말하지도 말고 가르치지도 말라"(행 4:18)라고 말했다. 그러나 베드로는 그들의 협박에 굴하지 않고 그들에게 "하나님 앞에서 너희의 말을 듣는 것이 하나님의 말씀을 듣는 것보다 옳은가 판단하라"(행 4:19)라고 말했다. 그런 다음 위축되지 않고 다시 복음을 전했다. 인간의 모든 제도를 주(主)를 위하여 순종하라고 가르친 베드로 자신도 인간의 제도가 하나님 말씀과 충돌할 때는 인간의 제도에 순종하지 않았다.

내가 주차구역에 차를 주차하고 교통법규를 지키고 소득세를 내고 국가의 법을 지키는 것은 전적으로 옳은 일이다. 그러나 만일 내가 기도하지 못하도록 하는 국가의 법이 만들어진다면, 셰익스피어의 말을 인용해 그런 법은 준수하는 것보다 어기는 것이 차라리 낫다. 기도를 금하는 법을 어길 때 나는 더 훌륭한 그리스도인이 될 수 있다.

지금 미국에는 많은 법이 있다. 사도 바울의 시대에도 많은 법이 있었다. 그 법들 중, 사람들이 선하게 살지 못하도록 하는 법이 얼마나 되었을까? 그런 법은 많지 않았을 것이다. 대개의 경우, 아무리 악한 나라들이라 할지라도 국민이 선하게 사는 것을 막는 법은 결코 많지 않다. 세상 나라의 법들도 국민이 선하고 옳고 의로운 삶을 살도록 하기 위해 만들어진다. 사람들이 비록 타락했지만 그래도 타락한 인간으로 최대한 선하게 살도록 만들기 위해 법이 만들어진다. 그러므로 세상 나라의 법과 하나님의 법이 충돌하는 경우는 그리 많지 않다. 하지만 이 두 법이 서로 충돌한다면 우리는 물론 하나님의 법을 따라야 한다.

선한 사람들만이 감옥에 들어가는 일이 벌어질 수도 있다. 사실, 감옥은 선한 사람들이 악한 사람들을 가두기 위해 만든 것인데 그것이 가능한 이유는 악한 사람들이 소수이기 때문이다. 악한 사람들을 감옥에 가두면 사회에서 활동하지 못하게 된다. 그렇기 때문에 선한 사람들이 마지못해 감옥을 만들어 악한 사람들을 가두는 것이다. 그런데 국민의 다수가 악한 사람이 될 정도로 어떤 국가가 도덕적으로나 정치적으로 타락하는 일도 일어날 수 있다. 그럴 경우에는 오직 선한 사람들만이 감옥에 있게 될 것이다. 악한 사람들이 선한 사람들의 손에서 감옥을 빼앗아 그들을 그 속에 가둔 것이다. 그런 일이 실제로 역사 속에서 일어났다. 예를 들면 러시아와 독일과 중국에서 일어났다.

그리스도인들은 언제 권세에 복종하지 말아야 하는가?

이 문제를 다룰 때 우리는 두 갈래로 나누어 생각해야 한다. 우리 그리스도인들은 사회적 관계를 규정하고 시민으로서의 의무를 규정한 법들을 반드시 지켜야 한다. 우리는 법을 어기는 자들이 되어서는 안 된다. 우리는 법을 지키면서 선하고 화목한 삶을 살아야 한다. 그렇게 살 때, 우리를 깎아내리려는 사람들의 소리를 잠재울 수 있다. 하지만 이것이 전부는 아니다. 만일 국가의 법이 하나님을 향한 우리의 의무를 실행하는 것을 방해한다면 우리는 그런 법을 어길 수밖에 없다.

다니엘은 바벨론에서 법을 지키며 선하고 정직하고 고결하게 살았다. 그는 높은 지위에 올랐다. 바벨론의 법을 지키며 또 하나님의 법을 지키며 하나님을 섬겼다. 하지만 그러던 중 어느 날, 하나님께 기도하는 것을 금하는 법이 만들어졌다. 그러나 그는 자기가 그런 국가의 법을 어겨야 하는지에 대해 고민조차 하지 않고 그 법을 어겼다. 그 법을 정면으로 어겼다. 좌(左)도 돌아보지 않고 우(右)도 돌아보지 않고 아무 망설임 없이 예루살렘을 향해 기도했다.

국가의 법을 어겼기 때문에 다니엘은 사자 굴속으로 던져졌다. 하지만 해(害)를 입지 않고 사자 굴에서 나오게 되었다. 만왕의 왕이신 전능하신 하나님께서 다니엘에게 분노한 왕을 제압하시고 다니엘을 구하셨다. 물론 역사 속에서 하나님께서 언제나 그런 식으로 일하신 것은 아니다. 무수한 순교자들이 하나님의 법을 지키기 위해 목숨을 잃었다. 그것은 하나님의 법을 악하다고 말하며 하나님의 법에 순종하지 못하도록 하는 세상의 법에 굴복하지 않았기 때문이다.

베드로는 "인간의 모든 제도를 주를 위하여 순종하되 혹은 위에 있는 왕이나 혹은 그가 악행하는 자를 징벌하고 선행하는 자를 포상하기 위하여 그의 보낸 총독에게 하라 곧 선행으로 어리석은 사람들의 무식한 말을 막으시는 것이라"(벧전 2:13-15)라고 가르친다. 이렇게 성경은 우리에게 지극히 분명한 원리를 가르쳐준다. 누구도 부인할 수 없을 만큼 분명한 이런 원리 때문에 우리는 결코 잘못된 길로 들어설 수 없다.

인간이 만든 법이 하나님의 법과 충돌하지 않는다면, 그리스도인들은 당연히 인간의 법을 지켜야 한다. 그러나 그 법이 하나님의 법에 어긋난다면, 우리는 즉시 그 법을 따르지 말아야 한다. 만일 워싱턴의 정치인들이 복음 전파를 금하는 법을 만든다면 복음을 전하고 감옥에 가는 것이 우리의 고결한 의무가 된다. 물론 미국에 그런 법이 없으므로 이런 문제가 생기지 않는 것에 대해 우리는 하나님께 감사한다.

세상의 법과 하나님의 법이 충돌할 때 우리는 후자를 택해야 한다. 그 이유는 하나님께서 만유보다 크시기 때문이요, 그리스도께서 모든 나라들과 법들 위에 계시기 때문이다. 그런데 우리가 경계해야 할 것이 있다. 그것은 기독교를 국유화(國有化)하려는 시도이다. 기독교를 정치와 결탁시켜서 그리스도의 복음을 정치적 목적에 이용하는 것은 지극히 위험한 일이다. 그런 일이 결코 일어나서는 안 된다. 진리는 그 자체가 주인 노릇을 해야 한다. 진리가 진리 밖의 어떤 다른 목적을 위한 도구로 전락해서는 안 된다.

어떤 사람들은 정의를 정치적 목적에 이용한다. 또 어떤 사람들은 기독교를 특정 형태의 정부와 혼동하거나 동일시하여 어떤 하나가 다른 하나를 위한 수단이 되게 만든다. 이런 것들은 언제나 악한 것이다. 아돌프 히틀러는 기독교를 국가를 위한 도구로 이용하려고 시도했지만 결국 몰락했다. 스탈린 역시 똑같은 시도를 했다가 결국 몰락했다. 주권적 왕이신 전능의 하나님께서는 보잘것없는 인간들이 진리를 이용하여 자신들의 이기적인 목적을 이루려는 시도를 결코 용납하지 않으신다. 따라서 기독교를 특정 정치사상과 동일시해서는 안 된다. 미국의 정치와 동일시해서는 안 된다. 그 밖의 어떤 이념이나 주의(主義)와 동일시해서도 안 된다. 만일 그렇게 한다면 그것은 그리스도를 완전히 오해하는 것이요, 하나님의 속량의 계획을 잘못 해석하는 것이다.

만유를 초월하는 그리스도의 나라

그리스도께서 베들레헴에서 태어나시기 전 또는 그리스도께서 십자가에서 돌아가시기 전에 민주주의가 존재했다. 역사적으로 볼 때, 민주주의가 없는 나라들에서도 기독교는 번성했다. 그러므로 기독교와 민주주의가 동일한 것은 아니다. 물론, 사랑을 강조한 기독교 복음의 영향 때문에 사람들의 마음이 순화되고 개인이 존중되고 현재 우리가 자유를 누리는 것은 사실이다. 기독교가 사람들의 마음을 순화하고 인자하게 만들었기 때문에 현재 우리는 소위 '자유세계' 안에서 살아가고 있다. 그렇지만 기독교를 '자유세계'와 동일시해서는 안 된다.

교회는 온갖 형태의 정부들을 초월한다. 예수님께서는 마지막 때에 민족이 민족을, 나라가 나라를 대적하여 일어날 것이라고 말씀하셨다(막 13:8 참조). S. 베어링 굴드(S. Baring Gould, 1834~1924. 잉글랜드의 《성인전》작가)가 만든 찬송가 '믿는 사람들은 주의 군사니'에는 다음과 같은 가사가 나온다.

세상 나라들은 멸망당하나
예수 교회 영영 왕성하리라

지옥 권세 감히 해치 못함은
주가 모든 교회 지키심이라

　마태복음 25장 31-33절에서 예수님은 "인자가 자기 영광으로 모든 천사와 함께 올 때에 자기 영광의 보좌에 앉으리니 모든 민족을 그 앞에 모으고 각각 구분하기를 목자가 양과 염소를 구분하는 것 같이 하여 양은 그 오른편에 염소는 왼편에 두리라"라고 말씀하셨다. 이렇게 양과 염소를 구별하신 후 예수님은 그들에게 복과 저주의 말씀을 선포하실 것이고 또 세상 모든 나라들 위에 높이 서실 것이다.
　우리는 미국이라는 나라에서 신앙적 순례의 길을 가고 있는 그리스도인들이다. 국수주의적(國粹主義的) 편견 없이 솔직히 말하건대, 나는 미국이 현재 지구상에서 가장 훌륭한 나라라고 믿는다. 나는 이런 나라에서 신앙생활을 할 수 있는 것에 대해 감사한다. 그렇지만 기독교가 미국에서만 번성한 것은 아니다. 로마황제의 궁전에서도 번성했고, 이교도들의 번득이는 칼날 앞에서도 번성했다. 현재 중국에서도 왕성하게 성장하고 있다. 그렇지 않다고 주장하는 사람들도 있지만 그들은 사실을 잘 모르고 말하는 것이다. 물론 중국의 지하교회가 성장하고 있는 것이다. 러시아에도 긴 부츠를 신고 금욕생활을 하면서 러시아 정교회를 지키는 나이 많은 사람들이 있다. 그들은 우리처럼 전능하신 하나님 아버지와 하나님의 독생자 우리 주 예수 그리스도를 믿는 사람들이다.
　그리스도의 복음은 온갖 종류의 주의(主義)들과 정치적 입장들과 정당들을 초월한다. 소용돌이같이 어지러운 세상 속에 살면서 우리는 우리가 보기에 제일 좋은 정당을 지지하고 권세에 복종하고 법을 지키며 살기 위해 최선을 다한다. 하지만 우리는 우리가 이 땅에 단지 잠깐만 머물 뿐이라는 것을 잘 안다. 우리는 우리 주변에서 볼 수 있는 '정치적 선(善)'이 기독교와 동일시되어서는 안 된다는 것을 잘 안다. 그런 정치적 선은 하나님께서 자신의 주권적 계획 가운데 말세를 위해 우리에게 허락하신 것이다. 하나님께서 우리에게 풍성한 물질적 번영을 허락하신 이유는 우리의 물질을 사용해 말세에 복음을 전하도록 하기 위함이다. 하나님께서 우리에게 정치적 자유를 주신 목적은 우리가 말세에 세계 각지로 선교사들을 파송하도록 하기 위함이다.

그러나 미국의 정치체제와 기독교가 동일한 것은 아니다. 하나님나라는 어떤 특정 나라와 동일시될 수 없다. 하나님나라의 울타리는 온 인류를 포함하고도 남을 만큼 넓다. 하나님나라의 머리요 왕은 인자(人子)이시다.

하나님의 부르심을 받아 모인 우리 그리스도인들은 새로운 피조세계를 이룬다. 히브리서는 "그러나 너희가 이른 곳은 시온 산과 살아 계신 하나님의 도성인 하늘의 예루살렘과 천만 천사와 하늘에 기록된 장자들의 모임과 교회와 만민의 심판자이신 하나님과 및 온전하게 된 의인의 영들과 새 언약의 중보자이신 예수와 및 아벨의 피보다 더 나은 것을 말하는 뿌린 피니라"(히 12:22-24)라고 말한다. 새로운 피조세계는 국가와 언어와 인종을 초월하여 시온 산, 즉 살아 계신 하나님의 도성에 이른다.

나는 그리스도인들이 이 모든 것을 제대로 이해하기를 바란다. 나는 그리스도인들이 이 모든 것에 대해 감사하지 않는 죄를 범하지 않기를 원한다. 그들이 이 모든 것을 대수롭지 않게 여기는 죄를 범하지 않기를 바란다. 나는 그들이 투옥의 위협이나 생명의 위협 없이 복음을 전할 수 있는 정치적 자유를 누리는 것에 대해 하나님께 감사하기를 원한다. 하지만 무엇보다 나는 그들이 복음을 통해 국경을 초월하는 새로운 피조세계의 왕국으로 들어와 하나님의 자녀가 된 것에 대해 감사하기를 원한다.

CHAPTER 12

어떤 해(害)도 당하지 않는 존재가 그리스도인이다

"또 너희가 열심으로 선을 행하면 누가 너희를 해하리요"(벧전 3:13).

이것은 수사 의문문이다. 당신도 잘 알겠지만, 수사 의문문이라는 것은 그 자체에 대답을 포함하고 있는 것이다. 그러므로 수사 의문문에 대한 대답을 알려고 굳이 애쓸 필요가 없다. "너희가 열심으로 선을 행하면 누가 너희를 해하리요"라는 말 속에는 "너희가 열심으로 선을 행하면 아무도 너희를 해하지 못한다"라는 뜻이 들어 있다. 이와 관련하여 로마서 8장 33-39절은 우리에게 시사하는 바가 많다.

"누가 능히 하나님께서 택하신 자들을 고발하리요 의롭다 하신 이는 하나님이시니 누가 정죄하리요 죽으실 뿐 아니라 다시 살아나신 이는 그리스도 예수시니 그는 하나님 우편에 계신 자요 우리를 위하여 간구하시는 자시니라 누가 우리를 그리스도의 사랑에서 끊으리요 환난이나 곤고나 박해나 기근이나 적신이나 위험이나 칼이랴 기록된바 우리가 종일 주를 위하여 죽임을 당하게 되며 도살당할 양같이 여김을 받았나이다 함과 같으니라 그러나 이 모든 일에 우리를 사랑하시는 이로 말미암아 우리가 넉넉히 이기느니라 내가 확신하노니 사망이나 생명이나 천사들이나 권세자들이나 현재 일이나 장래 일이나 능력이나 높음이나 깊음이나 다른 어떤 피조물이라도 우리를 우리 주 그리스도 예수 안에 있는 하나님의 사랑에서 끊을 수 없으리라"(롬 8:33-39).

이 구절에는 '누가'라는 말이 세 번 나오는데 나는 이 표현을 강조하고 싶다. 그것은 이 표현을 통해 성령께서 무엇을 말씀하시려는지 당신이 깨닫도록 하기 위함이다. 이 구절에서 성령께서는 "누가 능히 하나님께서 택하신 자들을 고발하리요"(33절), "누가 정죄하리요"(34절), "누가 우리를 그리스도의 사랑에서 끊으리요"(35절)라고 말씀하신다. '누가'라는 말은 기본적으로 인격적 존재를 가리키는 인칭대명사이다. 그런데 '누가'라는 말로 시작된 성령의 말씀은 "내가 확신하노니 사망이나 생명이나 천사들이나 권세자들이나 현재 일이나 장래 일이나 능력이나 높음이나 깊음이나 다른 어떤 피조물이라도 우리를 우리 주 그리스도 예수 안에 있는 하나님의 사랑에서 끊을 수 없으리라"(38, 39절)라는 말씀으로 이어진다.

여기서 알 수 있듯이, '누가'라고 말씀하실 때 성령께서는 그리스도인들에게 해를 끼칠 수 있는 인격적 존재뿐만 아니라 그들에게 해를 끼칠 수 있는 사물에 대해서도 언급하시는 것이다. 따라서 정리해서 이야기하자면, 선한 그리스도인들에게 그 누구도 그 무엇도 어떤 상황도 해를 끼칠 수 없다.

해(害)란 무엇인가?

해를 당한다는 것은 무엇을 뜻하는가? 나는 독자들이 이해하지 못할 수도 있는 말을 사용하기를 원하지 않는다. 내가 어떤 단어를 A라는 뜻으로 사용하는데 그들이 그것을 B라는 뜻으로 이해한다면 우리는 서로 모르는 외국어로 대화하는 꼴이 되고 말 것이다. 따라서 나는 내가 사용하는 '해를 끼치다'라는 말 또는 '해를 당하다'라는 말의 의미를 분명히 밝히고 싶다. 나는 웹스터 사전을 찾아보지 않고 내 나름대로 이 단어를 정의해 사용한다.

내 정의에 따르면, '해를 끼치다'라는 말은 첫째, "가치를 떨어뜨리다"라는 뜻이 있다. 만일 금을 은으로 변화시켜 그것의 가치를 떨어뜨린다면 그것은 금에게 해를 끼친 것이다. 만일 은을 쇠로 변화시켜 그 가치를 떨어뜨린다면 그것은 은에게 해를 끼친 것이다. 쇠를 납으로 만들어서 그것의 가치를 떨어뜨리면 쇠에게 해를 끼치는 것이며, 납을 진흙으로 만들어 가치를 떨어뜨리면 납에게 해를 끼치는 것이다. 사람이나 사물에게 해를 끼친다는 것은 그 사람이나 사물의 가치를 떨어뜨리는 것이다.

'해를 끼치다'라는 말에 대한 나의 두 번째 정의는 "규모나 수량을 줄이다"라는 것이다. 여기에 사무실을 천 개 가지고 있는 건물이 있다고 해보자. 만일 화재나 폭격이나 지진 때문에 이 건물과 부속 건물이 파괴되어 사무실이 50개로 줄었다면 이 건물은 해를 당한 것이다. 왜냐하면 이 건물의 규모가 축소되었기 때문이다.

'해를 끼치다'라는 말에 대한 나의 세 번째 정의는 "우리의 사명을 완수하지 못하도록 막다"라는 것이다. 대부분의 사람들이 깨닫지 못하는 사실이 하나 있는데 그것은 그들이 나름대로 훌륭한 존재라는 것이다. 하나님은 인간을 하나님의 형상대로 지으셨다. 우리에게는 우리가 이루어야 할 사명이 있는데 우리가 그 사명을 이루지 못하도록 방해를 받아 좌절한다면 우리는 해를 당한 것이다. 무언가가 우리의 몫으로 주어진 사명의 성취를 방해한다면 그것은 우리에게 해를 끼친 것이다. 하나님께서는 우리 모두에게 사명을 주셨다. 그런데 우리가 잘못 생각하여 그 사명을 이루지 못한다면 우리는 해를 당한 것이다. 즉, 우리의 가치가 떨어진 것이다. 어떤 상황이나 사물이나 사람 때문에 내가 방해를 받아 하나님의 영원한 계획에서 옛날만큼 중요성을 갖지 못한다면 나는 마치 평가 절하된 화폐처럼 가치가 떨어진 것인데, 이럴 경우 나는 해를 당한 것이다.

나의 이런 정의에 따를 때, 나는 선한 것을 따르는 선한 사람들은 그 무엇에게도 해를 당할 수 없다고 말할 수 있다. 그 무엇도 그들의 가치를 떨어뜨릴 수 없다. 그 무엇도 그들의 규모를 축소시킬 수 없다. 그 무엇도 그들의 사명 완수를 막을 수 없다. 그 무엇도 그들이 하나님께 받은 과업의 성취를 막을 수 없다. 그 무엇도 하나님과 온 세상 앞에서 그들의 가치를 떨어뜨릴 수 없다. 그들은 해를 당할 수 없다. 그들의 가치를 떨어뜨리고 그들을 끌어내리는 것이 있다면 그것은 오직 죄뿐이다. 그러므로 그들이 죄를 처리한다면 그 밖의 그 무엇도 그들에게 해를 끼칠 수 없다. 세상 사람들이 그들에게 무슨 짓을 한다 할지라도 그들은 결코 위축되지 않는다. 그들은 더 작아질 수 없다.

몇 년 전 더글러스 맥아더(Douglas MacArthur, 1880~1964. 미국 군인으로 1945년 일본을 항복시켰고, 6·25전쟁 때에는 UN군 최고사령관으로 인천상륙작전을 지휘했다)는 어떤 사람에 대해 "그 사람은 자기의 직책을 감당할 수 있을 만큼 커지려고 노력하지만 사실 날마다 자꾸 작아진다"라고 날카롭게 지적한 바 있다. 당신이 당신 자신을 자꾸 작게 만드는 일이 실제로 일어날 수 있다. 그렇게 한다면 당신은 스스로의 가치를 떨어뜨리는 것이다. 다시 말하지만, 당신 자신에 의해 당신의 규모가 축소되고 당신의 도덕적 수준이 떨어질 수 있다. 어떤 사람도 당신을 그렇게 만들 수 없다. 이 세상의 그 무엇도 그렇게 만들 수 없다. 온 세상의 모든 것들이 동원된다 할지라도 그렇게 만들 수 없다.

무엇이 그리스도인에게 해를 끼칠 수 있는가?

우리 인간이 하나님의 형상으로 창조된 존재라는 점을 다시 한번 더 깊이 생각해보라. 사실, 우리는 우리가 생각하는 것보다 고상한 존재이다. 내가 종종 말했듯이, 병적인 겸손이란 것이 있다. 그런 겸손은 사실 전능하신 하나님의 영광을 가린다. 하나님께서는 나를 죄 밖에서 하나님의 형상에 따라 지으셨다. 내가 변명해야 할 것은 전혀 없다. 먹을 것을 훔쳐서 살금살금 걸어가는 개처럼 기어와 "내가 살아 있는 것을 용서하십시오. 이번 일만 끝나면 나는 죽을 것입니다. 나는 무용지물이고 쓰레기 같은 존재입니다"라고 말하는 것은 '타락한 겸손'이다. 이런 거짓 겸손은 전능하신 하나님의 영광을 깎아내린다. 오, 그대여, 당신이 누구이기에 그대를 만드신 토기장이를 욕되게 하는가? 지음을 받은 물건이 지은 자에게 "어찌 나를 이같이 만들었느냐?"라고 말하겠는가?

하나님께서는 인간을 천사보다 높은 존재로 만드셨는데, 이것은 천사에게 하지 않은 말씀을 인간에게 하셨다는 사실과 인간을 하나님의 형상대로 지으셨다는 사실에서 잘 드러난다. 하지만 우리가 유감스럽게 여기며 부끄러워해야 할 것이 단 하나 있다. 그것은 죄가 우리 안에 있는 하나님의 형상을 망쳐놓은 것이다. 아무튼 우리에게는 인간으로서 가져야 할 사명과 높은 도덕적 소명이 있다. 그렇다면 그것을 누가 바꿀 수 있는가? 당신 안에 있는 형상을 누가 없애버릴 수 있는가? 하나님께서 본래 의도하셨던 그런 존재가 되지 못하도록 막는 것은 오직 당신 자신과 당신의 죄이다.

다시 말하지만, 우리에게는 하나님께서 부여하신 과업이 있다. 그런 과업은 누구에게나 있다. 나는 온 인류를 '어린 고아 애니' (Little Orphan Annie, 해롤드 그레이가 지은 미국 만화의 주인공)라고 보는 사상에 결코 동의하지 않는다. 어떤 사람들은 "인간은 어려서 이미 고아가 된 존재이다. 닻줄이 끊어져 바람에 밀리고 조류에 떠밀리며 표류하는 선박 같은 존재이다. 우리에게는 고향도 없고 거처도 없고 시작과 끝도 없다"라고 말한다. 그러나 이런 사람들의 사상은 이신론(理神論)이거나 불가지론이지 기독교의 성경적 사상이 아니다. 성경은 주권적 하나님께서 인간의 길을 정해 놓으셨다고 가르친다.

성경의 가르침에 따르면, 하나님께서는 당신과 나를 하나님의 눈동자보다 더 소중히 여기신다. 성경은 하나님께서 세상을 사랑하여 자신의 독생자를 주셨다고 증거한다. 성경에 따르면, 삼위일체 하나님의 제2위이신 예수 그리스도께서 우리를 속량하기 위해 죽을 수밖에 없는 인간의 육신으로 이 땅에 오셨다고 한다. 하나님께서 인간이 아닌 어떤 다른 피조물을 위해 자신의 독생자를 보내신 것이 아니다. 인간이 무한히 가치 있기 때문에 인간을 위해 그분을 보내신 것이다. 그 누구도 인간의 무한한 가치를 깎아내릴 수 없다. 인간을 인간 이하로 끌어내릴 수 있는 존재는 아무도 없다. 그렇게 할 수 있다고 믿는 자는 지극히 불행한 착각 속에 빠져 있는 것이다. 우리의 가치를 위축시키는 일은 있을 수 없다. 누구도 그렇게 할 수 없다. 이것이 우리의 확고한 신념이다.

내가 이렇게 이야기하니까 혹자는 "토저 목사님, 그렇다면 혹시 목사님은 만인이 구원을 얻는다고 믿는 보편구원론을 믿는 것입니까?"라고 말할지 모르겠다. 분명히 말하지만 나는 보편구원론을 믿지 않는다. 다만 나는 어떤 외적 상황도 내게 해를 끼칠 수 없다고 믿을 뿐이다. 이 세상 그 누구도 나의 가치를 떨어뜨리거나 내게 상처를 줄 수 없다. 그렇게 할 수 있는 존재는 바로 나 자신뿐이다. 다시 말하지만, 그 누구도 나를 해할 수 없고 다만 나 자신이 그렇게 할 수 있을 뿐이다. 나 자신을 살피고 경계하지 않으면 내가 나를 해할 수 있다.

마귀의 유혹 때문에 그리스도인이 해를 당할 수 있는가?

나는 그 누구도 내게 해를 끼칠 수 없다고 믿을 뿐만 아니라 그 누구도 어떤 다른 사람에게 해를 끼칠 수 없다고 믿는다. A라는 사람이 B라는 사람을 주먹으로 치는 것을 보고 우리는 "A가 B에게 상처를 입혔다"라고 말한다. C가 D를 비방하는 것을 듣고 우리는 "C가 D의 명예를 훼손했다"라고 말한다. 그러나 이렇게 말할 때 우리는 사실을 정확히 표현하지 못하고 있는 것이다. 왜냐하면 누구도 어떤 다른 사람에게 해를 끼칠 수 없기 때문이다. 사람은 오직 자기의 앞길에 유혹의 걸림돌을 놓아 스스로에게 해를 끼칠 뿐이다.

나의 이 말을 뒷받침해줄 수 있는 예를 성경에서 찾아보자. 우리가 잘 알듯이, 아담과 하와가 에덴동산에서 살았다. 나의 말을 여기까지 듣고 당신의 생각이 내 말을 앞질러 가서 내게 "목사님, 무슨 말씀을 하시려는 것인지 알 것 같은데 … 마귀가 아담과 하와에게 해를 끼친 것이 아닙니까?"라고 말하고 싶은가?

내 이야기를 들어보라. 분명히 말하지만 마귀가 아담과 하와에게 해를 끼친 것이 아니다. 마귀는 그들이 그들 자신에게 해를 끼치는 방법을 말해주었을 뿐이다. 다만 아담과 하와가 어리석었기 때문에 그의 말을 받아들인 것이다. 만일 그들이 그들의 경건 위에 굳게 서서 하나님을 믿었다면 그들 중 누구도 해를 당하지 않았을 것이며, "마귀가 그들에게 해를 끼쳤다"라는 말도 나오지 않을 것이다. 사람들이 마귀가 들어올 수 있도록 문을 열어주지 않는다면 마귀는 그들에게 아무 해도 끼칠 수 없다.

첫 아담을 유혹해 스스로에게 해를 끼치도록 만든 마귀는 그 후 두 번째 아담에게 찾아와 그의 사악한 계획을 실행에 옮기기 시작했다. 마귀는 두 번째 아담을 상대로 어디까지 성공했는가? 전혀 성공하지 못했다. 왜냐하면 두 번째 아담은 자신에게 해를 입히지 않으셨기 때문이다. 첫 아담은 자신에게 해를 가했지만 두 번째 아담, 즉 우리 주 예수 그리스도는 그렇게 하지 않으셨다. 예수님은 자신의 거룩함 위에 굳게 서서 "기록되었으되"라고 말씀하심으로써 마귀의 유혹을 물리치셨다. 두 번째 아담, 즉 마지막 아담으로 하여금 스스로에게 해를 가하도록 만들려는 시도가 실패로 돌아가자 마귀는 부끄러워하며 예수님에게서 물러갔다. 예수 그리스도는 마귀에게 속지 않으셨다. 그분은 유혹에 넘어가지 않으셨다. 그러므로 그 누구도, 심지어 마귀도 예수 그리스도께 해를 끼칠 수 없었다.

나는 마귀를 많이 의식하면서 살아오지 않았다. 어두운 세계와 교류하는 사람들을 볼 때마다 나는 약간 섬뜩함을 느낀다. 나는 어두운 세계를 찾아가는 것이 옳다고 보지 않는다. 연구를 위해서라도 그렇게 해서는 안 된다. 우리는 그런 세계를 멀리해야 한다. 머리에 누더기 두건을 두르고 보도 아래에 있는 더러운 구덩이에서 점을 친다는 노파를 가까이하지 말라. 그녀를 혼자 있게 내버려 두어라. 어찌하여 그녀를 찾아가는가? 그녀에게 복음을 전할 것이 아니라면 무엇 때문에 그 더러운 구덩이로 내려가는가? 도대체 무엇을 위해 그녀가 있는 곳으로 가려고 하는가? 어찌하여 살인자, 난봉꾼, 마약복용자, 무장 강도 같은 사람들 주변에서 얼쩡거리는가?

그런 사람들을 가까이하지 말라. 그런 사람들 때문에 신경이 곤두서는 일이 없도록 하라. 그런 사람들과는 아예 담을 쌓고 살아라.

왜 우리가 항상 마귀를 의식해야 하는가? 나는 마귀의 입김이 느껴질 정도로 마귀와 자주 접하기 때문에 항상 "오, 주여! 저를 구하소서"라고 필사적으로 기도하는 사람들을 만나보았다. 내가 볼 때 그들에게는 문제가 있다. 물론, 신앙생활을 하다보면 신앙인들이 하나님 앞에 무릎을 꿇고 간절히 기도하지 않으면 안 될 정도로 마귀와 맹렬히 싸우는 경우가 몇 번은 있을 것이다. 그러나 그렇지 않은 보통의 경우에는 마귀를 잊어버리고 하나님의 아들의 영원한 승리를 의식하며 살아야 할 것이다. 그렇게 하면 마귀는 상심해 아무 힘도 발휘하지 못할 것이다.

다시 말하지만, 당신 이외의 누구도 당신에게 해를 가할 수 없다. 앞으로 나가고 있는 당신이 뒤를 돌아보면, 마귀가 당신을 따라잡을 것이라는 생각이 들 것이다. 그러나 선한 사람이 해를 당할 수 없다고 굳게 믿어라. 그러면 마귀가 결코 당신을 따라잡지 못할 것이다.

그리스도인이 신체적 해를 당할 수 있는가?

사람들은 자신들이 몇 가지 점에서 해를 당할 수 있다고 믿지만 사실은 그렇지 않다. 그들이 잘못 생각하고 있는 것이다. 신체적 부상 때문에 해를 당한다고 생각하는 사람들이 있지만 나는 그들의 생각에 동의하지 않는다. 그리스의 철학자 에피쿠로스는 매우 설득력 있는 말을 했다. 그는 "외적인 부상과 해(害)에 대해 걱정하는 것은 소용없는 짓이다. 나는 죽어야 한다. 어차피 죽어야 한다면 내가 투덜대며 죽을 필요가 있는가? 나는 옥에 갇혀야 한다. 어차피 옥에 갇혀야 한다면 굳이 한탄할 필요가 있는가? 나는 유배지로 보내져야 한다. 그렇다 할지라도 내가 웃으며 그곳으로 가지 못할 이유는 없다. 제우스라도 내 자유로운 영혼을 지배할 수는 없다"라고 말했다.

권세자들이 에피쿠로스에게 "너를 투옥할 것이고 네 보잘 것 없는 몸뚱이를 단두대로 보낼 것이다"라고 위협했을 때 그는 "내가 단두대의 칼에 맞아도 목이 잘리지 않은 유일한 사람이라고 너희에게 말한 적이 있느냐?"라고 응수했다. 놀랍지 않은가? 이 세상의 그 누구도 이렇게까지 나오는 사람을 감히 어떻게 하지 못할 것이다. 그러나 불행하게도, 에피쿠로스처럼 지혜롭게 생각하는 그리스도인들이 별로 없는 것 같다. 인도차이나 반도나 콜롬비아에서 선교사가 투옥되었다는 소식이 들리면 그리스도인들은 그것을 대서특필하면서 "그 선교사가 해를 당했다"라고 떠들어댄다.

우리는 육체를 다치는 것이 해를 입는 것이라고 생각하지만 사실은 그렇지 않다. 인류 역사의 초기에 일어난 아벨의 죽음을 예로 들어보자. 아벨이 신령한 사람이었기 때문에 그의 형 가인은 그를 싫어했다. 가인은 아벨을 들로 데리고 나가 공격했다. 그 사건에 대해 성경에 자세한 기록이 나오지 않기 때문에 잘 알 수는 없지만, 아마도 가인이 아벨을 죽일 의도는 없었을 것이다. 아마 그를 실컷 두들겨 패는 것이 목적이었을 것이다. 하지만 자기의 힘이 얼마나 센지 몰랐던 가인은 그 자리를 떠났고, 아벨은 결국 홀로 남겨진 채 죽고 말았을 것이다. 그 후 가인은 아벨의 시체 위에 나뭇잎을 덮어서 자신의 죄를 은폐했을 것이다. 나뭇잎 아래에 누워 있는 아벨의 몸에서 흘러나오는 피는 하나님께 복수를 호소했다. 그렇다면 가인이 아벨을 쳐 죽인 사건에서 아벨이 해를 당한 것인가? 그의 육신의 죽음 때문에 하나님께서 그를 덜 귀하게 여기셨는가? 그렇지 않다. 죽기 전과 마찬가지로 죽은 후에도 그는 여전히 큰 믿음의 사람이었다. 보기 흉하게 된 그의 몸이 비록 나뭇잎과 흙더미 아래에 누워 있었지만 그는 여전히 위대한 사람이요 강한 사람이요 중요한 사람이었다.

우리가 잘 알듯이 스데반은 돌에 맞아 순교했다. 무지막지한 돌들이 스데반의 갈비뼈와 머리를 강타하여 결국 그를 죽음에 이르게 했을 때, 그는 해를 당한 것인가? 결코 그렇지 않다. 사람들은 스데반의 몸을 상하게 했지만 그에게 해를 입히지는 못했다. 그의 육신을 죽였지만 그의 영혼에는 손을 대지 못했다. 스데반에게 해를 끼칠 수 있는 사람은 아무도 없다. 그는 선한 것을 따르는 사람이었다. 성령과 지혜가 충만한 사람이었다. 성령께 해를 끼칠 수 없고 지혜에게 해를 가할 수는 없다. 그러므로 죽임을 당하기 전과 마찬가지로 스데반은 하나님이 보시기에 여전히 귀한 사람이요 여전히 훌륭한 사람이요 여전히 큰사람이었다.

사도행전 12장을 보면 야고보가 칼로 죽임을 당했다는 기록이 나온다. 그가 칼로 죽임을 당했기 때문에 해를 당한 것인가? 결코 그렇지 않다. 헤롯이 한 일은 야고보의 머리를 그의 몸에서 분리시킨 것에 불과하다. 사실 그때 야고보에게는 그의 머리가 필요 없었다. 우리의 머리가 별로 필요 없는 것임을 알게 된다면 우리는 그 텅 빈 머리를 애지중지하지 않을 것이다.

사실, 우리의 머리는 대단한 것이 아니다. 전능하신 하나님께서는 우리가 심장의 힘으로 뛰고 일하고 걷도록 만드셨다. 성경은 하나님께서 사람의 코에 생기를 불어넣으셨을 때 사람이 '살아 있는 머리'가 되었다고 말하지 않고 사람이 '살아 있는 영(靈)' 즉, 생령이 되었다고 말한다. 하나님께서 인간의 머리에게 주신 기능은 조종석의 기능이다. 머리라는 조종석을 이용해 우리는 이 땅에 살 때 어려움을 피하고 생활의 편의를 도모한다. 하지만 우리는 그런 것에 머물고 마는 존재가 아니라 영적 존재이다. 하나님은 우리를 영으로 만드셨는데 누구도 그 영에는 손을 댈 수 없다. 사람들이 바울이나 베드로를 핍박했지만 그들의 영을 어떻게 할 수는 없었다.

의인들의 영혼은 하나님 안에 있다

초대교회의 그리스도인들은 염소 가죽을 입고 유리하고 사막과 산과 동굴에서 궁핍을 견디며 살았다. 왜냐하면 극심한 핍박을 받았기 때문이다. 그런데 그 핍박은 외부로부터 온 것이었다. 핍박이 그들의 내면을 좌지우지할 수 없었다. 기독교의 특징은 내면성이다. 즉, 하나님의 나라가 우리 안에 있다는 것이 기독교의 특징이다. 우리가 중요한 존재인 것은 바로 내면성 때문인데 핍박은 오직 외적인 것들에만 영향을 줄 수 있다. 핍박하는 자들은 우리 영혼의 깊은 곳에 전혀 도달할 수 없다. 그들은 우리에게 아무 힘도 발휘할 수 없다.

초대교회의 그리스도인들이 염소 가죽을 입고 유리했기 때문에 고운 옷을 입은 빌라도 같은 사람들보다 가치가 떨어졌는가? 결코 그렇지 않다. 고운 옷이나 염소 가죽이나 모두 몸에 걸치는 것일 뿐이다. 사람의 가치는 내면에 있지 외적인 것들에 있지 않다.

몇 년 전 선교사들이 순교하는 일이 벌어졌다. 그 후 5년 동안 저술가들, 늙은 시인들 그리고 눈물을 흘리며 띄엄띄엄 말하는 설교자들이 그 사건에 대해 많이 언급했다. 그 선교사들은 그리스도를 위해 죽은 것이다. 하지만 그들은 해를 당한 것이 아니다. 박해자들은 그들로 하여금 무릎을 꿇고 고개를 내밀게 만든 다음 그들의 머리를 베었을 뿐이다. 하지만 그들의 영혼에는 전혀 손을 대지 못했다. 그들의 머리를 베었지만 그들 존재의 본질에 대해서는 속수무책이었다. 이제 그들은 주님과 함께 있다. 의인들의 영혼은 하나님의 손안에 있기 때문에 절대 해를 당할 수 없다.

그들의 몸이 상한 것은 일시적인 일에 불과했다. 사실, 하나님께서는 그들 앞에 닥칠 수도 있었던 고난 전에 미리 그들을 데려가신 것이다. 그러므로 그들이 본향으로 간 것은 패배가 아니라 승리이다. 우리가 이 땅에 두 발을 딛고 살며 우리의 믿음이 저 파란 창공을 뚫고 올라가지 못하기 때문에 우리는 세상 사람들처럼 생각하고 평가한다. 다시 말해, 하나님께로부터 오는 가치관이 아니라 아담에게서 오는 가치관을 가지고 살아간다. 신앙인이 믿음의 전쟁터에서 의무를 수행하다가 죽었다는 이야기를 들으면 우리는 법석을 떤다. 그러나 그런 일이 일어나면 법석을 떨지 말고 오히려 마음에 평안을 가지고 "높이 계신 예수님께 호산나! 또 한 사람이 하나님의 평안으로 들어갔도다. 이 고난의 세상에서 벗어나 하늘로 올라가 임마누엘의 품에 영원히 안겼도다"라고 찬양해야 한다. 어떤 사람이 죽임을 당한다 할지라도 해를 당한 것은 아니다. 그가 그리스도인이라면 말이다.

그리스도인이 비난 받는 것이 해를 당하는 것인가?

비방을 당하는 문제에 대해 생각해보자. 어떤 사람들은 비방을 당하는 것 때문에 신경이 곤두서고 애를 태운다. 그렇다면 그리스도께서 비방을 당하셨기 때문에 해를 당하신 것인가? 사람들은 그리스도께서 귀신이 들렸다고 비방했고, 그리스도에 대해 여러 가지 악한 말들을 했다.

하지만 그리스도께서는 그런 것 때문에 전혀 해를 당하지 않으셨다. 그런 것 때문에 그리스도를 향한 하나님의 사랑이 변한 것이 아니었다. 그런 것 때문에 그리스도의 마음과 머리에서 면류관이 사라진 것이 아니었다. 그런 것 때문에 그리스도께서 전보다 작아진 것이 아니었다. 그런 것 때문에 그리스도의 영혼의 한 부분이 위축된 것이 아니었다. 그런 것 때문에 그리스도께서 해를 당하신 것은 결코 아니었다. 따라서 우리도 남들의 비방 때문에 해를 당할 수 없다.

시대를 초월하여 모든 선인(善人)들이 당해야 했던 것들 중 하나가 바로 언어적 학대이다. 가인이 아벨을 죽이기 전에도 가인은 그를 많이 꾸짖고 야단쳤을 것이다. 즉, 그에게 언어적 학대를 가했을 것이다. 역사가 말해주듯이, 의인들은 불의한 자들의 학대에 시달려야 했다. 두 번 태어난 자들은 한 번 태어난 자들의 언어적 폭력에 그대로 노출되어 있었다.

인류는 죄 때문에 아주 많은 것들을 잃어버렸지만 언어 사용의 능력은 잃어버리지 않았다. 죄인들은 성도만큼 유창하게 말할 수 있다. 사실, 성도보다 더 유창하게 말할 수 있는데 그것은 제약을 받지 않고 자기 마음대로 말할 수 있기 때문이다. 죄인들의 말에 응수할 때 성도는 조심해야 한다. 왜냐하면 그리스도인으로서 함부로 말하면 안 되기 때문이다. 하지만 죄인들이 성도를 괴롭히겠다고 마음먹으면 아무런 제약을 받지 않고 자기 마음대로 말할 수 있다.

죄인들이 당신에게 욕하는가? 그것이 당신이 성도임을 확인시켜주는 소리라고 생각하라. 죄인들에게서 언어 사용의 능력이 사라지지 않았다는 것을 기억하라. 죄인들은 여전히 당신에게 욕하고 악한 말들을 하겠지만, 그것이 까마귀가 깍깍 거리는 소리라고 생각하라. 말라죽은 참나무 가지에 앉은 까마귀는 비둘기를 보자마자 온갖 험한 말을 쏟아낸다. 하지만 비둘기는 응수할 수 없다. 그것은 그가 비둘기이기 때문이다. 다만 그는 자기의 핑크빛 발을 내려다보며 비둘기답게 작고 부드러운 소리를 낼 뿐이다. 비둘기가 대답하지 않는 것을 보고 까마귀는 자기가 논쟁에서 이겼다고 생각하지만, 결국 까마귀는 자기가 까마귀라는 것을 재확인시켜주었을 뿐이다.

만일 사람들이 당신에게 언어적 폭력을 가하지 않는다면, 당신은 그리스도인으로서 마땅히 있어야 할 곳에 있는 것이 아니다.

나는 당신이 마땅히 있어야 할 곳에 있도록 하나님께서 도우시기를 바란다. 만일 누군가 당신에게 욕을 한다면 그가 아담의 까마귀들 중 하나라고 생각하라. 말라죽은 참나무 가지에 앉은 타락한 까마귀가 신령한 사람에 대한 불쾌감을 쏟아내는 것이라고 생각하라. 당신은 그것을 견뎌낼 힘이 있다. 장차 날이 이르면 하나님께서 하나님의 사람들을 위해 복수하실 것이다. 하지만 그 날이 오기 전에도 당신은 까마귀에게 해를 당하는 것이 아니다. 까마귀의 입에서 나오는 소리는 당신의 귀에까지만 도달할 뿐이다. 당신의 귀는 당신이 아니다. 까마귀의 소리가 당신의 귀를 뚫고 당신 안으로 들어가도록 허락하지 않으면, 그것은 절대 당신 안으로 들어갈 수 없다.

그러나 당신에게 욕하는 사람을 당신이 미워한다면 당신은 자신에게 해를 끼친 것이다. 당신을 박해하는 사람에게 당신이 악의를 품는다면 당신은 스스로에게 해를 끼친 것이다. 당신이 늘 뚱한 상태에 있다면 당신은 해를 당한 것인데, 해를 끼친 자는 마귀가 아니라 당신 자신이다. 당신을 박해하는 자에게 신경을 쓰지 말라. 증오의 마음을 품지 말라. 악의를 키우지 말라. 그러면 당신은 금처럼 귀한 존재가 될 것이고, 그 무엇도 당신에게 손을 대지 못할 것이며, 당신은 결코 해를 입지 않을 것이다.

육체의 죽음 때문에 그리스도인이 해를 당할 수 있는가?

우리가 마지막으로 생각해볼 것은 죽음이다. 아담의 자손들은 껄끄러운 상대방을 죽여버리는 것이 그에게 할 수 있는 마지막 비열한 방법이라고 믿는다. 심지어 국가가 만든 법도 죽음에 대한 사람들의 두려움을 이용하기 때문에 "네가 살인을 하면 너도 사형을 당할 것이다"라고 말한다. 죽음에 대한 두려움이 사람들을 제지한다. 사람들은 죽음이란 것이 가장 큰 피해, 즉 가장 큰 해라고 믿는다. 그러나 그런 생각은 아담의 철학이지 하나님의 철학은 아니다. 성경은 죽음에 대한 두려움을 가르치지 않는다. 성경은 "그의 경건한 자들의 죽음은 여호와께서 보시기에 귀중한 것이로다"(시 116:15)라고 가르친다.

내가 죽음을 과소평가하는 것이 아니다. 죽음을 시적(詩的)으로 미화하여 죽음의 공포에서 탈출하려는 것도 아니다. 죽음이란 것이 우리를 두려움과 놀람과 충격으로 몰아넣는 것이 아니라고 증명하려는 것도 아니다. 만일 그런 시도를 한다면 나는 거짓말쟁이가 될 것이다. 내가 말하고 싶은 것은 마귀의 마지막 뻔뻔스런 짓이 죽음이라는 것이다. 죽음은 마귀가 성령의 장막에게 가하는 흉포하고 가당찮은 마지막 공격이다.

하지만 그의 공격은 장막의 내부로 뚫고 들어올 수 없다. 예수님께서는 "몸은 죽여도 영혼은 능히 죽이지 못하는 자들을 두려워하지 말고 오직 몸과 영혼을 능히 지옥에 멸하실 수 있는 이를 두려워하라"(마 10:28)라고 말씀하셨다. 마귀는 장막에만 영향을 줄 수 있을 뿐이다. 마귀는 악할 뿐만 아니라 비열하다. 비열할 뿐만 아니라 가당찮다. 하나님의 백성을 향한 그의 증오는 인류 역사만큼이나 오래되었고, 그가 장차 가게 될 무저갱만큼이나 사악하다. 그렇기 때문에 그는 하나님의 사람들을 죽이기를 원한다. 그들에게 온갖 뻔뻔스러운 짓을 자행하고 그들을 일그러뜨리고 망치고 그들의 몸을 초췌하게 만들려고 광분한다.

내가 이제까지 살면서 본 가장 경건한 사람들 중 한 사람이 있다. 이토록 타락한 시대에 그는 언제나 내게 영성의 귀감이 되었다. 인생을 오래 산 그는 남들에게 도움을 주는 삶을 살아왔다. 그는 박해를 받았고 많은 고난을 견뎠지만 그의 입에서 불평이나 변명의 말이 나온 적이 없다. 그는 매우 겸손하다. 그의 기도는 독수리처럼 높이 날아오른다. 그리고 그는 진리를 전한다.

언젠가 나는 약 1년 동안 그를 보지 못했다. 그런 다음 그를 다시 보았을 때 나는 놀라지 않을 수 없었다. 사실, 놀랐다는 말로는 부족하다. 전에는 그의 두 눈이 불꽃같았다. 하지만 이제 움푹 들어간 두 눈에서 나오는 시선에는 힘이 하나도 없었다. 촌스럽게 생겼지만 풍기는 매력이 있고 남자다웠던 그의 얼굴은 온데간데없이 사라졌다. 꼿꼿했던 몸은 구부러졌고, 팔다리는 마치 옷에서 밖으로 삐져나온 막대기 같았다. 그는 시선을 바닥에 고정시킨 채 앉아 있었다. 죽음이 때를 기다리며 그의 머리 위에서 마치 독수리처럼 선회하고 있었다. 전능하신 하나님께서 석 달 안에 기적을 일으키지 않으시면, 병들고 지친 그의 몸은 죽음의 세력의 장난감이 되고 말 것이었다. 기적적인 하나님의 은혜가 임하지 않으면 죽음의 세력이 그의 몸을 수척하게 만들고, 그의 유창했던 혀를 어눌하게 하고, 그의 밝았던 눈을 영원히 닫아버릴 것이었다.

하지만 죽음의 세력이 이룰 수 있는 것이 무엇인가? 물론 마귀는 웃으며 "나는 나의 이 뻔뻔스러운 짓이 너무 재미있다. 저 장막을 미워했는데 이렇게 깨부수니 너무 즐겁다"라고 말할 것이다. 그러나 그는 이 하나님의 사람에게 결코 해를 끼칠 수 없다. 마귀가 온갖 속임수를 다 쓴다 해도, 장의사가 일을 시작하고 누군가 그의 시체에 기름을 바르고 사람들이 땅을 파서 그의 무덤을 만든다 해도, 자연의 힘이 서서히 작용하여 그의 몸을 본래의 흙으로 바꾸어 놓는다 해도 그는 해를 당하는 것이 아니다. 왜냐하면 그는 하나님의 형상으로 창조되고 하나님의 아들의 보혈로 속량 받고 성령의 전(殿)이 된 사람이기 때문이다. 성부와 성자와 성령이 그의 영혼을 거처로 삼으셨기 때문에 죽음은 그 거처에 손을 댈 수 없다. 그는 스물다섯 살 때처럼 젊고, 인생의 전성기 때처럼 건강하다. 오직 그의 몸이 고생할 뿐이다.

미국의 제2대 대통령을 지낸 존 애덤스(John Adams, 1735~1826)는 점점 늙어가고 있었다. 정계의 원로였던 그가 어느 날 워싱턴의 길거리를 걷고 있었다. 그를 아는 사람이 그를 알아보고 "애덤스 씨, 안녕하세요?"라고 인사했다.

그러자 애덤스는 "아, 예, 잘 지내고 있습니다. 과거의 어느 때보다 더 잘 지내고 있습니다. 그런데 내 '거처'가 저당 잡혀 있기 때문에 머지않아 나는 거처를 내놓고 쫓겨날 것입니다"라고 대답했다.

상대방은 "오, 그것 참 안됐군요. 얼마나 힘드시겠습니까?"라고 말했다. 그는 애덤스와 헤어진 후 애덤스를 위해 모금운동을 시작했다. 그에게 집을 사주기 위해서 말이다. 그 소식이 애덤스에게 들렸을 때, 애덤스는 한바탕 크게 웃은 후 그에게 다음과 같은 편지를 썼다.

"당신이 내 말을 오해했습니다. 내가 말한 거처는 내 늙은 몸을 가리키는 말이었습니다. 당신이 내게 어떻게 지내느냐고 물었기 때문에 나는 잘 지낸다고 대답했고, 이어서 내 몸, 즉 내가 70년을 살아온 이 오래된 거처를 내주어야 할 때가 되었다고 말한 것입니다. 자연이 내 몸에 저당을 잡고 있는 것입니다. 머지않아 만기일이 도래하지만 그렇다고 해서 내가 크게 걱정하는 것은 아닙니다."

당신은 내가 말하고 싶은 것을 이해했을 것이다. 다시 정리해 말해보자. 그 누구도, 그 무엇도, 어떤 상황도 선한 사람에게 해를 끼칠 수 없다. 당신이 이 진리를 믿는다면 마음에 평안을 얻을 수 있다. 이 진리를 믿는다면 당신은 "누가 나를 모함하지 않을까?"라는 걱정에서 해방될 수 있다. 아무도 당신을 방해할 수 없고, 당신의 분명한 사명의 길을 가로막을 수 없고, 당신의 영혼을 위축시킬 수 없다. 그 누구 때문에 당신이 하나님의 눈에 가치 없는 존재로 보이는 일은 결코 없을 것이다.

당신의 사역과 당신의 전진을 막을 수 있는 사람은 아무도 없다. 아무것도 그렇게 할 수 없다. 그렇게 할 수 있는 존재는 단 하나인데, 그것은 바로 당신 자신이다. 당신의 마음에서 죄를 몰아내라. 그리스도의 보혈에 힘입어 행하라. 성부 성자 성령의 하나님과 늘 교제하라. 그러면 하늘나라의 거리를 걸어가는 천사들처럼 자유롭게 될 것이다. 다시 말하지만, 선인은 그 무엇에도 해를 입지 않는다.

CHAPTER 13

성경을 올바로 이해하는 자가 그리스도인이다

"그리스도께서도 단번에 죄를 위하여 죽으사 의인으로서 불의한 자를 대신하셨으니 이는 우리를 하나님 앞으로 인도하려 하심이라 육체로는 죽임을 당하시고 영으로는 살리심을 받으셨으니 … 이를 위하여 죽은 자들에게도 복음이 전파되었으니 이는 육체로는 사람으로 심판을 받으나 영으로는 하나님을 따라 살게 하려 함이라"(벧전 3:18; 벧전 4:6).

당신이 성경을 올바로 이해하도록 도와줄 수 있는 실제적 규칙 하나를 소개하겠다. 그것은 "A라는 성경 구절을 지지해주는 다른 성경 구절이 2개 이상 발견되지 않는다면 A를 가르치지 말라"라는 말로 표현될 수 있다. 그렇다. A와 똑같은 주장을 하는 성경 구절이 2개 이상 발견되지 않는다면 A의 주장을 받아들이지 말라. 왜냐하면 당신이 A의 주장이라고 믿는 것이 사실은 A의 주장이 아니기 때문이다.

내가 내세(來世)가 존재한다고 논리를 펴는 입장에 있다고 가정해보자. 그럴 경우 나는 죽은 자들을 위한 세례를 실행하는 자들에게 편지를 써서 "당신들은 죽은 자들을 위한 세례를 실행하면서 왜 내세를 부인하는가?"라고 말할 것이다. 이런 나의 말 속에는 "죽은 자들이 여전히 존재하는 것처럼 행동했으므로 당신들은 내세를 인정한 것이다. 당신들은 사실상 내세를 믿는 것이다. 그것은 죽은 자들을 위한 세례를 실행하는 당신들의 행동이 말해준다"라는 뜻이 담겨 있다. 그런데 내가 이렇게 말했다고 해서 내가 죽은 자들을 위한 세례를 인정하는 것은 아니다. 내가 죽은 자들을 위한 세례를 언급한 이유는 그들에게 "당신들이 내세를 믿고 있다는 것은 죽은 자들을 돕기 위한 당신들의 노력에서 증명된다"라고 말하기 위함이다.

바울은 "만일 죽은 자들이 도무지 다시 살아나지 못하면 죽은 자들을 위하여 세례를 받는 자들이 무엇을 하겠느냐 어찌하여 그들을 위하여 세례를 받느냐"(고전 15:29)라고 물었다. 그가 이렇게 말했다고 해서 죽은 자들을 위한 세례를 인정한 것은 아니다. 왜냐하면 그가 죽은 자들을 위하여 세례를 베풀지 않았고, 그렇게 하라고 다른 사람들에게 권하지도 않았고, 그렇게 하라고 가르치는 성경 구절이 단 하나도 없기 때문이다. 바울의 이런 질문 속에는 "그들이 말로는 몸의 부활을 부인하지만 그들의 행동과 마음속의 믿음은 부활을 인정한다. 그들은 말과 행동이 일치하지 않는 자들이다"라는 뜻이 들어 있다. 부활이 없다고 말한 사람들이 죽은 자들을 위한 세례를 실행한 사람들과 동일 인물들이었던 것은 분명하다.

우리가 또 고려해야 할 성경 구절은 그 유명한 마태복음 16장 19절이다. 예수님께서는 베드로에게 "내가 천국 열쇠를 네게 주리니 네가 땅에서 무엇이든지 매면 하늘에서도 매일 것이요 네가 땅에서 무엇이든지 풀면 하늘에서도 풀리리라"(마 16:19)라고 말씀하셨다. 이 구절은 뜻이 모호한 구절이다. 나는 이 구절에 대한 만족스러운 설명을 들어본 적이 없다.

어떤 사람들은 "성경은 교회를 지배할 수 없다"라고 말한다. 그들은 성경의 모든 부분을 부정하는데 왜냐하면 "교회가 성경의 딸이 아니라 성경이 교회의 딸이기 때문에 성경은 교회를 지배할 권위를 갖지 못한다"라는 것이다. 하지만 교황이 이 땅에서 그리스도의 부섭정(副攝政)이 아니라고 누군가 주장한다면, 그들은 이 모호한 구절, 즉 마태복음 16장 19절을 들이대며 "그리스도께서 베드로에게 '내가 천국 열쇠를 네게 주리니'라고 말씀하셨고 교황이 베드로의 후계자이므로 교황이 그리스도의 부섭정인 것이 맞다. 이 명백한 진리를 부정하는 당신은 성경을 부정하는 것이다"라고 말할 것이다. 성경이 교회의 딸이라고 말하면서 성경의 권위를 부정하던 사람들이 자기들의 필요에 따라서 성경의 권위에 매달리는 것은 앞뒤가 맞지 않는 행동이다.

의미가 모호한 성경 구절의 해석을 조심하라

잘못된 교리는 뜻이 모호한 성경 구절에 기생(寄生)한다. 이런 이야기를 하니까 어떤 모르몬교 선교사가 생각난다. 그가 어떤 지역을 여행하고 있을 때 누군가 그에게 "당신들은 일부다처제를 믿는다고 하는데 그렇다면 '감독은 … 한 아내의 남편이 되며'(딤전 3:2)라는 성경 구절을 어떻게 해석할 것입니까?"라고 물었다. 그러자 모르몬교 선교사는 "그것은 적어도 한 아내의 남편이 되라는 말씀입니다"라고 대답했다. 그는 자기 멋대로 성경을 해석한 것이다.

언제나 이단은 모호한 구절에 기생하고, 언제나 거짓 교리는 어려운 구절을 찾아내어 이용한다. 이런 경우를 가정해보자. 내가 사람들을 내 농장으로 데려가서 그들에게 "여러분은 여기에서 사과, 복숭아, 포도, 수박, 멜론, 고구마를 보게 될 것입니다"라고 말한다. 나는 그들에게 먹을 수 있는 수십 가지의 과일과 채소와 곡물의 이름을 언급하면서 "이 모든 것이 다 여러분의 것이니 취하십시오"라고 말한다. 그런 다음 내가 다른 곳으로 갔다가 한 달 후에 다시 농장으로 와보니 그들이 영양실조에 걸려 있다. 나는 그들에게 "여러분이 마치 피죽도 못 먹은 사람 같은데, 어떻게 된 일입니까?"라고 말한다.

그들은 내게 "우리는 영양실조에 걸려 있습니다. 왜냐하면 어떤 농작물을 발견했는데 그것이 무엇인지 모르기 때문입니다. 그것은 저 산 너머 들판 끝 쪽에 있는 오래된 참나무 그루터기 뒤에 있는 농작물입니다. 그것이 무엇인지를 알아내려고 한 달 동안 애쓰고 있습니다"라고 말한다.

"아니, 지금 여러분은 영양실조 상태에 있지 않습니까? 주변에 농작물들이 저토록 많은데 이렇게 굶주리고 있다니 말이 됩니까?"

"하지만 이 농작물에 신경이 쓰여서 먹지 못하겠습니다."

마치 이런 사람들처럼 어리석은 하나님의 자녀들이 있다. 그들은 먹을 것이 주변에 널려 있는데도 굶어 죽는다. 왜냐하면 들판 끝 쪽에 있는 오래된 그루터기 뒤에 있는 어떤 농작물이 무엇인지 알아내지 못했기 때문이다. 언제나 이단들은 의미가 모호한 성경 구절 하나에 신경 쓰느라 아무것도 먹지 못하다가 굶어 죽는다.

나는 우리의 본문, 즉 베드로전서 3장 18절과 4장 6절의 의미를 설명할 것이다. 내 설명을 잘 듣는다면 당신은 당신의 잘못된 이해를 바로잡아 주겠다고 하면서 당신에게 접근하는 사람들에게 속지 않을 것이다.

성경이 가르치지 않는 잘못된 교리에 현혹되지 말라

성경이 가르치지 않는 것은 무엇인가?

첫째, 그것은 보편구원론을 가르치지 않는다. 보편구원론이란 모든 타락한 존재들이 지복(至福)의 상태로 회복될 것이라고 믿는 사상이다. 보편구원론자들 중 일부는 모든 인간이 구원받을 것이라고 말한다. 다시 말해, 그리스도인들뿐만 아니라 비그리스도인들도 전부 지복에 이를 것이라고 말한다. 하지만 다른 보편구원론자들은 구원의 범위를 더 확대하면서 모든 인간들뿐만 아니라 마귀와 타락한 천사들도 지복에 이를 것이라고 주장한다. 이런 주장을 하는 사람들은 매우 관대하기 때문에 하나님께 범죄하여 타락한 모든 피조물의 구원을 주장한다.

보편구원론은 인도주의적 동기에서 나온 것으로서 인간의 희망에서 비롯된 꿈이다. 인도주의적 감정은 성경의 진리를 외면한 채 만인의 구원을 꿈꾸도록 만들 뿐이다. 성경은 분명히 "너희도 만일 회개하지 아니하면 다 이와 같이 망하리라"(눅 13:3)라고 선언한다. 성경은 마귀와 그의 모든 사자들과 생명책에 그 이름이 기록되지 않은 모든 사람들이 가게 될 지옥을 분명히 보여준다. 보편구원론은 절대 성경의 교훈이 아니다. 따라서 우리의 본문이 무엇을 의미하든 간에 그것이 보편구원론을 가르치지 않는 것은 분명하다.

둘째, 성경은 복음을 믿을 수 있는 두 번째 기회가 있다고 가르치지 않는다. '여호와의 증인'이라는 사람들이 있는데, 나는 그들을 여호와의 증인이라 부르지 않고 '러셀주의자들'(Russellites)이라고 부르겠다. 거짓 교훈을 전하는 사람들을 지칭하기 위해 여호와라는 거룩한 이름을 더럽히기 싫기 때문이다.

러셀주의자들은 복음을 믿을 수 있는 두 번째 기회가 허락될 것이라고 믿는다. 그들은 "사람이 죽으면 내세에서 그리스도를 영접할 수 있는 기회를 갖게 되는데 만일 그 기회마저 거부한다면 멸절(滅絕)되고 말 것이다. 죄인이 죽으면 땅에서 잠을 잔다. 즉, 그의 몸과 영혼이 깊은 무의식의 상태로 들어가게 된다. 그러다가 부활의 때 그는 깨어나 두 번째 기회를 얻게 된다. 그 두 번째 기회마저 거부한다면, 그의 존재 자체가 영원히 없어지게 된다. 그러므로 지옥은 없다"라고 말한다. 이것이 러셀주의자들의 교리이다.

물론, 이런 잘못된 교리는 성경의 난해한 구절에 기생한다. 하지만 이런 교리는 성경의 밝은 빛이 환하게 비추는 곳에서는 절대

생존할 수 없다. 이 교리는 그리스도의 교훈, 로마서의 교훈, 히브리서의 교훈, 요한계시록의 교훈, 그리고 사복음서의 교훈 앞에서 무너질 수밖에 없다. 이 이단은 성경의 빛이 충만한 곳에서는 성장할 수 없다. 이것은 인간 사상의 음지에서 독버섯처럼 피어나 인간들에게 환영받을 수는 있지만, 성경의 빛 앞에서는 즉시 말라 죽는다.

멸망한 영혼들이 있다

그렇다면 죽은 자들에게도 복음이 전파되었다는 것은 무엇을 의미하는가? 우선 여기서 우리가 알 수 있는 사실은 멸망한 영혼들이 있다는 것이다. 성경은 그들을 가리켜 '옥에 있는 영들' 또는 '죽은 자들'이라고 부른다. 베드로전서 3장 20절에 따르면, 그들 중 일부는 노아의 시대에 이 땅에 살았던 사람들이다. 그들은 노아의 메시지를 들었지만 그것을 믿지 않고 거부하면서 악행을 계속하다가 결국 홍수에 휩쓸려 죽었던 사람들이다. 그들은 모두 '죽은 자들의 장소' 즉, 신약의 표현으로는 하데스(Hades)로, 구약의 표현으로는 스올(Sheol)로 갔다. 십자가에서 죽임을 당하신 그리스도의 몸은 요셉의 무덤에 3일 동안 누워 계셨다. 그렇지만 그리스도의 영은 그리스도의 몸 안에 머물지 않고 일시적으로 몸에서 분리되었다. 그리스도께서는 영으로 가서 '옥에 있는 영들' 즉, 하데스에 있는 영들에게 선포하셨다.

사도신경은 우리 주님에 대해 "(우리 주 예수 그리스도께서는) 성령으로 잉태하사 동정녀 마리아에게 나시고, 본디오 빌라도에게 고난을 받으사 십자가에 못 박혀 죽으시고, '장사되시어 지옥에 내려가신 지' 사흘 만에 죽은 자 가운데서 다시 살아나시며"('장사되시어 지옥에 내려가신 지'가 '장사한 지'로 번역될 수도 있다 - 역자 주)라고 말한다.

이런 사도신경의 내용은 베드로와 바울이 전한 메시지와 정확히 일치한다. 그리스도의 영이 그분의 몸에서 분리되었을 때 그분의 영은 조용히 누워 있거나 무덤 위를 선회하지 않으셨다. 하나님의 영원한 아들 예수 그리스도께서는 영으로 하실 일이 있었다. 그 일은 지옥에 내려가서 해야 할 일이었다. 그것은 형벌을 받기 위해 지옥 불속으로 들어가는 것이 아니라 죽은 자들이 갇혀 있는 곳으로 가서 말씀을 전하는 것이었다. 그곳에서 그리스도께서는 노아의 주장이 진리였다고 선포하셨고, 그곳에 있는 자들에게 왜 그들에게 심판이 임했는지에 대해 말씀해주셨고, 인간을 다루시는 하나님의 방법이 옳다고 증명하셨다. 이 모든 것은 그들이 이성적(理性的) 판단을 할 수 있는 존재로 취급받았다는 것을 그들에게 일깨워주시기 위함이었다.

하나님께서는 모든 인간을 이성적 판단을 할 수 있는 존재로 대하신다. 당신이 아인슈타인만큼 명석하지는 않다고 할지라도 당신은 도덕을 인식할 만큼 이성적 존재이다. 하나님께서는 당신이 이성적 존재라는 전제하에 당신을 대하신다. 하나님께서는 당신에게 주어지는 것을 무엇이든지 눈 딱 감고 단숨에 삼켜버리라고 요구하지 않으신다. 하나님께서는 당신이 도덕적 판단에 따라 결정하고 행동하기를 원하신다. 그렇기 때문에 당신을 바보 천치로 취급하지 않으신다.

미국 법정에서 흔히 볼 수 있는 광경을 한번 생각해보자. 증거가 제출되고 배심원단이 밖으로 나가서 심사숙고한 후 다시 들어와 피고가 유죄라고 선언한다. 판사는 "피고는 자리에서 일어나 앞으로 바라보십시오"라고 말한다. 피고가 일어나면 판사는 "아무개 씨, 증거가 제출되었고 사회적 신분이 당신과 평등한 배심원단은 그 증거에 근거해 당신이 유죄라고 결정했습니다. 선고가 내려지기 전에 할 말이 있습니까?"라는 취지로 말한다. 판사의 이 말 속에는 "우리가 선고를 하려고 하지만 당신의 이성적 판단 능력을 무시하려고 하지는 않습니다. 우리는 당신을 로봇처럼 다루지 않습니다. 당신은 이성적 판단을 할 수 있는 존재이기 때문에 우리를 판단할 수 있습니다. 만일 우리, 즉 배심원단과 판사가 잘못되었다면 당신이 우리를 판단하십시오. 이 점을 분명히 밝혀둡니다. 당신은 하실 말씀이 있습니까?"라는 뜻이 들어 있다.

이럴 경우 대개 피고는 말을 하지 않는다. 하지만 이성적 존재로서 피고는 자기를 변호할 필요가 있다면, 그의 입장을 이야기하게 되고 판사는 그것을 충분히 고려하게 된다. 미국 법정은 피고에게 억울한 누명을 씌워 그를 감옥이나 전기의자로 보내지 않는다. 미국 법정은 배심원단이 입회한 가운데 공정한 규칙에 따라 재판을 진행하고, 재판 절차를 만천하에 공개한다.

사악한 자들이 모두 홍수에 떠내려가 '죽은 자들의 장소'로 던져졌다. 그들은 하나님과 하늘의 지복을 결코 볼 수 없을 것이다. 우리는 그들을 찾지 않을 것이다. 그런데 그들은 인간이며 이성적 판단을 내릴 수 있는 존재이며 도덕적 피조물이다. 그들은 자기들의 삶에 대해 도덕적 판단을 내릴 수 있는 사람들이다. 따라서 하나님의 영원한 아들은 '옥에 있는 영들'에게 가서 그곳에서 선포하셨다. 우리 주님이 그들에게 선포하신 이유는 그들이 영으로는 살아 있었기 때문이다. 그들은 육체로 죄를 범했는데, 그들이 육체로 살았던 삶에 대해 심판을 받을 예정이었다.

죽은 자들의 장소로 가셨다

당신이 이것을 믿지 않는다면 나는 그리스도께서 왜 죽은 자들의 장소로, 왜 지옥으로 내려가셨는지를 보여주는 성경 구절을 소개하겠다. 에베소서 4장 8-10절은 "그러므로 이르기를 그가 위로 올라가실 때에 사로잡혔던 자들을 사로잡으시고 사람들에게 선물을 주셨다 하였도다 올라가셨다 하였은즉 땅 아래 낮은 곳으로 내리셨던 것이 아니면 무엇이냐 내리셨던 그가 곧 모든 하늘 위에 오르신 자니 이는 만물을 충만하게 하려 하심이라"라고 말한다.

예수 그리스도의 몸이 무덤 안에 누워 계실 때, 그리스도의 영은 죽은 자들의 장소에 갇혀 있는 자들에게 가서 해방을 선포하셨다. 그리고 부활하셨을 때, 그리스도께서는 하데스에 갇혀 있는 속량 받은 자들의 영을 데리고 승천하셨다. 야곱이 그의 아들을 위하여 슬퍼할 때 "내가 슬퍼하며 스올로 내려가 아들에게로 가리라"(창 37:35)라고 말했다는 것을 기억하라. 죽은 사무엘이 죽은 자들로부터 땅속에서 올라왔다(삼상 28:13 참조). 그리스도께서 속량 받은 자들을 데리고 승천하신 이후에 바울은 자기가 낙원, 즉 셋째 하늘로 이끌려 올라갔다고 말했다(고후 12:2,4 참조). 그렇다. 더 이상 내려가지 않고 올라가게 되었다. 생명과 영광의 주님께서 속량 받은 자들을 죽은 자들의 장소에서 **빼내신** 것이다.

이 죽은 자들의 장소에는 속량 받은 자들뿐만 아니라 속량 받지 못한 자들도 있었다. 물론 그 두 그룹은 큰 구렁텅이를 사이에 두고 갈라져 있었다. 이 사실은 나사로와 부자에 대한 이야기에서 충분히 증명된다. 부자는 죽어서 죽은 자들의 장소로 갔다. 나사로도 죽어서 죽은 자들의 장소로 갔지만 그는 아브라함의 품으로 갔다. 부자가 간 곳과 나사로가 간 곳 사이에는 큰 구렁텅이가 있었다. 십자가에서 죽으신 후 우리 주님은 하데스로 내려가서 아브라함의 품에 있는 모든 자들을 데리고 승천하셨고 나머지 사람들은 그대로 하데스에 두셨다. 그 과정에서 주님은 죽은 자들의 장소에 있는 모든 자들에게 영으로 설명하고 선포하신 것이다.

당신은 이런 나의 설명으로는 부족하다고 느끼는가? 그렇다면 빌립보서 2장 9-11절 말씀을 읽어보라.

"이러므로 하나님이 그를 지극히 높여 모든 이름 위에 뛰어난 이름을 주사 하늘에 있는 자들과 땅에 있는 자들과 땅 아래 있는 자들로 모든 무릎을 예수의 이름에 꿇게 하시고 모든 입으로 예수 그리스도를 주라 시인하여 하나님 아버지께 영광을 돌리게 하셨느니라"(빌 2:9-11).

이 말씀대로, 하늘에 있는 자들과 땅에 있는 자들뿐만 아니라 지옥에 있는 자들도 그들의 입술로 예수 그리스도를 주님으로 시인하여 하나님 아버지께 영광을 돌렸다.

하나님의 심판은 참되고 의로우시다

베드로는 보편구원론을 가르치지 않는다. 그가 말하는 것은 우리 주 예수 그리스도의 몸이 무덤에 누워 계실 때 그분이 영으로 죽은 자들의 장소로 가셨다는 것이다. 그곳에서 예수님은 속량 받은 자들에게 구원을 전하고 멸망한 자들에게 심판을 선포하셨다. 그리고 멸망한 자들이 최후의 심판을 당하도록 그곳에 남겨둔 채 속량 받은 자들을 데리고 하늘로 올라가셨다. 땅 아래에 있는 자들과 땅에 있는 자들과 곳곳의 피조물들은 예수 그리스도를 주님이시라 시인하여 하나님 아버지께 영광을 돌린다.

예수 그리스도, 즉 우리 주님은 자신의 통치에 기꺼이 복종하지 않는 자들을 다스리지 않으실 것이다. 그리스도께서는 인간이나 또는 어떤 도덕적 존재에게 자신의 통치를 강요하지 않으실 것이다. 하지만 그리스도께서는 심지어 멸망한 자들조차 그들의 혀로 그분이 옳다는 것을 인정하도록 만드실 것이다. 지옥에서는 "주 하나님 곧 전능하신 이시여 심판하시는 것이 참되시고 의로우시도다"(계 16:7)라는 것만이 화제(話題)가 될 것이다. 그 끔찍한 곳에 있는 자들도 하나님의 심판이 참되고 의롭다는 사실을 인정할 것이다. 하늘과 땅과 땅 아래 모든 세계가 그것을 인정하도록 하기 위해 하나님의 의로운 계획의 전모가 살아 있는 자들뿐만 아니라 죽은 자들에게도 선포되어야 했다.

예수님께서 죽은 자들에게 "내게로 오라"라고 말씀하시며 그들에게 복음을 전하셨다고 말하는 문장이나 구(句)나 단어나 글자는 성경에 하나도 나타나지 않는다. 예수님은 살아 있는 자들에게

"내게로 오라"라고 말씀하셨다. 예수님은 속량의 복음을 전하고 구원의 초대장을 주시며 "한번 죽는 것은 사람에게 정해진 것이요 그 후에는 심판이 있으리니"(히 9:27)라고 말씀하셨다.

죽은 자들에게 선포의 말씀이 주어진 이유는 살아 있는 자들뿐만 아니라 죽은 자들도, 구원받은 자들뿐만 아니라 멸망한 자들도 우리의 하나님이 얼마나 진실하고 공의로우신지를 알고, 얼마나 완전하신지를 알고, 그분의 길이 얼마나 거룩한지를 알고, 그분의 모든 행사가 얼마나 옳은지를 알도록 하기 위함이다.

CHAPTER **14**
세상 사람과 다를 수밖에 없는 존재가 그리스도인이다

"그리스도께서 이미 육체의 고난을 받으셨으니 너희도 같은 마음으로 갑옷을 삼으라 이는 육체의 고난을 받은 자는 죄를 그쳤음이니 그 후로는 다시 사람의 정욕을 따르지 않고 하나님의 뜻을 따라 육체의 남은 때를 살게 하려 함이라 너희가 음란과 정욕과 술취함과 방탕과 향락과 무법한 우상 숭배를 하여 이방인의 뜻을 따라 행한 것은 지나간 때로 족하도다 이러므로 너희가 그들과 함께 그런 극한 방탕에 달음질하지 아니하는 것을 그들이 이상히 여겨 비방하나 그들이 산 자와 죽은 자를 심판하기로 예비하신 이에게 사실대로 고하리라"(벧전 4:1-5).

베드로의 말에 따르면, 그리스도인이라는 사람은 피난처를 얻기 위해 그리스도께 달려간 사람이다. 그리스도인은 그리스도와 하나가 되어 그리스도께로부터 생명을 얻었다. 이것이 그리스도를 믿는다는 것이다. 우리는 성경에 나오는 세 가지 전치사에 주목할 필요가 있는데, 그것들은 '그리스도께로'(to Christ), '그리스도와 함께'(with Christ) 그리고 '그리스도께로부터'(from Christ)라는 표현에 나오는 전치사들이다.

중대한 위험에 처했음에도 불구하고 피난처를 찾지 않는 것은 용기가 아니다. 이런 경우를 가정해보자. 어떤 사람이 영하 50도의 날씨에 벌판을 가다가 얼어 죽을 위기에 처했다. 그런데 가까운 곳에 피난처가 있다는 것을 알면서도 그곳으로 가기를 거절하다가 결국 얼어 죽었다. 그런 행동은 정신이상이라고 할 만큼 무모한 짓이다. 그런데 정신이상이라고 할 만한 이 일이 도덕적 우주에서 도덕적 존재에 의해 저질러질 수 있다. 죄 때문에 영원한 지옥에 떨어질 상황에서 만세 반석이야말로 지옥을 피하는 유일한 피난처라는 사실을 알면서도 그곳으로 달려가지 않는 사람이 그런 잘못된 일을 저지르는 것이다. 그런 사람은 용감한 사람이 아니라 도덕적인 바보이다.

다시 말하지만, 그리스도인은 피난처를 얻기 위해 그리스도께 달려간 사람이다. 그리스도를 피난처로 삼음으로써 그리스도인은 그분과 완전히 하나가 된 것이다. 어느 정도로 하나가 되었는가 하면 그분이 어디로 가시든지 끝까지 따라갈 만큼 하나가 되었다. 그리스도께서 지지하시는 것은 무엇이든지 지지할 만큼 하나가 되었다. 그리스도께서 반대하시는 것은 무엇이든지 반대할 만큼 하나가 되었다. 그리스도의 친구를 자기의 친구로 삼을 만큼 하나가 되었다. 그리스도의 원수를 자기의 원수로 삼을 만큼 하나가 되었다. 그리스도인은 그분이 원하시는 일을 이루기를 간절히 원한다. 그리스도인은 그분의 관심에서 벗어난 것은 무엇이든지 거의 관심을 갖지 않고 가볍게 여긴다. 그는 그리스도와 하나가 되었는데, 그렇기 때문에 그리스도께서는 그에게 생명을 주셨다. 물론 그것은 영적(靈的) 생명이다. 그리스도께서는 "내가 그들에게 영생을 주노니 영원히 멸망하지 아니할 것이요 또 그들을 내 손에서 빼앗을 자가 없느니라"(요 10:28)라고 말씀하셨다. 따라서 그리스도인에게는 생명이 있다. 그는 그리스도께로부터 생명을 받았고, 그리스도와 하나가 되었고, 그리스도를 피난처로 삼았다.

'지나간 때'와 '남은 때'

"그 후로는 다시 사람의 정욕을 따르지 않고 하나님의 뜻을 따라 육체의 '남은 때'를 살게 하려 함이라 너희가 음란과 정욕과 술 취함과 방탕과 향락과 무법한 우상 숭배를 하여 이방인의 뜻을 따라 행한 것은 '지나간 때'로 족하도다"(벧전 4:2,3).

여기에서 주목을 끄는 두 표현이 있는데 그것들에 공통적으로 들어 있는 단어는 '때'이다. 베드로는 '지나간 때'와 '육체의 남은 때'에 대해 언급한다. 그는 "음란과 정욕과 술 취함과 방탕과 향락과 무법한 우상 숭배를 하여 이방인의 뜻을 따라 행한 것은 지나간 때로 족하도다"(벧전 4:3)라고 말하는데, 여기에서는 비꼬는 듯한 의미도 약간 느껴진다. 아무튼 그는 "너희가 이런 것들을 충분히 맛보았지 않느냐?"라고 말한다. 그는 우리가 믿기 전에 행한 것들에 대한 개념적 요약을 제시하지 않고 그것들 중 몇 가지를 샘플로 제시한다. 세상 사람들은 그런 것들을 여전히 행하고 있는데 그것은 그들이 타락한 존재이기 때문이다. 다시 말하지만, 베드로는 죄인들이 행하였거나 행하고 있는 모든 것들을 언급한 것이 아니라 그것들 중 일부를 제시했다. 음란과 술 취함과 방탕과 향락이 사람들의 사회생활과 종교생활의 모든 부분들에 침투해 있다.

그러므로 베드로는 기본적으로 "지나간 때에 너희가 그처럼 살았지만, 이제는 그런 삶을 끝낼 수 있는데 왜냐하면 하나님께서 모든 것을 새롭게 하셨기 때문이다"라고 말하는 것이다. 우리의 죄들을 회개하고 그것들을 슬퍼하자. 하지만 그것들 때문에 낙심하지 말자. 그것들 때문에 낙심하여 믿음에 이르지 못하는 어리석음을 범하지 말자. 왜냐하면 모든 것을 새롭게 하신 하나님을 의지하여 새롭게 출발할 수 있기 때문이다. 당신의 출발이 나빴고 당신은 나쁜 길을 갔지만 이제라도 새로운 선택을 할 수 있다. 새로운 삶을 시작한다면, 당신의 과거의 삶은 말 그대로 '지나간 때'에 불과하다.

이제 베드로가 말한 '육체의 남은 때'에 대해 생각해보자.

"그 후로는 다시 사람의 정욕을 따르지 않고 하나님의 뜻을 따라 육체의 남은 때를 살게 하려 함이라"(벧전 4:2)

우리는 우리의 삶의 지나간 때에 대해 잘 알고 있다. 사람들은 자기의 나이가 얼마인지를 안다. 때로는 손가락으로 셈하여 나이를 계산하곤 한다. 언젠가 나는 귀여운 꼬마 여자아이에게 몇 살이냐고 물었는데 그 아이는 손가락 네 개를 들어 보이며 "세 살이에요"라고 대답했다. 당신의 지나간 때는 얼마인가? 얼마나 오래되었는가? 10년일 수도 있고, 21년일 수도 있고, 43년일 수도 있고, 70년일 수도 있을 것이다. 그 숫자가 얼마이든지 간에 당신은 당신의 지나간 때를 알고 있다.

하지만 자기의 남은 때가 얼마나 될지를 말할 수 있는 사람은 얼마나 될까? 지난 때는 알지만, 남은 때는 모르는 것이 아닌가? 당신의 남은 때가 1년이라고 장담할 수 있는가? 2년 후에 이 자리에 또 있게 될 것이라고 말할 수 있는 사람이 있는가? 당신의 남은 때는 얼마인가? 우리는 모두 우리의 지난 때를 기념하는데, 사람들은 우리에게 선물을 가져와 우리가 생일을 한 번 더 맞게 되었음을 상기시켜준다.

지난 때는 그렇다 치고, 남은 때는 어떻게 되는가? 당신의 남은 때를 기념하기 위해 당신에게 선물을 가져온 사람이 있는가? 누군가 그런 행동을 한다면 그것은 참으로 어리석은 것이다! 1년 후 또 생일을 맞게 될 것이라고 확신할 수 있는 사람은 아무도 없다. 사람들 앞에 나서서 "나는 앞으로 3개월의 시간이 내게 허락될 것이라고 확신한다. 내기를 걸 수도 있다"라고 말할 수 있는 사람이 있는가? 앞으로 2개월의 시간이 당신의 것이라고 말할 수 있을까?

내가 25년 이상을 알고 지내던 한 친구가 건강에 이상이 생겨서 의사에게 갔다. 의사는 그에게 소화불량이라고 말하며 마음을 편히 가지라고 조언했다. 그는 그렇게 하겠다고 말한 후 집으로 가서 잠자리에 들었고, 그 다음 날 아침 일어났다. 하지만 옷을 입기도 전에 바닥에 쓰러져 죽고 말았다. 그가 전혀 예상하지 못한 일이었다. 그는 자기가 오랜 세월을 더 살 것이라고 믿었을 것이다. 만일 그 전날 밤 누군가 그에게 "형제여, 당신의 남은 때가 어떻게 됩니까?"라고 물었다면 그는 "A라는 도시로 가서 집회를 열고 싶습니다. 그런 다음에는 B라는 곳으로 가서 사경회를 열어 성경을 가르치고 싶습니다"라고 대답했을 것이다. 하지만 그에게는 이미 '남은 때'가 많지 않았다.

성경은 우리에게 지난 때에는 우리의 뜻에 따라 살았지만 남은 때에는 하나님의 뜻에 따라 살라고 가르친다. 토머스 아 켐피스는 "당신은 죽을 때 어떤 존재이기를 원하는가? 바로 그런 존재가 되기 위해 삶 속에서 애쓰고 힘쓰는 사람은 정말로 지혜롭고 복된 사람이다"라고 말했다. 그의 이 말 속에는 "앞으로 남은 때에는 지난 때에 살았던 것처럼 살지 말라"라는 뜻이 담겨 있다.

베드로는 "그들이 이상히 여겨"(벧전 4:4)라고 말한다. 여기에서 '그들'이라는 말이 다수의 사람들을 막연히 가리키는 대명사라고 해서 소홀히 취급해서는 안 된다. 여기서 '그들'이라는 말은 새롭게 되지 못한 세상 사람들을 가리키는 의미심장한 말이다. 그들은 그리스도를 피난처로 삼지 않은 자들이요, 그리스도와 하나 되지 못한 자들이요, 그리스도께 생명을 받지 못한 자들이다. 부자든 가난하든, 늙었든 젊었든, 멀리 있든 가까이 있든 그들은 우리가 과거처럼 그들과 함께 극한 방탕에 달음질하지 않는 것을 보고 이상히 여긴다.

그리스도인으로서의 새로운 삶

그리스도인의 한 가지 특징이 있다. 물론 그것이 상대적으로 작은 특징이긴 하지만 그래도 그리스도인의 특징인 것은 사실이다. 그것은 더 이상 그가 세상 사람들과 함께 극한 방탕에 달음질하지 않는다는 것이다.

믿음을 시작하는 사람이 세상 사람들과 함께 극한 방탕에 달음질하게 되면 실패하게 된다. 사실 그런 사람들이 많다. 어떤 사람들은 기도실에 들어가 무릎을 꿇고 눈물을 흘리며 하나님께 "하나님, 저는 과거의 삶에 지쳤습니다. 이제 그리스도인이 되기를 원합니다"라고 말씀드린다. 그런 다음 다시 일어나 과거의 친구들과 어울려 방탕에 빠져든다. 그 결과, 그리스도인으로서 그의 삶에 비극과 실패가 찾아온다. 비극과 실패가 찾아오는 이유는 마땅히 어울려서는 안 되는 자들과 어울려 방탕한 세월을 보냈기 때문이다. 그러나 우리가 악한 세상 사람들과 어울리지 않는다면 그들이 매우 이상하게 여길 것이다.

세상의 친구들은 한 가지 삶을 알 뿐이다. 그 삶은 그들이 현재 살아가고 있는 삶이다. 그들은 그 삶을 포기하는 것은 곧 죽음이라고 여긴다. 그러나 그리스도인은 다른 삶을 발견했다. 그 삶은 과거에 알았던 삶보다 더 참되고 더 가슴 설레고 더 만족스런 삶이다. 그는 하나님의 뜻에 따라 이 새 삶을 살아가고 있다. 하지만 죄인들은 이 새 삶을 알지 못한다. 그들은 오직 하나의 삶, 즉 과거의 삶을 알 뿐이다. 주님을 따르려고 노력하는 젊은이에 대해 흔히 사람들은 이렇게 말한다.

"저 젊은이는 어떻게 된 것인가? 그는 정말 무기력하고 무의미한 삶을 살고 있다. 왜 저렇게 사는 것인가? 도대체 그는 무슨 재미로 사는 것일까?"

이것이 그리스도인을 바라보는 세상 사람들의 시각이다. 그들이 그리스도인의 삶을 이상하게 여기는 것은 새로운 삶이 있다는 것을 알지 못하기 때문이다.

언젠가 우리 주님은 사마리아의 우물가에서 사마리아 여자와 대화를 나누고 계셨다(요한복음 4장). 그때 먹을 것을 사러 동네에 들어갔던 제자들이 돌아와 주님께 "랍비여 잡수소서"(요 4:31)라고 말씀드렸을 때 주님은 "내게는 너희가 알지 못하는 먹을 양식이 있느니라"(요 4:32)라고 대답하셨다. 하지만 제자들은 주님이 아무것도 잡수시지 않으셨다고 생각했다. 왜냐하면 그들이 그때까지 먹고 살았던 양식이 주님에게 없다고 생각했기 때문이다.

하지만 주님은 "나의 양식은 나를 보내신 이의 뜻을 행하며 그의 일을 온전히 이루는 이것이니라"(요 4:34)라고 말씀하셨다. 이 말씀 속에는 "내게는 너희가 생각하는 것과는 다른 종류의 양식과 생명이 있다. 나는 내 아버지의 양식을 먹고 살아오면서 필요한 사람들에게 도움을 주었는데, 이것이 나의 생명이다"라는 뜻이 담겨 있다.

베드로가 지적했듯이, 그리스도인은 사람들에게 이상한 존재로 취급받아왔다. 사람들은 그리스도인을 이해하지 못하기 때문에 그와 끊임없이 충돌한다. 그리스도인이 과거의 삶을 버린 것을 보고, 그리스도인이 그들처럼 극한 방탕에 달음질하지 않는 것을 보고, 그들은 그리스도인이 아무 재미없는 한심한 삶을 산다고 비난한다. 그리스도인은 이렇게 이상한 존재로 취급받는다.

무엇 때문에 이상한가?

여기서 우리는 베드로가 사용한 '이상한'이라는 표현에 대해 잠깐 살펴볼 필요가 있다. '이상한'이라는 뜻을 가진 단어 'strange'는 '낯선 사람'이라는 뜻을 가진 'stranger'라는 단어와 똑같은 어원에서 나왔다. 우리가 잘 알듯이 낯선 사람은 처음 보는 사람이요, 어떤 집단에 속하지 않은 사람이요, 어떤 지역에 새로 나타난 사람이다. 미국의 서부개척 시대에 서부에서는 사람들이 서로 마주쳤을 때 "낯선 이여, 안녕하세요"(Good morning, stranger)라고 인사했다고 한다. 낯선 사람은 말 그대로 이상한 사람이다. 그의 옷차림이 이상하고 그의 얼굴이 이상하고 때로는 그의 말도 이상하다. 주변 사람들과 너무 다를 때는 심지어 그들의 웃음거리가 되기도 한다.

무디성경학교에서 가르쳤던 유대인 출신의 맥스 I. 라이히 박사는 턱수염을 약간 기른 사람이었다. 언젠가 그는 꽤 유감스러운 듯 내게 "나는 꼬마 아이들에게 놀림을 많이 당했습니다. 길거리에서 내 턱수염을 본 아이들은 자기들끼리 서로 쳐다보며 웃었습니다"라고 말했다. 그는 턱수염 때문에 이상한 사람으로 취급당했던 것이다.

그런데 조금만 깊이 생각해보면 아주 재미있는 사실이 드러난다. 만일 우리가 자연에 순응한다면 턱수염이 없는 것이 오히려 이상한 것이다. 자연현상을 그대로 내버려둘 경우 턱수염이 자라는 것이 당연하기 때문이다. 그런데 우리는 턱수염을 깎아버리고 턱수염을 기른 사람을 가리켜 이상한 사람이라고 말한다. 하지만 자연을 인위적으로 바꿔버린 것을 자연스럽다고 말하고, 자연 그대로 내버려둔 것을 이상하다고 말하는 것이야말로 이상한 것이 아닌가?

해군이나 육군에서 복무하는 젊은이가 재미삼아 2주간 턱수염을 기르고 사진을 찍어 고향 집에 보낸다. 그 사진을 받아본 고향 사람들은 배꼽을 쥐고 웃는다. 턱수염을 길러 가지런히 다듬은 모습이 군인의 모습 같지 않기 때문이다. 물론 그는 군대 내부에서 근무한 것이 아니라 일정 기간 다른 곳을 돌아다니는 중이었기 때문에 턱수염을 기를 수 있었다. 사실 나도 젊은 군인들이 턱수염을 기른 다음 찍어서 보낸 사진들을 본 적이 있다. 그 사진 속에 나타난 그들은 다른 사람들처럼 보였다. 자연스럽게 자라는 턱수염을 그대로 둔 모습이 오히려 이상하게 보이는 것이다. 다시 말해, 면도를 중단했을 때 이상하게 보이는 것이다.

무엇이든지 주변의 다른 것들과 다를 경우 이상하게 보이는 법이다. 영어를 모국어로 말하는 사람들 틈에 독일 사람이 끼어들어서 영어로 말하면 그의 말투 때문에 금방 눈에 띄게 된다. 그의 말투가 미국인들보다 약간 불분명하고 음성도 약간 더 깔리기 때문에 이상하게 보인다. 프랑스 사람이 끼어들어서 영어로 말해도 역시 눈에 띄게 되는데 그들은 콧소리를 많이 사용하여 말하기 때문이다. 사람들이 그를 이상하게 느끼는 것은 그의 말투가 그들에게 익숙하지 않기 때문이다.

그리스도인은 달라야 한다

이와 마찬가지로 그리스도인도 이상한 존재로 취급받는다. 누군가 내게 찾아와 "목사님, 내가 그리스도를 따르기 때문에 이상한 사람으로 취급받는데 이를 어쩌면 좋습니까?"라고 하소연하며 동정을 받으려 한다면 나는 그를 동정하지 않을 것이다.

예를 들어보자. 성경을 읽는 것을 허용하는 공립학교에서 어떤 선생이 학급에서 성경 몇 구절을 읽고 학생들과 함께 주기도문을 드린다. 학생들 중 어떤 아이의 부모는 무신론자이기 때문에 그 사실을 알고 학교 이사회에 다음과 같은 항의서한을 보내 이사회를 발칵 뒤집어놓는다.

"우리는 공식적으로 항의합니다. 학급에서 성경을 읽으면 우리 아이는 당혹감을 느낍니다. 우리는 집에서 아이에게 성경이 거짓이라고 가르칩니다. 학급의 아이들이 모두 머리를 숙이고 주기도문을 외우면 우리 아이는 당황합니다. 우리 아이는 주기도문을 믿지 않습니다. 학급의 아이들은 우리 아이를 이상하게 여길 것입니다. 이런 이유로 우리는 학교에서 함께 성경을 읽고 주기도문을 드리는 문제에 대해 정식으로 항의합니다."

그러나 나는 이런 항의문을 보낸 무신론자 부모를 겁쟁이라고 생각한다. 왜냐하면 자신들의 사상과 다른 공립학교와 학급의 분위기를 견디지 못한 것이기 때문이다.

그리스도인 부모도 자녀를 학교에 보낸다. 그러면 아이들은 초등학교를 졸업하고 중고등학교로 진학하는데, 그들의 기독교 신앙 때문에 학교에서 이상한 아이로 취급당하는 일이 벌어질 수 있다. 하지만 그리스도인 부모는 항의하지 않는다. 항의해보았자 아무 소용이 없다는 것을 잘 알기 때문이다. 세상 사람들은 우리 그리스도인들이 이상하다고 여기지만, 이상하다는 것은 다르다는 것을 의미할 뿐이다.

사실, 우리는 달라야 한다. 다르지 않은 그리스도인들에게는 화(禍)가 있을지어다! 다르다는 소리를 듣지 못하는 그리스도인은 그의 신앙고백을 욕되게 하는 것이요, 자기의 본분을 망각한 것이다. 교회의 특징은 교회의 구성원들이 세상 사람들과 다르다는 것이다. 세상 사람들은 우리가 다른 것을 이상하게 여기지만 베드로는 "이상한 사람으로 취급받는다 할지라도 항의하거나 변호사를 고용하거나 학교 이사회를 발칵 뒤집어놓지 말라. 너희를 이상하게 여기는 사람들은 결국 하나님 앞에서 그들의 언행에 대해 책임을 지게 될 것이다"라고 가르친다. 이것이 베드로의 교훈이다.

우리를 이상하게 여기며 우리가 이상하다고 놀리는 사람들은 우리에게 해명하는 것이 아니라 하나님 앞에서 해명해야 할 것이다. 하나님께서는 당신이나 나를 재판관으로 세우지 않으셨다. 그분은 우리를 증인으로 세우셨을 뿐이다.

이상할수록 아름다운

당신을 비난하는 사람들에게 왜 자신을 비난하는지 설명해보라고 말하지 말라. 할 수 있다면 그들에게 당신이 설명하라. 하지만 그들이 당신의 설명을 받아들이지 않는다면 잠잠하라. 어떤 비판자들에게는 침묵이 가장 좋은 답변이 된다. 우리 구주께서 좋은 예가 되신다. 예수님은 사람들에게 조롱을 당하고 질문을 받았을 때 아무 말씀도 하지 않으셨다. 급기야 빌라도는 예수께 "내게 말하지 아니하느냐 내가 너를 놓을 권한도 있고 십자가에 못 박을 권한도 있는 줄 알지 못하느냐"(요 19:10)라고 말했고, 예수님은 "위에서 주지 아니하셨더라면 나를 해할 권한이 없었으리니"(요 19:11)라고 말씀하셨다. 그런 다음 예수님은 침묵하셨다.

어린양 예수 그리스도의 침묵은 역사상 가장 기이한 것들 중 하나이다. 예수님은 도살자에게 끌려가는 양처럼 끌려가셨는데, 어린양처럼 잠잠하셨다. 당신을 비판하는 자들에게 왜 비판하는지를 말하라고 요구하지 말라. 침묵이 종종, 아니 언제나 최고의 응수가 된다.

"그리스도께서 이미 육체에 고난을 받으셨으니 너희도 같은 마음으로 갑옷을 삼으라 이는 육체의 고난을 받은 자는 죄를 그쳤음이니"(벧전 4:1)라는 말씀에서 우리는 그리스도의 모범을 배울 수 있다. 분명히 말하지만, 우리 그리스도인들은 다른 존재들이다. 만일 우리가 다르지 않다면 그리스도의 날에 우리에게 화가 있을 것이다. 물론 우리는 이상한 사람들이다. 그렇기 때문에 세상 사람들이 우리를 가리켜 이상하다고 말한다. 그러나 그들보다 도덕적으로 더 깨끗하기 때문에 이상한 것이라면 그런 이상함은 결코 부끄러운 것이 아니다.

어떤 그리스도인들은 업무와 관련하여 파티에 참석하게 된다. 파티에 가면 모든 사람들이 술을 마신다. 하지만 그리스도인들은 술 대신 물이나 포도주스를 마시기 때문에 즐길 줄 모른다는 비난을 받는다. 그러나 그들을 비난하는 사람들은 어려운 일을 당하면 그리스도인들을 찾아가 기도를 부탁한다. 술을 마시지 않는다고 비난하던 그 사람을 찾아가 기도를 부탁하는 것이다.

그리스도인이 근무하는 직장에서 다른 사람들이 노골적이고 아슬아슬한 음담패설을 늘어놓더라도 그리스도인은 그렇지 않다. 그의 동료들은 그를 자극하기 위해 음란한 이야기를 하면서 귀찮게 굴지만 그는 웃거나 동조하지 않기 때문에 이상한 사람으로 취급받는다. 무릇, 더러운 것들 가운데 깨끗한 것을 갖다놓으면 아주 이상하게 보이는 법이다. 깨끗한 입술이 더러운 입술들에 둘러싸여 있으면 이상하게 보일 수밖에 없다. 깨끗한 마음이 더러운 마음들 가운데 있으면 이상하게 보이는 법이다.

정직한 사람이 그렇지 않은 사람들 틈에 있으면 이상하게 보이지만, 그런 이상함은 좋은 것이다. 예수 그리스도의 교회는 세상과 달리 입술이 깨끗하고 행동이 정직하고 마음이 정결하기 때문에 이상하게 보여야 한다. 세상 사람들은 그들처럼 살지 않는 교회를 보고 이상하게 여길 것이다. 하지만 그렇다고 해서 그들을 붙잡고 따지지 말라. 왜냐하면 그들은 산 자들과 죽은 자들을 심판하실 분에게 그들 자신의 언행에 대해 책임을 져야 할 것이기 때문이다. 당신은 증인이지 재판관이 아니다. 그리스도를 모범으로 삼아라. 그리스도께서는 고난을 당했지만 잠잠하셨다. 나와 당신도 예수 그리스도처럼 할 수 있다. 그리스도처럼 하는 일이 어려운 것이 아니라고 나는 믿는다.

죄인이 갈 데까지 가면 그도 역시 이상한 존재로 취급받는다. 강간범이나 살인자나 은행 강도가 그런 예이다. 세상은 그런 사람들을 이상하고 다르고 위험스런 존재로 여겨 감옥에 집어넣는다. 물론 그들은 그리스도인과 정반대되는 의미에서 이상한 존재들이다. 올바른 방향에서 이상한 사람이 그리스도인이다. 오, 낯선 자여! 하나님께서 그대에게 복을 주시기 원하노라. 당신이 더욱 이상한 사람이 될수록 더욱 아름다운 사람이 되는 것이다. 피난처를 찾아 그리스도께 피한 우리 그리스도인들은 그분과 하나가 된 것이요 그분께 생명을 받은 것이다.

CHAPTER 15
그리스도로 인한 고난을 즐거워하는 자가 그리스도인이다

"사랑하는 자들아 너희를 연단하려고 오는 불 시험을 이상한 일 당하는 것같이 이상히 여기지 말고 오히려 너희가 그리스도의 고난에 참여하는 것으로 즐거워하라 이는 그의 영광을 나타내실 때에 너희로 즐거워하고 기뻐하게 하려 함이라"(벧전 4:12,13).

모든 그리스도인이 천국으로 가는 길에 그와 동행해주는 친구가 있다. 바로 '고난'이다. 주님을 따르는 자는 그의 길이 힘들수록 더욱 기뻐한다. 그런데 그가 다음과 같은 세 가지를 분명히 깨닫는다면 그는 자신의 고난을 더욱 잘 견딜 수 있다.

첫째, 우리에게 닥치는 고난이 어떤 것인지를 알면 그것을 더욱 쉽게 견딜 수 있다. 이해할 수 없는 악한 일들은 우리를 더욱 두렵게 만드는 법이다. 본래 우리는 우리가 알 수 없는 것들을 두려워한다. 모르는 것은 두려움을 주기 마련이다. 인간의 본성이 그런 것이다. 그러므로 모르는 것을 두려워하는 마음이 우리에게 있다고 해서 크게 걱정할 것은 없다. 그것 때문에 정신과 의사를 찾아갈 필요는 없다. 무엇 때문에 두려워하는지를 안다면 두려움을 극복하기 위한 싸움에서 절반은 승리한 것이다. 두려움의 대상이 무엇인지를 안다면, 우리가 무엇 때문에 괴로워하는지를 안다면 우리의 두려움과 괴로움은 많이 사라진다. 이것은 정신의학의 기초적 원리들 중 하나인데, 그런 점에서 정신의학은 옳다. 우리의 문제들이 무엇인지를 안다면 그것의 절반은 해결한 것이다.

베드로는 "너희를 연단하려고 오는 불 시험을 이상한 일 당하는 것같이 이상히 여기지 말고"(12절)라고 말했는데, 이것은 편지의 수신자들을 위해 그들의 고난이 무엇인지를 말해준 것이다. 그는 불 시험이 이상한 것이 아니라 당연한 것임을 상기시키면서, 그들만 그런 고난을 당하는 것이 아니라 다른 모든 그리스도인도 동일한 고난을 당한다고 가르친다.

둘째, 고난을 예상하고 있는 사람은 막상 고난이 찾아오면 그것을 잘 견딘다. 하지만 예상치 못한 고난은 큰 피해를 입힌다. 고난을 예상한 사람은 그것이 닥치면 정신적으로나 육체적으로 더 잘 적응할 수 있다. 하지만 전혀 뜻밖에 찾아온 고난은 지극히 큰 피해를 끼친다.

셋째, 고난이 누구에게나 찾아온다는 것을 알면 그것을 더 잘 견딜 수 있다. 고난이 일반이라는 것을 알면 좀 더 쉽게 견딜 수 있다. 이런 심리는 인간 본성의 뒤틀린 측면인데, 설명하기 어렵기도하고 재미있기도 하다.

솔직히 말해서 나는 이런 심리를 설명하지 못하겠다. 다만 우리의 마음이 그런 식으로 돌아간다는 것을 알 뿐이다. 이런 가정을 해보자. 시카고 지역의 다른 모든 사람들로부터 격리된 상태에서 당신이 3주 동안 극심한 찜통더위에 시달린다. 그런데 시카고 시(市)의 남녀노소 모두 더위에 시달리지 않고 편한 옷을 입고 자유롭게 돌아다닌다는 것을 알면 당신은 당신이 겪는 고생을 견디기 어려울 것이다.

하지만 당신뿐만 아니라 모든 사람이 땀을 뻘뻘 흘리며 고생한다는 사실을 알면 왠지 위로가 된다. 당신뿐만 아니라 다른 모든 사람들도 밖에 나가면 숨이 막힐 정도로 덥다고 느낀다는 것을 알면 당신의 짜증이 좀 줄어들 것이다. 에어컨 시설이 되어 있는 사무실에서 일하는 사람들도 밖에 나가면 정신이 혼미해질 정도로 더위를 탄다는 사실을 알면, 당신 혼자 고생하는 것이 아님을 알고 어느 정도 안심이 될 것이다. 이런 감정은 거룩한 것도 아니고 신령한 것도 아니다. 다만 자연스러운 것이다.

고난을 즐거워하라

어떤 것들은 자연스러운 것이지만 나쁘다. 그것들은 악한 성향에서 나오는데 그런 성향은 자연스럽지만 나쁜 것이다. 한편, 또 어떤 것들은 자연 그 자체에서 나오지만 악으로 부패한 것은 아니다. 이런 것들은 인간 본성의 일부일 뿐이다. 그러므로 이런 것들에 대해 변명하거나 회개할 필요는 없다. 당신이 고생하는 4백만

명 중 하나라는 것을 알면 위로가 되는가? 아니면 심란해지는가? 극심한 찜통더위 때문에 짜증이 난다면 당신뿐만 아니라 다른 많은 사람들도 똑같다는 것을 생각하면서 위로를 받아라. 우리가 기억해야 할 것이 하나 있는데 그것은 하나님께서 인간의 삶에서 세 가지를 주목하신다는 사실이다. 첫째는 자연스럽고 선한 것들이고, 둘째는 자연스럽지만 나쁜 것들이고, 셋째는 신령한 것들이다.

베드로는 편지의 수신자들을 위해 '불 시험'이 어떤 것인지를 말해주었는데, 베드로의 말을 듣고 그들은 위로를 많이 받았을 것이다. 그는 "사랑하는 자들아 너희를 연단하려고 오는 불 시험을 이상한 일 당하는 것같이 이상히 여기지 말고"(벧전 4:12)라고 말했다. 그렇다! 그리스도인으로서 당신에게 일어나는 일은 이상한 것이 아니다. 그것은 당연한 일이다. 그것은 하나님의 아들의 장성한 분량까지 이르는 삶의 한 부분이다. 불 시험을 이상한 일로 여기지 말라고 말한 베드로는 "오히려 너희가 그리스도의 고난에 참여하는 것으로 즐거워하라"(벧전 4:13)라고 말했다. 그들이 즐거워해야 하는 이유는 불 시험을 통해 그리스도의 고난에 동참하게 되기 때문이다.

베드로의 편지의 수신자들은 불 시험이 그리스도의 고난에 동참하는 것이라는 사실을 알게 되었기 때문에 고난을 더 이상 고통스럽게 여기지 않게 되었다. 그들은 자기들이 당연한 고난을 당하고 있다는 것을 알게 되었다. 뿐만 아니라 그들은 자기들의 고난이 인류의 시작부터 줄곧 모든 사람들이 당한 고난이라는 사실을 알게 되었다. 그들은 그리스도의 고난에 동참하고 그 고난을 견디는 영광을 얻게 된 자들이었다. 저 초대교회 그리스도인들은 비판을 모르는 순진한 사람들이었다. 지금 우리는 매사에 복잡하게 따지고 들기 때문에 우울해하고 또 모호한 판단으로 인하여 순진한 삶을 잃어가고 있지만 그들은 그렇지 않았다.

그들은 그리스도의 고난을 믿고 의지하면서 그들의 고난을 그리스도의 고난과 연관시켰다. 그들은 그리스도께서 큰 고난을 당한 분이시라고 증거했다. 그분을 위해 고난을 당하는 자는 자신의 고난을 그리스도의 고난과 연관시키는 것이다. 그는 오직 그리스도와 함께 그분의 고난을 견디는 것이다. 초대교회의 그리스도인들은 또한 그들의 상급을 그리스도의 상급과 연관시켰다. 그렇기 때문에 베드로는 "오히려 너희가 그리스도의 고난에 참여하는 것으로 즐거워하라 이는 그의 영광을 나타내실 때에 너희로 즐거워하고 기뻐하게 하려 함이라"(벧전 4:13)라고 분명히 말한 것이다. 초대교회의 그리스도인들은 그리스도를 위하여 고난당하고 그리스도를 본받아 고통을 견딜 수 있는 영광을 얻게 된 것에 대해 매우 기뻐했다.

그리스도의 이름을 위하여 당하는 치욕

베드로는 "너희가 그리스도의 이름으로 치욕을 당하면"(벧전 4:14)이라고 말했다. 그리스도의 이름을 위하여 치욕을 당한다는 것이 어떤 것인지 현대인은 이해하기 힘들다. 하지만 상상해보자. 여기에 한 사람이 있었다. 그분은 인격이 고결했다. 사람들은 그분에게서 기적, 치유, 절실한 도움, 선행, 용서의 말, 위로 그리고 격려를 받았다. 그분은 사람들에게 마치 태양처럼 빛을 비추어주었다. 마치 봄비처럼 사람들의 마음을 적셔주었다. 그분에게서 풍기는 아름다운 향기는 사람들에게 힘을 주었다. 그런데 그분은 자기가 온 세상이 고대해온 사람이라고, 자기가 고대의 선지자들이 예언한 사람이라고 담대히 주장했다. 아이들과 버림받은 사람들과 정직한 남자들과 진지한 여자들은 그분께 열광했지만, 제도화된 종교 지도자들은 그분을 미워했다.

제도화된 종교 안에는 그분을 위한 자리가 없었다. 그분의 돌은 그런 종교의 건물에 들어맞지 않는 돌이었다. 그분 당시의 종교 지도자들에게는 온갖 종류의 돌들이 있었지만, 모퉁이의 머릿돌이신 그분, 즉 '그리스도'께서 나타나셨을 때 그들은 그리스도를 위한 자리를 찾지 못했기 때문에 그분이 무익하다고 판단하고 그분을 배척했다. 결국 그들은 권모술수를 써서 그분을 체포하고 십자가에서 처형했다. 그러나 그들을 경악하게 만드는 주장이 들려왔다. 그것은 그들이 범죄자로 몰아 죽인 그분이 살아 계신 것을 많은 사람들이 보았고, 다시 살아나신 그리스도께서 전보다 더 가까이에서 그분 자신의 추종자들을 이끌고 계시다는 것이었다.

초대교회 당시에 '그리스도인'이라는 이름이 얼마나 큰 파장을 일으켰는지 당신은 상상할 수 있겠는가? 물론, 그 이름에는 나름대로 합당한 의미가 담겨 있었다. 하지만 또 그 이름에는 한 순간에 폭발할 수도 있는 엄청난 파괴력이 있었다. '그리스도인'이라는 이름이 들리면 사람들은 그리스도를 따르든지 아니면 그리스도께 거역하든지 태도를 표명해야 했다. 그리스도를 따르는 자들은 그리스도를 하나님이시라고 믿으면서 경건한 마음으로 그분을 경배했다. 왜냐하면 치유와 위로와 평안과 새 삶이 그리스도로부터 나왔기 때문이다. 반면 그리스도께 거역하는 자들은 조직화된 종교의 교리를 믿으면서 그리스도를 위험한 인물로 간주했다. 그들은 그리스도가 귀신 들려 미친 사람으로 사회 조직을 무너뜨리려고 시도한다고 생각했다. 그리스도에 대한 두 가지 상반된 태도 사이에 중립지대는 없었다. 그리스도를 따르든가 아니면 거역하든가 양자택일만이 있었다.

매끄럽고 세련된 것들을 좋아하는 지금 시대는 격렬한 것이나 날카로운 것을 좋아하지 않는다. 예수님 시대의 사람들과 달리 이 시대의 사람들은 분명한 태도를 보이기 싫어하는 경향이 있는데, 그것은 순진하지도 않고 직선적이지도 않고 인간적이지도 않기 때문이다. 물에 술 탄 듯 술에 물 탄 듯한 이 시대의 사람들은 순진하지 않다. 하지만 "너희가 돌이켜 어린아이들과 같이 되지 아니하면 결단코 천국에 들어가지 못하리라"(마 18:3)라는 예수님의 말씀에서도 알 수 있듯이, 예수님은 순진함을 인간 최고의 미덕으로 꼽으셨다. 예수님이 높이 평가하신 것은 어린아이의 무지나 더러움이나 시끄러움이 아니라 어린아이의 순진함이었다.

어린아이들에게는 많은 특징이 있다. 그런데 우리는 어린아이들이 빨리 성장해 그런 특징들에서 벗어나게 해달라고 기도한다. 하지만 그들이 버려서는 안 되는 특징이 있는데 그것은 바로 순진함이다. 그런데 유감스럽게도 그들은 성장하면서 순진함을 잃어버린다. 가식이 없고 꼬인 것이 없는 순진함은 때 묻지 않은 마음에서 나온다. 초대교회의 신자들은 그리스도에 대해 순진한 태도를 취했다. 세상 사람들은 그분의 이름을 들으면 분노했지만 그들은 머리를 숙이며 "나의 주 나의 하나님"이라고 고백했다. 세상 사람들과 그리스도인들 사이에는 그토록 날카로운 대립이 있었다. 교회가 순수함을 잃지 않은 곳에서는 언제나 그런 대립이 존재했다. 사람들이 그들의 어설픈 지식을 버리고 하나님의 얼굴을 보기 위해 어린아이처럼 그리스도를 찾는 곳에서는 언제나 그런 대립이 존재했다.

심판은 하나님의 집에서부터 시작된다

베드로는 "너희 중에 누구든지 살인이나 도둑질이나 악행이나 남의 일을 간섭하는 자로 고난을 받지 말려니와"(벧전 4:15)라고 가르친다. 그의 이 말은 그리스도인의 삶이 건전해야 한다는 점을 지적한 것이다. 우리는 기독교 신앙을 핑계로 우리의 악행을 정당화해서는 안 된다. 사실, 우리가 종종 그랬다는 것을 인정하지 않을 수 없다. 하지만 성경은 그런 것을 결코 용납하지 않는다.

물론 고난이 닥치면 우리는 그것을 이상하게 여기지 말고 당연한 것으로 여겨야 한다. 그런데 자신의 악행 때문에 고난을 당한다면 그것을 기독교 신앙으로 미화해서는 안 된다. 응당 치러야 할 돈을 치르지 않은 집사가 있는가? 그는 "내가 그리스도인이므로 그 돈을 내지 않아도 된다"라고 말해서는 안 된다. 빚을 갚지 않고 다른 도시로 가버린 목사가 있는가? 그는 "내가 성직자이므로 빚을 갚지 않아도 된다"라고 말해서는 안 된다. 베드로는 "너희 중에 누구든지 살인이나 도둑질이나 악행이나 남의 일을 간섭하는 자로 고난을 받지 말려니와"(벧전 4:15)라고 분명히 가르친다. 자신의 악을 감추기 위해 기독교 신앙을 방패로 삼는 사람은 자신이 거짓된 사람이라고 인정하는 것이며 심판을 자초하는 것이다. 그렇다! 심판은 하나님의 집에서부터 시작되어야 한다.

베드로는 "하나님의 집에서 심판을 시작할 때가 되었나니"(벧전 4:17)라고 말하는데, 이 말이 종종 그리스도인들을 때리는 곤봉으로 사용된다. 사람들은 고개를 가로젓고 콧방귀를 뀌고 교회에 등을 돌리며 "하나님의 집부터 심판을 받아라"라고 말하거나 "너나 잘해"라고 말한다. 하지만 나는 그들에게 베드로전서 4장 17절을 읽으라고 말해주고 싶다.

"하나님의 집에서 심판을 시작할 때가 되었나니 만일 우리에게 먼저 하면 하나님의 복음을 순종하지 아니하는 자들의 그 마지막은 어떠하며"(벧전 4:17).

하나님께서 용납하지 않으시는 것 중 하나는 교회 밖의 사람들이 하나님의 가족의 일에 끼어드는 것이다. 하나님께서는 그들이 성경 구절을 잘못 해석하거나 성경 구절의 의미를 약화시켜서 말하는 것을 용납하지 않으신다. 하나님께서는 그들이 하나님의 자녀들의 머리를 곤봉으로 때리는 것을 묵과하지 않으신다. 하나님께서 "하나님의 집에서 심판을 시작할 때가 되었나니"라고 말씀하셨다는 것을 알고 불신자들은 교회를 향해 "그렇다. 너희부터 심판을 받아야 한다. 우리에게 신경 쓰지 말고 너부터 잘해라"라고 말한다.

하지만 하나님께서는 불신자들에게 "내 자녀에게서 심판이 시작된다면, 내 자녀가 되기를 거부한 너희가 받을 심판은 얼마나 크겠느냐?"라고 말씀하신다. 경건치 못한 죄인들은 어디에 서겠는가? 이 질문은 대답이 필요 없는 강력한 수사의문문이다. 이 질문 자체에 대답이 들어 있기 때문이다. 그들이 설 수 있는 곳은 없다. 그렇기 때문에 다윗은 "악인들은 심판을 견디지 못하며 죄인들이 의인들의 모임에 들지 못하리로다"(시 1:5)라고 선언했다.

다윗이 아주 오래전에 한 이 말을 받아서 이제 베드로는 "하나님의 뜻대로 고난을 받는 자들은 또한 선을 행하는 가운데에 자신의 영혼을 미쁘신 창조주께 의탁할지어다"(벧전 4:19)라고 말한다. 당신이 고난을 당한다 할지라도 하나님의 뜻 밖에서 고난을 받으면 하늘에서나 땅에서나 상급도 없고 격려도 없다. 그러나 하나님의 뜻에 따라 고난을 받는 자들은 선을 행하는 가운데에 자신의 영혼을 미쁘신 창조주께 의탁해야 한다.

당신의 영혼을 창조주께 의탁하라

나는 말 속에 담겨 있는 뜻을 알아내는 것을 즐긴다. 땅을 파다가 예기치 못한 보물을 발견하듯이 말의 의미를 파내려가다가 귀한 의미의 보물을 발견할 수 있기 때문이다. 베드로는 베드로전서 4장 19절에서 "의탁할지어다"라고 말한다. 의탁한다는 것은 보호를 받기 위해 맡긴다는 것이다.

1. 두려워 말고 하나님께 맡겨라

사람들은 보험증서 같은 각종 증서들 그리고 각종 귀중품을 안전하게 보관하기 위해 은행의 대여금고를 이용한다. 그렇게 하는 이유는 철제문 같은 안전장치들과 경비원에 둘러싸인 은행의 대여금고가 다른 곳보다 상대적으로 더 안전하다고 믿기 때문이다. 물론, 대여금고가 비스킷 통이나 침실보다는 안전할 것이다. 귀중품을 대여금고 안에 넣는 것은 그것을 의탁하는 것이다. 귀중품을 보호하기 위해 맡기는 것이다. 그러므로 베드로의 권면에는 "너희의 고난은 이상한 것이 아니라 당연한 것이다. 모든 그리스도인들이 고난을 견뎌 왔다. 너희가 하나님의 뜻에 따라 고난을 당한다면 너희의 영혼을 보호하기 위해 너희의 영혼을 하나님께 의탁하라. 너희의 영혼을 하나님께 맡겨라"라는 뜻이 들어 있다.

어떤 것을 맡긴다는 사실은 그것에서 손을 뗀다는 것을 의미한다. 어떤 사람들은 돈을 너무 사랑해서 그것을 포기하지 못한다. 그들은 문을 잠그고 창문의 블라인드를 끝까지 내리고 전등을 어둡게 해놓고 그들의 돈을 센다. 돈을 자주 꺼내서 눈으로 보며 즐긴다. 하지만 돈을 은행에 맡기지는 않는데 돈을 자기 몸 가까이 두어야 안전하다고 믿기 때문이다. 은행에 두는 것이 자기 집에 두는 것보다 더 안전하다는 사실을 모르는 것이다. 하지만 이런 사람들은 사실 매우 특이한 이들이다. 별난 성격의 소유자들이다. 대부분 사람들은 은행이 더 안전하다고 믿기 때문에 돈을 은행에 맡긴다. 우리의 영혼도 마찬가지이다. 우리의 영혼은 하나님의 손안에 있을 때 안전하다. 그렇기 때문에 우리는 우리의 영혼을 하나님께 의탁해야 한다.

하나님께 의탁하는 것은 편지를 부치는 것에 비유될 수 있다. 이런 경우를 가정해보자. 당신이 편지를 집어 들어 우체통의 구멍 속으로 살짝 밀어 넣지만 그것을 안으로 떨어뜨리지 않고 계속 잡고 있다. 당신은 주소가 정확히 기입되었는지, 우표가 붙어 있는지를 확인하기 위해 편지를 다시 꺼낸다. 그리고 편지를 계속 보면서 손에서 놓지 않는다. 이런 상황에서는 그 누구도 당신의 편지를 당신에게서 빼앗을 수 없다. '엉클 샘'(Uncle Sam, 의인화된 미국 또는 미국 정부)도 당신의 편지를 만질 수 없다. 미국의 어떤 경찰관도 그것에 손을 댈 수 없다. 당신의 손에서 그것을 빼앗을 수 있는 권리를 미국 대통령에게 허락한 법은 없다. 그 누구도 당신의 편지에 손을 댈 수 없다. 그것이 당신의 편지이기 때문에 그것이 당신의 손 안에 있는 한 당신 마음대로 처리할 수 있다.

당신이 그것을 썼고 주소를 기입했고 우표를 붙였고 봉인했고 우체통까지 가지고 갔지만 그것을 우체통에 넣지 않고 도로 당신의 주머니에 넣는다면 당신에게는 여전히 그 편지가 있다. 하지만 편지를 우체통에 넣으려면 당신의 손에서 그것을 놓아야 한다. 손을 내밀어 우체통의 구멍 속으로 편지를 밀어 넣은 다음 그것을 손에서 놓아야 한다. 그렇게 하기 전까지는 편지를 우체통에 넣은 것이 아니다.

하지만 일단 편지를 손에서 놓으면 당신은 그것을 다시 만질 수 없다. 편지에 손을 대려고 시도한다면 어떤 경찰관이라도 당신을 체포할 수 있다. 당신의 손을 떠나 우체통 안으로 들어가버린 편지는 '엉클 샘'의 것이다. 별들이 박힌 모자를 쓴 엉클 샘의 큰 손이 당신의 편지를 꼭 쥐고 있기 때문에 당신은 그것을 다시 손에 넣을 수 없다. 당신의 손을 우체통에 넣어 당신의 편지를 손으로 잡아서 다시 꺼낼 수 있을까? 그것이 가능하다 할지라도 만일 그렇게 하면 당장 체포될 수 있다. 한번 의탁했으면 그것으로 끝이다. 의탁했다는 것은 보호받기 위해 맡겼다는 것이다.

2. 통제권을 하나님께 넘겨 드려라

의탁한다는 말에는 또 다른 뜻이 있다. 의탁한다는 것은 자신을 다른 사람의 통제 아래에 두는 것이요, 자기보다 우월한 능력의 소유자에게 권리를 완전히 넘겨주는 것이다. 그러므로 "그 영혼을 미쁘신 창조주께 의탁할지어다"(벧전 4:19)라는 베드로의 말 속에는 "너희 영혼을 너희보다 우월한 능력의 소유자께 넘겨드려라. 하나님께 너희 영혼의 통제권을 넘겨드려라"라는 뜻이 들어 있다.

당신은 베드로의 말처럼 했는가? 만일 그렇게 하지 않았다면 나는 당신을 위로해줄 수 없을 것 같다. 그것은 당신의 힘만으로는 악화되어가는 무기력한 상황에서 벗어날 수 없을 것이기 때문이다. 당신은 점쟁이들이 찾아와 헛된 소리를 늘어놓을 때마다 현혹될 것이기 때문이다. 또한 당신은 알 수 없는 우연, 예측할 수 없는 가능성, 확인된 적, 확인되지 않은 적, 최근에 활개를 치는 세균 같은 것들에 속수무책으로 당할 수밖에 없기 때문이다.

만일 당신이 하나님께 당신의 영혼을 맡기지 않았다면 세상에서 일어날 수 있는 모든 위험한 일들에 대해 근심하고 걱정할 것이다.

하지만 하나님께 당신의 영혼을 맡겼다면 그런 모든 것들에 대해 염려할 필요가 없다. 손에서 편지를 우체통의 바닥으로 떨어뜨린 사람은 더 이상 그의 편지에 대해 걱정하지 않는다. 그것이 수신자에게 정확히 도달할 것이기 때문이다.

여러 해 동안 나는 편지, 소포, 포장된 상자, 항공우편 그리고 특별우편을 보냈는데 그것들이 모두 수신자들에게 정확히 도착했다. 잃어버린 것이 하나도 없었다. 또한, 누군가 내게 보낸 것들 중에서 내게 도착하지 않은 것은 하나도 없었다. 내가 아는 한, 하나도 없다. 항상 정확히 도착했다. 적어도 우편에 관한 한, 미국의 우체국은 정말로 믿을 만하다. 우편요금이 조금 비싼 경우도 있고 우편물의 도착이 조금 지연되는 경우도 있지만 우편물은 정확히 수신자에게 도착한다. 우리가 미국의 우체국을 믿을 수 있다면 하나님은 더욱더 믿을 수 있다. 그러므로 당신의 영혼과 선행을 당신보다 능력이 많으신 분께 의탁하라. 그러면 당신 자신에 대해 더 이상 걱정하지 않게 될 것이다.

하나님께 의탁하는 것이야말로 내가 발견한 유일한 참된 평안이다. 이것만이 평안에 이를 수 있는 유일한 길이다. 만일 내가 죽음이 실제로 일어나는 현실이 아니라고 당신께 말한다면 나는 거짓말을 하는 것이다. 우리에게 적이 없다고 말한다면 그것도 역시 거짓말이다. 당신께 "앞으로 여러 해 동안 당신에게 완벽한 평안이 있을 것입니다"라고 말한다면 나는 거짓말을 하는 것이다. "고통은 실제로 존재하지 않는데 우리가 고통스럽다고 생각할 뿐입니다"라고 말한다면 나는 거짓말을 하는 것이다. 하지만 고통이 실제로 존재하고 당신의 원수들도 실제로 존재한다고 내가 말한다면 나는 거짓말을 하는 것이 아니다.

그런데 나는 "대여금고에 귀중한 문서를 보관하면 안전하듯이 당신이 안전한 곳이 있습니다. 그곳에서는 누구도 당신에게 손을 댈 수 없습니다. 믿을 수 있는 은행이 안전하듯이 당신도 그곳에서 안전합니다"라고 말할 수 있다. 그곳은 바로 하나님의 손안이다. 미쁘신 창조주라고 불리시는 전능하신 하나님의 손안이다. 예수 그리스도를 통해 미쁘신 창조주께 당신을 맡겨라. 당신 영혼의 마지막 한 행동을 통해 하나님의 손안으로 들어가라. 하나님께 가서 "하나님이시여! 고난이 닥치든 기쁨이 찾아오든, 상황이 어떻든 간에 저는 하나님께 저를 의탁합니다"라고 말씀드려라. 그러면 당신은 하나님의 보좌만큼 안전할 것이다. 왜냐하면 하나님은 미쁘신 창조주이시기 때문이다.

하나님 한 분이면 족하다

1달러짜리 지폐가 가치 있는 것은 미국 정부가 그 가치를 보증해주기 때문이다. 당신이 국채를 매입할 경우, 그것은 정부가 그 가치를 보증해주기 때문에 안전한 것이다. 만일 정부가 당신의 채권에 대해 책임을 지지 못하겠다고 말한다면 그것은 휴짓조각에 불과하다. 화폐나 국채는 정부가 안전한 만큼만 안전한 것이다. 만일 정부가 붕괴되면 당신의 화폐와 채권은 무용지물이 되고 만다.

내가 당신께 "선을 행하는 가운데에 당신의 영혼을 미쁘신 창조주께 의탁하십시오. 당신을 그분께 의탁하십시오. 당신이 더 이상

붙들고 있지 마십시오. 보호받기를 원한다면 당신보다 능력이 많은 하나님께 맡기십시오"라고 말한 다음 "당신은 오직 하나님의 능력의 한도 내에서 안전할 것입니다"라고 덧붙일 필요가 있는가? 그럴 필요는 없다. 왜냐하면 하나님의 능력에는 한도가 없기 때문이다. 만일 하나님으로 충분하지 못하다면 당신은 다른 무엇을 더 찾고 다른 어떤 존재를 찾아가야 할 것이다. 하지만 하나님 한 분만으로 충분하다!

'오, 하나님! 우리가 당신을 찬양하나이다'라는 찬송가에 나오는 가사를 읽어보자.

오, 하나님! 우리가 당신을 찬양하나이다.
우리가 당신을 주님으로 인정하나이다.
온 땅이 영원한 아버지 당신께 경배하나이다.
모든 천사들과 하늘과 하늘의 모든 권세들이
큰 소리로 당신께 찬양하나이다.
그룹들과 스랍들이 당신께 "거룩하다, 거룩하다.
만군의 주 하나님"이라고 찬양하나이다.
하늘과 땅에 당신의 위엄과 영광이 가득하나이다.

만일 하나님으로 충분하지 못하다면 우리는 태어나지 않는 것이 더 좋았을 것이다. 하지만 하나님으로 충분하다. 하나님께서는 하늘과 땅을 붙들고 계시다. 늘 그랬듯이 지금도 나는 다음과 같은 어떤 성직자의 글을 인용하고 싶다.

"하나님은 만유(萬有) 위에 계시고 만유 아래에 계시고 만유 밖에 계시고 만유 안에 계시다. 만유 위에 계시지만 만유를 떠나 저 높이 올라가신 것이 아니며, 만유 아래에 계시지만 만유를 떠나 저 아래로 내려가신 것이 아니다. 만유 밖에 계시지만 만유에서 배제되신 것이 아니며, 만유 안에 계시지만 만유 안에 갇히신 것이 아니다. 만유 위에 계시면서도 만유를 다스리시고, 만유 아래에 계시면서도 만유를 떠받치고 계시다. 만유 밖에 계시면서도 만유를 품고 계시고, 만유 안에 계시면서도 만유를 충만히 채우신다."

하나님은 우리의 삶 속에 함께하시는 하나님이시다. 하나님으로 충분하다. 그러므로 당신 영혼의 안전을 위해 창조주께 의탁하라. 당신의 모든 것을 예수 그리스도를 통해 하나님께 넘겨 드리라. 그러면 안전할 것이다.

CHAPTER 16

모든 두려움을 주께 맡기는 자가 그리스도인이다

"너희 염려를 다 주께 맡기라 이는 그가 너희를 돌보심이라"(벧전 5:7).

많은 그리스도인들이 성경의 약속들에 대해 흔히 오해하고 있다는 것을 나는 알게 되었다. 하나님께서 약속의 말씀을 주실 때 의도하지 않으셨던 것이 하나님의 약속의 말씀에 포함되어 있다고 오해하는 경향이 그들에게서 발견된다. 그들은 성경말씀에 들어 있지 않은 뜻을 그 말씀 속에 집어넣어 읽은 다음 그것을 자기들에게 적용한다.

방금 읽은 본문을 예로 들 수 있다.

"너희 염려를 다 주께 맡기라"(벧전 5:7)라는 말씀을 읽은 사람이 이 말씀에서 "죄와 허물 가운데 죽은 너희여, 이 세상 풍습에 따라 사는 너희여, 불순종의 자녀들 가운데 일하는 영(靈), 곧 공중의 권세를 잡은 자에게 이끌려 사는 너희여, 육체와 마음의 욕망을 이루기 위해 육신의 정욕에 따라 살기 때문에 본질상 진노의 자식인 너희여, 너희는 너희 염려를 다 주께 맡기라"라는 뜻을 읽어낸다면 그것은 완전히 잘못된 해석이다. 하나님께서는 죄에 빠져 자기의 정욕에 따라 사는 자들에게 "네 염려를 다 내게 맡기라"라고 말씀하지 않으신다. 절대 그렇게 하지 않으신다. 자신에게 적용되지 않는 성경 구절을 취하여 자신에게 적용하는 것은 대단한 오류이다. 어떤 구절은 그 구절이 제시하는 조건을 충족시킨 사람에게 적용된다. 하지만 만일 당신이 그 조건을 충족시키지 못했다면 그 구절은 당신에게 적용되지 않는다. 그런데도 그 구절을 자신에게 적용한다면 그것은 큰 오류이다.

이런 경우를 가정해보자. 당신에게 편지 한 통이 날아왔는데 당신이 성급하게 그것을 뜯어본다. 거기에는 당신이 100억 원의 유산을 상속받게 되었다고 적혀 있다. 사람들이 흔히 말하듯이 당신은 복 받은 것이다. 당신은 뛸 듯이 기뻐한다. 그런데 자세히 보니까 그 편지는 당신에게 잘못 배달된 것이다. 편지에 적힌 주소는 당신의 집 주소와 동네는 맞는데 번지수가 다르다. 물론 당신은 그 유산을 상속받을 자격이 없다. 그 편지는 당신에게 온 것이 아니다.

하나님의 약속도 이와 같다. 하나님께서 "너희 염려를 다 주께 맡기라"라고 말씀하셨을 때, 누구에게 그렇게 말씀하신 것인가? 이 말씀이 누구를 위한 말씀인지를 우리는 알아야 한다. 이 말씀은 겸손한 자들, 회개하는 자들, 믿는 자들, 순종하는 자들, 새롭게 된

자들, 택함 받은 자들을 위한 말씀이다.

성경 전체에서 두드러지게 나타나는 진리들 중 하나는 하나님의 약속들이 그분의 자녀들을 위한 것이라는 진리이다. 우리는 이것을 늘 명심해야 한다. 예수님 당시에 유대인들은 자기들이 아브라함의 자손이므로 성경의 어떤 약속들이 자기들을 위한 것이라고 주장했다. 하지만 예수님은 그들에게 "그 점에서 너희는 오류를 범했다. 만일 너희가 아브라함의 자손이라면 아브라함처럼 행할 것이다. 너희가 아브라함처럼 행하지 않는 것을 보니 너희는 그의 자손이 아니다"라는 취지로 말씀하셨다. 그렇다. 아브라함에게 주어진 모든 약속은 그의 육신적 후손이 아니라 그의 영적 후손에게 적용된다(롬 9:3~8 ; 갈 3:15~29 참조).

우리는 정치가들이나 언론이 성경의 좋은 약속의 말씀들을 자기들에게 유리하게 인용하는 것을 볼 수 있다. 그런 현상이 비극적이라고 말하자니 너무 지나친 것 같기 때문에 나는 웃긴다고 말하고 싶다. 왜냐하면 그들의 삶의 방식을 볼 때 그들에게 그런 성경 구절이 적용된다고 볼 수 없기 때문이다. 성경의 약속은 하나님의 자녀들을 위한 것이다. 그런데 그 약속들이 뛰어난 그리스도인들, 재능이 많은 그리스도인들, 또는 성공적인 그리스도인들에게만 적용되는 것은 아니다. 많은 선한 그리스도인들은 성공적이지 않다. 많은 선한 성도들은 뛰어난 성도들이 아니다. 많은 훌륭한 신자들은 재능이 많은 신자들이 아니다. 하나님께서는 자신의 기쁘신 뜻대로 자연과 은혜를 통해서 사람들에게 그 재능을 주권적으로 부여하셨다.

우리는 재능이 많은 사람들, 뛰어난 사람들, 그리고 성공적인 사람들을 칭찬하는 경향이 있다. 그러나 하나님께서도 그렇게 하실까? 성경이 가르치듯이, 하나님께서는 성실하고 사랑이 많고 모든 것을 하나님께 바치는 사람들을 칭찬하신다. 그런 사람들도 뛰어나고 성공적인 사람들만큼 하나님께 칭찬을 받는다. 당신은 "나는 뛰어나지도 않고 재능이 많지도 않고 성공적이지도 않다. 나는 평범한 그리스도인들 중 하나이다"라고 말하는가? 당신이 그렇게 말한다고 해서 하나님의 약속이 당신을 위한 것이 아니라고 생각하지 말라. 우리 모두는 하늘의 아버지 앞에서 부족한 자일 뿐이다. 올바로 살기 위해 몸부림치는 연약하고 미천한 자들도 뛰어나고 성공적인 자들만큼 하나님께 귀한 존재들이다.

두려움을 어떻게 다룰 것인가?

이 세상에는 많은 염려가 존재한다. 베드로는 다음의 성경 구절에서 '염려'라는 단어를 사용한다.

"너희 염려를 다 주께 맡기라 이는 그가 너희를 돌보심이라" (벧전 5:7).

이 말은 마음속에 두려움이 생길 정도로 걱정하는 것을 가리킨다. 사실, 이 세상에 두려움과 걱정이 생기는 것이 당연하다. 100 퍼센트 낙관적인 태도를 취하는 것은 무책임하고 비현실적인 것이다. 인간사를 깊이 생각해보면 무조건 낙관적인 태도를 가질 수는 없다. 두려움에서 벗어나기 위해 두려움의 원인들을 외면하는 사람들이 있는데 그들은 속고 있는 것이다. 그런 사람들은 '바보들의 낙원'에서 살게 될 것이다. 우리는 두려움의 원인들을 외면해서는 안 되는데 그것은 두려움이 실제로 존재하기 때문이다. 우리는 두려움이 존재한다는 것을 인정해야 한다.

전 세계적으로 볼 때, 말라리아에 걸려 죽는 사람들이 1년에 100만 명이 넘는다. 병이 어디 말라리아뿐인가? 무수한 질병이 전 세계에 존재하는 것이 현실이다. 우리를 위협하는 것은 질병뿐만이 아니다. 심지어 선한 사람들에게도 사고, 실직, 배반, 별거, 사별, 전쟁, 그리고 죽음이 찾아온다. 이런 것들이 세상의 이곳저곳에서 일어난다.

세상에 이런 것들이 가득하기 때문에 사람들은 불안과 걱정에 시달린다. 그런데 불안을 느낄 때 사람들은 다양한 반응을 보인다. 어떤 사람들은 아주 딱딱한 껍질로 자신을 두른다. 마치 거북이 등처럼 딱딱한 껍질을 만들어 그 안에 숨는다. 딱딱한 껍질로 두려움을 쫓아내려고 시도하는 것이다. 또 어떤 사람들은 소위 성공이라는 것을 이루어 돈을 펑펑 쓰면 불안에서 벗어날 수 있다고 믿기 때문에 성공에 미친 듯이 매달린다.

죽기 전에 존 록펠러(John Davison Rockefeller, 1839~1937. 미국의 실업가)는 위장이 좋아질 수 있다면 10억 원이라도 내놓겠다고 말했다고 한다. 단단한 음식을 소화시킬 수 없었던 그는 우유, 크래커, 그리고 소화가 잘되는 몇 가지 음식을 먹고 살았다. 테네시 주(州)의 농장에서 일하는 아주 가난한 농부도 아무것이나 잘 먹고 잘 소화시켰지만 이 위대한 록펠러는 그럴 수 없었다. 천문학적 액수의 재산을 가진 그가 앨라배마 주 늪지대의 농장에서 일하는 소년만큼 튼튼한 위장을 가질 수 없었던 것이다. 성공하면 불안에서 벗어날 수 있을 것이라고 믿는 사람들이 있지만 성공해서 풍족한 생활을 누린다 할지라도 불안을 쫓아내지는 못한다. 돈으로는 건강을 살 수 없고 사고를 막을 수도 없다. 아무리 성공한 사람이라 할지라도 전쟁이 일어나면 불안을 느낄 수밖에 없다. 세상에서 아무리 출세했다 할지라도 배신과 사별과 질병과 죽음에서 자유롭지는 못하다.

쾌락 추구는 두려움에서 벗어나려는 몸부림에 불과하다. "내일 죽을 것이니 먹고 마시며 즐기자"라고 말하는 사람들이 있다. 내일 죽는 것이 확실한 사람은 자기를 즐겁게 하기 위해 남아 있는 시간을 최대한 활용할 것이다. 저 두려운 것, 저 무서운 것, 즉 죽음이 내일 찾아올 것이기 때문에 그는 오늘 먹고 마시고 즐거워하기 위해 애쓸 것이다. 이런 식으로 인생을 살아가는 사람들이 있다. 그들은 거칠어진다. 두려움을 주는 것들을 회피하기 위해 밖으로 나가 일시적인 쾌락에 빠져 잠시나마 불안을 잊는다. 그들에게 즐거움을 선사할 수 있는 놀이 같은 것들을 당신이 발명한다면 엄청난 돈을 벌게 될 것이다.

어떤 사람들은 불안을 견디지 못해 신경쇠약에 걸린다. 그들이 온갖 종류의 정신적 질병에 시달리는 것은 모두 두려움 때문이다. 내가 언급한 적들, 즉 질병, 사고, 실직, 배반, 별거, 사별 그리고 죽음에 맞설 수 있는 사람이 있는가? 또한 내가 언급하지 않은 적들도 아주 많은데 그것들에 맞설 수 있는 사람이 있는가? 혹 그것들에 맞선다 할지라도 그것들은 물러가지 않는다. 어떤 사람들은 그것들을 외면하면 그것들이 물러간다고 믿는다. 그러나 "온갖 종류의 불행들이 존재하지 않는다고 생각하라"라는 충고는 매우 어리석은 것이다. 그것들을 외면한다고 해서 그것들이 물러가는가? 질병에 신경 쓰지 않는다고 해서 질병에 걸리지 않는가?

나와 내 아내의 친구가 최근에 암으로 죽었다. 비교적 젊은 나이였음에도 세상을 떠났다. 물론 죽음에 대해 생각하지 않을 수 있겠지만 그렇다 할지라도 죽음이 물러가는 것은 아니다. 전쟁이나 사고도 마찬가지이다. 자동차 사고를 예로 들어보자. 물론, 조심하면 자동차 사고를 약간 줄일 수는 있을 것이다. 그러나 조심할지라도 기계가 고장 나거나 다른 운전자들이 졸음운전이나 난폭운전을 하는 것까지 완전히 막을 수는 없다. 인생의 재앙들은 사라지지 않는다.

하나님께서는 우리의 두려움을 쫓아내신다

누군가는 우리의 두려움에 맞서 그것을 정복해야 한다. 누가 할 것인가? 당신은 할 수 없다. 나도 할 수 없다. 그렇다면 누가 할 수 있는가? 누가 우리의 두려움을 해결해줄 수 있는가? 누가 다음과 같이 말할 수 있을까?

"하나님의 자녀들이여, 내 말을 들어보라. 너희는 지뢰밭 같은 세상에서 살고 있다. 죽음의 그림자가 도처에 드리워져 있다. 자동차 사고, 질병, 정신병, 이런 것들이 사방에서 활개를 치고 있다. 하지만 내가 모두 해결해주겠다. 물론 나는 너희가 그런 것들을 당하지 않을 것이라고 약속하는 것이 아니다. 나는 너희가 그런 것들을 당해도 두려워하지 않게 해주겠다는 것이다. 나는 너희를 두려움에서 건져주고, 불행한 일들이 결국 너희에게 도움이 되도록 만들어주고, 악을 선으로 바꾸어줄 것이다. 나는 너희보다 앞서 갈 것이며, 너희에게 유익이 되지 않는 일은 한 가지도 일어나지 않도록 해줄 것이다. 만일 너희에게 역경이 필요하다면 그것을 허락하겠지만, 그럴 경우 나는 환자를 지켜보는 의사처럼 너희를 늘 지켜볼 것이다. 자식을 돌보는 어머니처럼 너희를 돌볼 것이다."

어느 누가 "너희는 두려운 것들을 못 본 척하면서 억지로 낙천주의자가 될 필요가 없다. 현실을 인정하고 두려운 것들의 존재를 인정하라. 하지만 그렇다고 해서 두려움에 사로잡혀 정신질환에 걸려 시설로 보내지지는 말라. 왜냐하면 내가 그것들을 처리해줄 것이기 때문이다"라고 말할 수 있는가?

이런 우리의 질문에 주님은 "너희 염려를 다 주께 맡기라 이는 그가 너희를 돌보심이라"(벧전 5:7)라고 대답하신다. 세상에서 일어날 수 있는 온갖 일들에 대한 우리의 근심 걱정에 대해 주님이 주시는 교훈이 이 말씀 안에 요약되어 있다. 물론 우리의 염려에 대해 주님이 이 말씀만을 해주신 것은 아니다. 하지만 주님이 우리의 염려에 대해 해주실 말씀들의 핵심이 이 말씀에 들어 있으며, 이 핵심은 신구약 전체를 관통하고 있다. 이 핵심은 하나님의 교훈과 모든 사도들의 교훈에서 발견된다. 하나님께서는 개인적으로 당신에게 큰 관심을 갖고 계신다. 하나님의 관심의 눈길은 무수한 군중 위에 머물지 않고 바로 당신 위에 머문다.

사람들은 '군중'이나 '집단'이라는 관점에서 생각하기를 좋아하는 경향이 있다. 흔히 시사지(誌)에 나오는 그래프나 도표에는 실루엣으로 처리된 자그마한 인물이 서 있는 그림이 등장하는데, 이런 경우 이 인물은 5백만의 사람들을 대표하는 한 개인이다. 그러므로 사실, 이 인물은 하나의 개인이 아니라 군중이다. 하지만 하나님께서는 군중이나 집단의 관점이 아니라 개인의 관점에서 생각하신다. 하나님께서는 자신의 양 한 마리, 자신의 자녀 한 명을 생각하신다.

이것이 성경의 가르침이다. 다시 말하지만, 하나님께서는 개인적으로 당신께 큰 관심을 갖고 계신다. "하나님께서는 지극히 높이 계시므로 온갖 복잡한 일들로 가득한 이 땅에 사는 하나님의 자녀들을 기억하지 않으신다"라고 말하지 말라. 물론 이 땅에는 질병이 가득하고, 날마다 사고가 나고, 직업을 잃어 돈 걱정을 하는 사람들이 우글거린다. 이 땅에는 사랑했던 사람에게 배신당하는 일이 비일비재하다. 이 땅에는 이별이나 사별이 드물지 않다.

예를 들어보자. 몇 년 동안 우리와 가깝게 어울렸던 청년이 약간은 억지웃음을 지으며 우리와 악수를 하고 인도를 따라 걸어가다가 길모퉁이에서 우리에게 손을 흔들어 인사한다. 군에 입대하기 위해서이다. 이렇게 우리 곁을 떠난 청년들 중 일부는 영영 돌아오지 못한다. 이것이 우리가 사는 세상이다. 하지만 이런 우리를 바라보시며 하나님께서는 "너희가 그런 세상에서 살고 있다는 것을 내가 다 안다. 하지만 내가 너희를 영원히 붙들고 있다. 나는 너희가 어떤 괴로움을 당하는지 자세히 알고 있다. 나는 모든 원수의 모든 행동을 다 예상하고 있다"라고 말씀하신다.

모든 염려를 하나님께 맡겨라

당신은 "내가 네 원수에게 원수가 되고 네 대적에게 대적이 될지라"라는 말씀을 성경에서 읽어본 적이 있는가? 출애굽기 23장 22절은 "네가 그의 목소리를 잘 청종하고 내 모든 말대로 행하면 내가 네 원수에게 원수가 되고 네 대적에게 대적이 될지라"라고 말한다. 이것은 원수가 나를 공격하면 하나님께서 그를 공격하신다는 뜻이다. 다른 뜻은 없다. 만일 내게 부분적으로 잘못이 있다면 하나님께서는 원수를 통해 나를 징계하시지만 원수가 나를 멸하도록 허락하지는 않으신다. 하나님께서는 내가 억울하게 공격당하도록 허락하지 않으신다.

청년이 되어 키가 크고 건장한 아들이 어머니께 웃으면서 "어머니, 제가 어렸을 때 어머니께서 제 엉덩이를 많이 때리셨지요"라고 말한다. 하지만 그의 어머니는 "아들아, 네가 부당하게 맞은 적은 없다"라고 대답한다. 이 어머니의 말에는 "내가 너를 이유 없이 때린 적은 없다"라는 뜻이 들어 있다.

멋지게 성장한 아들 다섯이 고향 집에 찾아와 둘러앉아 있다. 그들은 박사가 될 정도로 공부도 많이 한 사람들이다. 그리고 그 가운데 그들의 어머니가 마치 여왕처럼 품위 있게 앉아 있다. 그들은 외지로 나가 대학까지 다니고 현대식 사고방식을 갖게 되었지만, 여전히 그들의 어머니와 고향의 노인들을 사랑한다. 그들은 어렸을 때 어머니가 그들에게 엄하게 대하고 때로는 일도 시켰던 것에 대해 아무도 언급하지 않는다. 하지만 그중에 체구가 크고 성격이 좋은 한 아들이 결국 입을 열어 "어머니, 어머니께서 저희에게 벌을 주신 것이 때로는 약간 지나쳤다고 생각하지 않으세요?"라고 묻는다. 그러자 그들의 어머니는 자세를 바로 세우며 "아들아, 너도 나처럼 아들 다섯을 훌륭하게 키워봐라. 그런 후에도 네 생각이 지금과 똑같다면 그때 내게 와 이야기해라"라고 대답한다. 이 어머니의 대답에 깊은 진리가 담겨 있다.

하나님께서는 부당하게 매를 들지 않으신다. 당신이 하나님을 온전히 신뢰하면 하나님께서는 당신께 해가 임하지 않도록 돌보시며, 당신께 이렇게 말씀하실 것이다.

"내가 이 문제를 처리하겠으니 너는 손을 떼고 걱정하지 말라. 이 문제가 쉽게 물러가지는 않겠지만 내가 처리할 것이니 걱정하지 말라. 내가 너를 돌볼 것이다. 그것은 내가 네게 개인적으로 깊은 관심이 있기 때문이다. 네 원수가 곧 내 원수이다. 네가 내 편이고 나는 네 편이다. 네 원수는 우리 공동의 적이다."

언제나 하나님께서는 우리의 원수를 처리하신다. 당신의 모든 염려를 하나님께 맡겨 드려라. 왜 당신이 걱정하는가? 나는 당신의 걱정거리가 무엇인지 구체적으로 모른다. 나는 사람들에게 닥칠 수 있는 괴로운 일들을 대략적으로 말했을 뿐이다. 어쩌면 내가 당신의 불행에 대해 구체적으로 언급하지 못했을 수도 있다. 어쩌면 당신은 내가 상상조차 못하는 어떤 문제 때문에 괴로워하고 있을지도 모른다. 하지만 내가 분명히 말할 수 있는 것은 성경이 "너희 염려를 다 주께 맡기라"(벧전 5:7)라고 가르친다는 것이다.

지금 고민하고 있는 문제부터 주님께 맡겨 드려라. 더 미루지 말고 지금 단호하게 실행하라. 주님께 맡기는 결단에 서서히 이르는 것은 불가능하다. 시간을 두고 성장하여 그런 결단에 이르는 것도 불가능하다. 당신이 무거운 짐을 지고 길을 걸어가는 것을 보고 내가 당신께 "당신의 짐을 내가 잠시 져드리겠습니다"라고 말한다고 가정해보자. 그럴 경우, 당신의 짐을 내게 옮기는 행동이 시간을 갖고 서서히 진행될 수는 없다. 그것을 단번에 내게 넘겨주든지 아니면 그냥 당신이 계속 지고 가든지 양자택일이 있을 뿐이다. 당신의 짐을 내게 옮기는 것은 한순간에 일어나는 행동이다. 조금 전에는 그 짐이 당신의 것이었지만, 이제는 그것이 내 것이 되어버린다.

우리 자신도 모두 맡겨라

내 아버지가 젊었을 때 경험한 일에 대해 좀 이야기하겠다. 내 아버지와 아버지의 친구가 어딘가를 가야 했는데 말이 한 마리밖에 없었다. 그때 아버지의 친구는 "제이크, 이렇게 하자. 내가 얼마 동안 말을 타고 갈 테니 너는 걸어라. 그런 다음 네가 피곤해져도 너는 얼마 동안 걸을 수 있으니 나는 말을 타고 가겠다"라고 말했다.

시골 사람이었던 내 아버지는 친구의 제안에 순진하게 동의하셨다. 출발할 때 내 아버지는 걷고 아버지의 친구는 말을 탔다. 어느 정도 길을 가다가 아버지는 친구에게 "이제 교대할 시간이 된 것 아닌가?"라고 말했다.

하지만 그 친구는 "오, 네가 피곤해졌구나. 물론 교대해야지. 하지만 네가 얼마 동안은 걸을 수 있으니 나는 말을 계속 타고 가겠다"라고 대답했다.

이와 똑같은 일이 우리 그리스도인들 중에서 많이 일어난다. 우리는 하나님께서 우리의 짐을 지고 가시도록 만들었다고 생각하지만 사실 하나님께서는 우리의 짐을 지고 가시지 않는다. 우리는 얼마 동안 걸어간 다음, 다시 얼마 동안 더 걸어간다. 우리의 짐을 맡기는 일은 이루어지지 않는 것이다. 우리의 짐은 우리에게서 떠나지 않았다. 우리는 짐을 맡기는 일에 실패했다.

어떤 노인이 암말을 타고 가고 있었다. 그런데 그는 130킬로그램짜리 쌀가마니를 어깨에 메고 있었다. 그것을 본 어떤 사람이 그 노인에게 "왜 힘들게 쌀가마니를 어깨에 메고 갑니까? 말의 목 위에 올려놓으면 편하지 않겠습니까?"라고 말했다.

그러자 노인은 "나는 체중이 많이 나가는 사람입니다. 이놈이 나 하나만 태우고 가는 것도 힘들 텐데 이 쌀가마니를 어떻게 감당하겠습니까?"라고 대답했다.

하나님께서 우리뿐만 아니라 우리의 짐까지 지고 가시는데 우리는 여전히 우리의 짐을 어깨에 메고 있다. 이제 우리는 우리의 어리석음을 깨닫고 우리의 짐을 그분께 맡겨 드리는 지혜를 발휘해야 한다. 만일 당신이 주님과 동행한다면 당신은 하나님의 은혜를 의지하는 겸손한 사람이기 때문에 '하나님의 자녀'라고 확신해도 좋다. 당신이 하나님의 자녀라면, 당신의 염려를 주님께 맡기면 하나님께서 당신을 돌보실 것이라는 약속은 당신을 위한 약속이 된다. 당신의 염려를 하나님께 맡겨 드려라.

CHAPTER 17

진리를 위해 싸우는 존재가 그리스도인이다

"사랑하는 자들아 우리가 일반으로 받은 구원에 관하여 내가 너희에게 편지하려는 생각이 간절하던 차에 성도에게 단번에 주신 믿음의 도를 위하여 힘써 싸우라는 편지로 너희를 권하여야 할 필요를 느꼈노니 이는 가만히 들어온 사람 몇이 있음이라 그들은 옛적부터 이 판결을 받기로 미리 기록된 자니 경건하지 아니하여 우리 하나님의 은혜를 도리어 방탕한 것으로 바꾸고 홀로 하나이신 주재 곧 우리 주 예수 그리스도를 부인하는 자니라"(유 1:3,4).

다른 사도들과 마찬가지로 베드로도 교회가 점점 많아지는 거짓 교훈과 이단에 직면하고 있다는 사실을 잘 알았다. 사도들은 그들 안에 계신 성령의 음성을 들었다. 그렇기 때문에 그들은 거짓 교훈에 강력하게 대응해야 한다는 것을 알았다. 또한 그리스도인들이 성경에 어긋나는 모든 주장에 단호히 반대해야 한다는 것도 알았다. 사도들은 그리스도인들이 거짓 교훈을 분별하여 그것에 대항하도록 가르쳐야 했다.

신약성경의 많은 부분이 그리스도인들을 가르치는 내용을 담고 있는데, 그것은 그들로 하여금 거짓 교훈에 속지 않도록 하기 위함이다. 사도 바울은 신자들이 거짓 교훈에 빠지지 않도록 가르치는 데 많은 시간을 투자했다. 그의 편지들 중 많은 것이 그가 세운 교회에 침투한 거짓 교훈에 대항하여 싸우기 위해 쓰였다.

우리가 많이 들어보지 못한 사도가 있는데, 그는 그리스도의 형제 '유다'이다. 유다는 격려의 편지를 쓰기로 계획했다. 마치 당신이 친구에게 격려의 편지를 쓰듯이 말이다. 그런데 성령의 감동에 의해 그는 전혀 다른 주제의 편지를 쓰게 되었다. 반갑지 않은 상황이 전개되어 그는 부득이 그가 계획했던 격려의 편지와는 성격이 완전히 다른 편지를 쓰지 않을 수 없었다. 그 반갑지 않은 상황이란 몇 사람이 교회에 은밀히 침투한 것이었다. 그들은 악한 생활을 하는 사람들이었다. 그들은 주님이 제자들과 함께 계실 때 이미 알아보시고 정죄한 자들이었다. 그들은 기독교의 진리에 어긋나는 교훈을 가르쳤다. 유다는 그리스도인들이 그들에게 속지 말고 진리를 위해 싸우도록 경각심을 불러일으키기 위해 편지를 썼다.

사실을 전하지 않는 것이 거짓 교훈이다

그렇다면 거짓 교훈은 무엇인가? 사실과 다른 것을 가르치는 것이 거짓 교훈이다. 물질적인 것이든 영적인 것이든 실제로 존재하는 것이 '사실'이다. 사실이 확인되면 그것에 대해 더 이상 왈가왈부해서는 안 된다. 물질적인 것이든 영적인 것이든 어떤 사실이 밝혀졌다면 우리는 그 사실을 인정하고 그 사실에 부합하는 교훈을 가르쳐야 한다. 그렇게 하는 것이 도덕적으로 옳은 일이다. 이것은 너무나 당연한 것이기에 나는 이런 이야기를 하는 것에 대해 사과라도 해야 할 것 같다. 아무튼 "사실은 실제로 존재하는 것이다"라는 원리는 다른 모든 것을 떠받쳐주는 기초 같은 것이다. 사실이 우리의 마음에 들든 들지 않든 간에 사실은 사실이다. 하나님께서 사물을 만드셨고, 사물은 존재한다. 물질적인 사실도 있고 영적인 사실도 있다. 우리가 할 일은 사실이 어떤 것인지를 확인하고, 그것을 인정하고, 사실에 부합하는 교훈을 가르치는 것이다.

참된 교훈은 지극히 중요한데 그것은 사실을 사실대로 가르치기 때문이다. 사실을 가르치려면 우선 사실이 무엇인지를 알아야 하고 그 다음에는 사실에 부합하는 말을 해야 한다. 이것은 영적 진리의 경우에도 해당된다. 성경에 어떤 진리가 담겨 있다면 우리는 우선 그것이 무엇인지를 발견하고 그 다음에는 그것에 부합하는 말을 해야 한다. 그것을 편집하거나 바꾸지 말고 그것을 그대로 드러내야 한다. 그것은 선포된 하나님의 진리이므로 그것을 바꾸지 말라.

만일 내가 궤변을 늘어놓아 7월을 8월이라고, 13일을 9일이라고, 여름을 겨울이라고, 미국을 캐나다라고 우긴다면 참으로 어처구니없는 일일 것이다. 사실이란 것은 있는 그대로 존재하는 것이다. 전능하신 하나님께서 우주를 수학적 우주로 만드셨기 때문에 우주는 수학적 법칙에 따라 돌아간다. 또한 하나님께서는 도덕적 세계를 만드셨는데 이것도 수학적 법칙만큼 정확한 불변의 도덕적 법칙에 따라 돌아간다. 진리에 따르지 않을 때에는 재앙이 발생한다. 만일 건축 기술자가 위치에 대해 잘못된 개념을 갖고 집을 짓는다면 그 집은 무너질 것이다. 만일 항해사가 계산을 잘못한다면 그의 배는 암초에 걸려 흔들리다가 결국 침몰해버릴 것이다. 왜냐하면 그가 사실관계에서 실수를 범했기 때문이다. 이처럼 사실에서 벗어나 오류에 빠지면 언제나 재앙이 일어난다. 그 재앙의 규모가 얼마나 클지는 오류가 얼마나 큰지에 따라 결정된다. 거짓 교훈은 하나님과 그리스도와 죄와 우리 자신에 대해 거짓된 정보를 제공한다.

1. 하나님에 대한 잘못된 개념

무릇, 거짓 교훈은 하나님에 대한 잘못된 개념에서 시작된다. 하나님에 대해 올바른 개념을 갖고 있는 사람은 그 밖의 다른 것들에서 큰 오류에 빠지지 않는다. 모든 큰 실수와 근원적 오류는 하나님에 대한 개념이 잘못되었기 때문에 생겼다. 하나님께서 자신이 어떤 분이신지에 대해 말씀해주셨지만 사람들은 하나님의 말씀을 믿으려고 하지 않는다. 언제나 그들은 하나님을 바꾸어놓으려고 애쓴다. 즉, 하나님을 하나님이 아닌 존재로 만들어버리려고 애쓴다.

하나님은 하나님으로서 존재하신다. 그러므로 우리는 하나님을 다른 어떤 존재로 바꾸어놓지 말아야 한다. 하나님은 하나님으로서 존재하신다. 그러므로 천사들은 하나님께서 어떤 다른 존재로 바뀌시는 것을 원하지 않는다. 하나님은 하나님으로서 존재하신다. 그러므로 장로들과 성도들과 천상의 피조물들은 하나님을 어떤 다른 존재로 바꾸어놓기를 원하지 않는다.

우리는 하나님이 하나님 자신에서 어떤 다른 존재로 변하시지 않기를 바란다. 우리는 하나님이신 그분을 그대로 인정하고 따르기를 원한다. 기초가 비뚤어진 구조물은 결국 오래가지 못한다. 그런 구조물은 침하하거나 붕괴되거나 옆으로 쓰러진다. 아니면 이탈리아에 있는 피사의 사탑처럼 옆으로 기울어진다.

이 세상의 그 어떤 기초와도 비할 수 없이 견고한 분은 바로 우리 하나님이시다. 그것은 그분이 하나님이시기 때문이며, 그분이 천지와 그 안에 있는 모든 것들을 만드셨기 때문이다. 만일 어떤 사람들이 "나는 천지를 만드신 하나님과 대화한다"라고 말하면서 평생을 살다가 나중에 보니까 자기가 스스로 만들어낸 그들만의 신(神)과 대화했다는 것을 알게 된다면 참으로 황당한 일이 아닐 수 없을 것이다.

만일 내가 평생 기도하며 하나님을 전했지만 내가 전한 하나님이 참된 하나님이 아니라면 그것은 정말로 끔찍한 비극이 아닐 수 없을 것이다. 다른 종교와 철학과 심리학과 미신에서 끌어온 사상들을 종합해 만들어낸 신을 믿는다는 것은 영원한 재앙을 불러올 뿐이다. 하나님은 하나님이시다. 우리는 하나님이 어떤 분이신지를 알고, 그런 인식에 따라 우리의 교훈을 전해야 한다.

하나님의 속성들을 생각해보라. 그 모든 속성들이 하나님의 본질을 구성한다. 만일 우리가 하나님의 속성들 중 어느 하나라도 제거하거나 무시한다면 우리의 하나님은 '온전하지 못한 하나님'이 된다. 만일 우리가 하나님께로부터 죄에 대한 증오와 공의와 심판을 제거한다면 우리에게는 '물렁한 하나님'이 남게 된다. 반면 하나님께로부터 사랑과 은혜를 제거한다면 '심판의 하나님'만 남게 된다. 하나님의 인격성을 제거한다면 과학자들의 하나님과 같은 '수학적 하나님'만이 남게 될 것이다. 이런 것들은 하나님에 대한 온전하지 못한 개념으로 모두 잘못된 것이다.

우리의 하나님은 공의의 하나님이시며 동시에 은혜의 하나님이시다. 하나님께서는 의의 하나님이시며 동시에 자비의 하나님이시다. 하나님께서는 수학적 정확성을 가진 분이시지만, 또한 어린아기들을 품에 안고 미소 지으며 그들의 머리를 쓰다듬어주는 분이시다. 그분은 용서하실 수 있는 하나님이시며 동시에 용서하지 않는 하나님이시다. 그러므로 우리는 평생 성경을 연구하면서 하나님이 어떤 분이신지를 깨닫고, 그런 깨달음에 따라 하나님을 믿어야 한다.

2. 우리 자신에 대한 잘못된 개념

우리가 실수를 범하는 두 번째 부분은 바로 우리 자신에 대한 관념이다. 사실, 하나님에 대해 잘못 생각하면 우리 자신에 대해서도 잘못 생각할 수밖에 없다. 어떤 사람들은 학문, 특히 인류학을 통해 하나님께 접근하려고 시도한다. 하지만 신학이 없는 인류학은 결국 오류에 빠질 수밖에 없다. 우리가 우리 자신을 설명할 수 있는 유일한 방법은 성경의 교훈을 따르는 것이다. 다시 말해, "하나님께서 땅의 흙으로 우리를 지으시고 생기를 그 코에 불어넣으셨기 때문에 우리가 생령이 되었다"(창 2:7 참조)라는 성경의 교훈을 따를 때, 비로소 우리는 우리 자신을 설명할 수 있다. 과학이 하나님에 대해 발견한 것들도 많이 있지만 그것들은 근원에서 분리된 것들이다. 과학은 하나님으로부터 시작해 하나님의 세상으로 추론해 내려오지 않고, 세상으로부터 시작해 하나님으로 추론해 올라가려고 한다. 결국 하나님께 이르지 못하고 많은 사람에게 비극적 결과를 안겨준다.

하나님에 대한 개념이 잘못되면 우리 자신에 대한 개념도 잘못될 수밖에 없다. 화가에 대해 잘못 알면, 그가 그린 그림에 대해 제대로 알 수 없다. 토기장이에 대해 오해하면 그가 만든 질그릇을 오해할 수밖에 없다. 하나님에 대해 잘못 알면 피조물에 대해 잘못 알 수밖에 없다. 어떤 사람들은 우리 주변에 널린 과학적 사실들을 자꾸 거론하면서 하나님이 없다고 말하지만, 그들은 잘못 알고 있다. 왜냐하면 처음부터 하나님을 배제하고 시작했기 때문이다. 또 어떤 사람들은 하나님이 존재하신다고 말하지만, 그들의 하나님은 수학과 법칙의 하나님이지 성경이 증거하는 하나님이 아니시다. 이런 사람들의 이야기는 전부 잘못 되었는데 하나님에 대한 사실을 모르면 자신에 대한 사실도 모르기 때문이다.

우리는 하나님의 손을 통해 존재하게 되었으므로 그분께로 돌아갈 수밖에 없는데, 어떤 사람들은 심판을 받아 더 나쁜 결과에 이르게 되고 어떤 사람들은 복을 받아 더 좋은 결과에 이르게 된다.

따라서 하나님을 알고 받아들여라. 하나님께서 하나님 자신에 대해 말씀하신 사실을 믿어라. 그리고 하나님께서 우리에 대해 말씀하신 것을 믿어라. 그러면 우리는 제대로 믿는 것이다. 하나님께서 당신에 대해 말씀하신 것보다 당신이 더 우월한 존재라고 믿는다면 그것은 잘못된 것이다. 당신이 하나님께서 당신에 대해 말씀하신 것과 다른 존재라고 믿는다면 당신은 오류에 빠져 있는 것이며, 사실을 잘못 해석한 것이다.

어떤 자들이 사실을 잘못 해석하여 당신을 오류의 구렁텅이로 빠뜨렸을 수도 있다. 따라서 하나님께서 당신에 대해 말씀하신 것을 믿어라. 당신이 악한 존재라고 하는 하나님의 말씀을 믿어라. 당신이 하나님으로부터 멀리 떨어져 있다고 하는 하나님의 말씀을 믿어라. 하나님께 가까이 나아가실 수 있는 그리스도를 믿어라. 그리스도 안에서 당신도 하나님께 가까이 나아갈 수 있다는 것을 믿어라. 하나님께서 당신에 대해 말씀하신 것이 진리라고 믿어라.

3. 죄에 대한 잘못된 개념

많은 사람들은 죄에 대해 제대로 알지 못한다. 하나님을 믿고, 또 하나님께서 우리에 대해 말씀하신 것을 믿기 전까지는 죄를 올바로 이해할 수 없다. 죄는 초청하지 않았는데도 불쑥 찾아오는 손님이요, 언제 어디서나 인간을 따라다니는 존재이다. 우리가 잘 알듯이 이 세상에는 증오, 거짓말, 부정직, 살인, 범죄, 경찰, 감옥, 감금 그리고 무덤이 있다. 그런데 이런 것들을 부정하는 자들이 있는데 그들은 사실을 잘못 해석하는 것이다. 죄를 죄라고 하지 않고 그것에 다른 이름을 붙이는 자들이 있는데 그들도 현실을 잘못 해석하는 것이다. 예를 들어, 죄를 질병이라고 부르는 자들이 그런 것이다.

하나님께서는 '율법을 어기는 것'이 죄라고 말씀하셨다. 하나님께서는 하나님의 뜻에 반역하는 것이 죄라고 말씀하셨다. 죄가 부모로부터 물려받은 것이라고 말씀하셨다. 하나님을 믿는 믿음과 하나님의 사랑과 자비에 거슬러 행동하는 것이 죄라고 하나님께서는 말씀하셨다. 지극히 높은 위엄의 보좌에 앉아 계신 분의 정당한 권세에 반역하는 것이 죄라고 하나님께서는 말씀하셨다. 죄는 불법이기 때문에 죄를 범한 자가 책임져야 한다고 하나님께서는 말씀하셨다. "범죄하는 그 영혼은 죽을지라"(겔 18:20)라고 하나님께서는 말씀하셨다.

우리는 하나님께서 죄에 대해 말씀하신 것을 믿어야 한다. 그렇지 않으면 사실을 잘못 해석하는 것이다. 영적인 사실에 대한 잘못된 해석은 물질적 사실에 대한 잘못된 해석보다 더 끔찍한 오류이며, 더 끔찍한 결과를 불러올 것이다.

만일 의사가 환자에게 투여할 약물의 양을 잘못 계산해 결국 환자를 죽게 했다 할지라도 그것은 몸을 죽게 한 것에 불과하다. 하지만 하나님과 죄와 인간에 대한 사실을 잘못 판단한 설교자는 그의 청중을 멸망에 이르게 할 것이다. 영적 멸망은 육신의 죽음보다 무한히 비극적인 것이다. 나는 하나님의 주권, 거룩함, 공의, 은혜, 사랑 그리고 하나님에 대해 성경이 말하는 모든 것을 받아들여야 한다. 그분에 대한 이 모든 것이 사실이기 때문이다. 나는 내가 그분의 형상으로 창조되었지만 타락한 존재라고 믿어야 하며, 내가 하나님의 형상을 더 많이 회복하기를 원하지만 그것에 미치지 못한다고 인정해야 한다. 이 모든 것이 나에 대한 사실이기 때문이다.

4. 그리스도에 대한 잘못된 개념

사람들은 또한 그리스도에 대해 잘못 생각하고 있다. 하나님과 자기 자신과 죄에 대해 잘못 생각하고 있는 사람은 그리스도에 대해서도 왜곡되고 불완전한 개념을 가질 수밖에 없다.

내가 주저함 없이 솔직히 말할 수 있는 것은 현재 흔히 유행하는 그리스도가 '성경의 그리스도'가 아니라는 것이다. 현재 유행하는 그리스도는 사람들이 만들어낸 그리스도요, 캔버스 위에 그려진 그리스도요, 천박한 시(詩)에서 끌어온 그리스도요, 자기 뜻대로 살겠다는 사람들의 그리스도요, 물렁하고 심약한 사람들의 그리스도이다. 현재 많은 사람들이 믿는 그리스도는 사랑과 은혜와 자비뿐만 아니라 엄격함과 진노가 없는 그리스도이다. 만일 내가 나 자신에 대해 잘못된 개념을 갖고 있다면 죄에 대한 나의 개념도 위험한 개념이다. 죄에 대한 나의 개념이 위험하다면 그리스도에 대한 나의 개념은 부패한 개념일 수밖에 없다.

진리를 위해 싸워라

지금 어떤 일이 벌어지고 있는지 분명히 알라. 지금 세상에서는 하나님을 제한하고 인간을 비하하고 죄를 과소평가하고 그리스도를 멸시하는 일이 벌어지고 있다. 유대인들이 끔찍하고 황당한 소리를 한 것이 놀랄 만한 일이 아니다. 나는 당신에게 유다서를 다시 한 번 읽어보라고 권하고 싶다. 어금니를 꽉 깨물고 정말로 중요한 일을 시작하라. 담대한 마음으로 믿음을 갖고, 용기를 내어 하나님을 위해 일하라. '관용'(寬容)이라는 것을 신줏단지 모시듯 하는 이 시대의 사람들은 자기 마음에 드는 것은 아무것이나 믿는다. 그러나 우리는 다음과 같은 유다의 가르침에 귀를 기울여야 한다.

"사랑하는 자들아 너희는 너희의 지극히 거룩한 믿음 위에 자신을 세우며 성령으로 기도하며 하나님의 사랑 안에서 자신을 지키며 영생에 이르도록 우리 주 예수 그리스도의 긍휼을 기다리라 어떤 의심하는 자들을 긍휼히 여기라 또 어떤 자를 불에서 끌어내어 구원하라 또 어떤 자를 그 육체로 더럽힌 옷까지도 미워하되 두려움으로 긍휼히 여기라"(유 1:20~23).

미소 짓고 또 미소 짓고 끝까지 미소 짓는 것만이 우리가 할 일은 아니다. 때때로 우리는 오래 참는 가운데 올바른 교리를 전하며 엄하게 꾸짖어야 한다. 그런데 싸울 것은 싸워야 하지만, 불필요한 싸움을 해서는 안 된다. 진리를 지켜야 하지만 사람들에게 상처를 주어서는 안 된다. 오류를 멸해야 하지만 사람들에게 해를 끼쳐서는 안 된다. 과거에 어떤 사람들은 다른 사람들의 오류에 대항하여 싸웠지만, 그런 과정에서 불필요한 싸움을 일으키기도 했다. 진리를 지키기 위해 노력하는 중에 그들은 오류에 빠진 사람들을 멸했다. 그것은 잘못된 일이다. 우리는 진리를 지키면서도 다른 사람들에게 상처를 주지 말아야 한다. 프레더릭 페이버(Frederick Faber, 1814~1863. 영국의 찬송가 작가)의 찬송가 '환난과 핍박 중에도'에는 다음과 같은 가사가 나온다.

성도의 신앙 본받아 원수도 사랑하겠네
인자한 언어로 이 신앙 전파하리라

유다가 준 구체적 교훈들

유다는 "너희는 너희의 지극히 거룩한 믿음 위에 자신을 세우며"(유 1:20)라고 가르친다. 당신은 당신 자신을 세우는가? 최근에 당신은 성경의 어떤 부분을 완전히 통독한 적이 있는가? 성경 구절을 암송한 적이 있는가? 하나님을 알기 위해 힘썼는가? 경건생활을 위해 라디오나 TV를 이용하는가? 성경을 가지고 있는가? 그것을 연구하는가?

유다는 또한 "성령으로 기도하며"(유 1:20)라고 가르친다. 내가 주저함 없이 말할 수 있는 것은 현재 대부분의 기도가 '성령으로 드리는 기도'가 아니라는 것이다. 우리가 성령으로 기도하지 못하는 것은 우리 안에 성령이 계시지 않기 때문이다. 성령께서 우리의 마음을 거처로 삼지 않으신다면 우리는 성령으로 기도할 수 없다. 성령께서 우리를 무제한으로 지배하실 때 비로소 우리는 성령으로 기도할 수 있다. 분명히 말하지만, 5분 동안 성령으로 드리는 기도는 1년 동안 성령 밖에서 드리는 잘못된 기도보다 더 가치가 있다.

유다는 "하나님의 사랑 안에서 자신을 지키며"(유 1:21)라고 권한다. 신앙에 충실하라. 하지만 그러면서도 오류에 빠진 자들을 불쌍히 여겨라. 아무도 경멸하지 말라. 그리스도인은 경멸의 감정을 품어서는 안 된다. 경멸은 교만에서 나오는데 교만은 원수를 위해 문을 활짝 열어놓는 것과 같다. 그러므로 모든 사람을 향해 우리의 마음을 열자. 하나님의 사랑 안에서 우리를 지키는 중에도 늘 자비와 사랑의 마음을 잃지 말자. 우리가 하나님을 사랑한다면 우리는 또한 하나님의 사람들을 사랑하게 될 것이다.

유다는 "영생에 이르도록 우리 주 예수 그리스도의 긍휼을 기다리라"(유 1:21)라고 권한다. 여기서 예수 그리스도의 긍휼을 기다린다는 것은 그분의 재림을 기다린다는 것을 의미한다. 예수 그리스도가 다시 오실 때 그분의 긍휼이 나타날 것이라고 생각하면 나는 가슴이 설렌다. 십자가에서 예수 그리스도의 긍휼이 나타났듯이, 지금 그리스도께서 죄인들을 받아주실 때 그분의 긍휼이 나타나듯이, 지금 그리스도께서 우리 그리스도인들을 돌보아주실 때 그분의 긍휼이 나타나듯이, 그 때가 되면 역시 그리스도의 긍휼이 나타날 것이다. 그 때가 되어 우리 주 예수 그리스도의 긍휼이 나타나면 우리는 영생에 이르게 될 것이다.

유다는 또 "어떤 의심하는 자들을 긍휼히 여기라 또 어떤 자를 불에서 끌어내어 구원하라 또 어떤 자를 그 육체로 더럽힌 옷까지도 미워하되 두려움으로 긍휼히 여기라"(유 1:22,23)라고 명한다. 다른 사람들을 구원하라는 명령, 우리의 최선을 다해 사람들을 그리스도께 인도하라는 명령, 두려움 가운데 그들을 구원하라는 명령,

그들을 불에서 끌어내라는 명령, 이런 명령들이 우리에게 주어져 있다.

우리의 할 일

존 웨슬리(John Wesley, 1703~1791. 영국의 신학자 및 전도자로서 감리교의 창시자)는 평생 자신을 가리켜 '불에서 끄집어낸 타다 남은 나무'라고 말했다. 그는 자신이 이미 지옥 불에 타고 있었지만 그리스도께서 끄집어내어 그분의 보혈로 불을 꺼주셨다는 것을 알았다. 그런 깨달음 때문에 그는 우리가 알고 있는 '위대한 전도자 존 웨슬리'가 될 수 있었다. 그는 자신을 '위대한 옥스퍼드 사람'이나 '위대한 천재'로 여기는 교만에 빠지지 않았다. 오히려 언제나 자신을 '불에서 끄집어낸 타다 남은 나무'로 여겼다. 그렇다. '불에서 끄집어낸 타다 남은 나무' 같은 우리는 그리스도의 재림을 고대하고 그리스도의 긍휼을 기다린다.

게르하르트 테르스테에겐(Gerhard Tersteegen, 1697~1769. 독일의 신앙 작가)은 그리스도에 대해 다음과 같이 말했다.

온갖 고통을 없애주는 진통의 향유가 있고
모든 슬픔을 씻어주는 영약(靈藥)이 있으니,
눈은 뒤를 향해 십자가를 보고
또 눈은 앞을 향해 미래를 보는도다

지나간 시대의 옛 성도들 중 어떤 사람들은 성찬식을 '영생(永生)

의 영약'이라고 불렀다. 우리가 그들이 믿었던 것들을 모두 받아들일 수는 없겠지만, 적어도 이 점에서는 그들이 옳다고 나는 생각한다. 온갖 고통을 없애주는 진통의 향유가 있고 또 모든 슬픔을 씻어주는 영약이 있기 때문에 우리의 눈은 뒤를 향해 십자가를 보고 또 앞을 향해 미래를 본다. 우리 주 예수 그리스도가 오시면 영광과 찬송의 미래가 펼쳐질 것이다. 하프를 타고 향유를 붓고 환영 잔치를 벌이는 미래가 도래할 것이다. 그 때가 올 때까지, 우리는 그분의 사랑의 손 안에서 행해야 한다.

그 때가 올 때까지 우리는 무엇을 해야 하는가? 세상의 풍조에 굴복해야 하는가? 그 때가 올 때까지 우리는 무엇을 해야 하는가? 자유주의자들에게 굴복해야 하는가? 그 때가 올 때까지 우리는 무엇을 해야 하는가? 죽은 교회에 굴복해야 하는가? 그 때가 올 때까지 우리는 무엇을 해야 하는가? 기독교 신앙의 얕은 물가에서 놀겠다고 결심한 사람들과 어울려야 하는가?

결코 그럴 수 없다. 우리는 분연히 일어나 싸워야 한다. 물론 그러면서도 불필요한 싸움을 일으켜서는 안 된다. 사람들에게 상처를 주지 않으면서도 진리를 지켜야 한다. 어려움을 무릅쓰고 사랑하고 베풀어야 한다. 그렇게 하다가 지친 사람들은 하나님의 품에 안겨 위로와 안식을 얻을 수 있다.

하나님의 은혜에 힘입어 고개를 좀 더 들고 무릎을 좀 더 낮추고 모든 사람들을 사랑하고 아무도 미워하지 말자. 진리에 충실하다가 죽을지라도 진리에 충실하자. 좀 더 멀리 내다보며 하나님의 보좌에 시선을 고정시키자. 그곳에 전능하신 하나님 아버지의 우편에 예수 그리스도께서 앉아 계신다. 용기를 내고 정신을 집중하고 엄격하되 친절을 잊지 말자. 영광과 찬송의 날이 올 때까지 성령으로 기도하고, 하나님의 사랑 안에서 우리 자신을 지키고, 지극히 거룩한 믿음 위에 우리 자신을 세우고, 최선을 다해 사람들을 그리스도께 인도하자.

    아멘!

이것이 그리스도인이다

초판 1쇄 발행	2011년 1월 31일
초판 9쇄 발행	2023년 2월 28일
지은이	A. W. 토저
옮긴이	이용복
펴낸이	여진구
편집	이영주 박소영 최현수 안수경 김도연 김아진 정아혜
책임디자인	마영애 노지현 조은혜 이하은
홍보·외서	진효지
마케팅	김상순 강성민
마케팅지원	최영배 정나영
제작	조영석
경영지원	김혜경 김경희 이지수

303비전성경암송학교 박정숙
이슬비전도학교 / 303비전성경암송학교 / 303비전꿈나무장학회

펴낸곳 규장

주소 06770 서울시 서초구 매헌로 16길 20(양재2동) 규장선교센터
전화 02)578-0003   팩스 02)578-7332
이메일 kyujang0691@gmail.com   홈페이지 www.kyujang.com
페이스북 facebook.com/kyujangbook   인스타그램 instagram.com/kyujang_com
카카오스토리 story.kakao.com/kyujangbook
등록일 1978.8.14. 제1-22

ⓒ 한국어 판권은 규장에 있습니다.
이 출판물은 저작권법에 의해 보호를 받는 저작물이므로 무단 전재와 무단 복제를 할 수 없습니다.

책값 뒤표지에 있습니다.
ISBN 978-89-6097-193-6 03230

규 | 장 | 수 | 칙

1. 기도로 기획하고 기도로 제작한다.
2. 오직 그리스도의 성품을 사모하는 독자가 원하고 필요로 하는 책만을 출판한다.
3. 한 활자 한 문장에 온 정성을 쏟는다.
4. 성실과 정확을 생명으로 삼고 일한다.
5. 긍정적이며 적극적인 신앙과 신행일치에의 안내자의 사명을 다한다.
6. 충고와 조언을 항상 감사로 경청한다.
7. 지상목표는 문서선교에 있다.

하나님을 사랑하는 자 곧 그의 뜻대로 부르심을 입은 자들에게는 모든 것이 合力하여 善을 이루느니라(롬 8:28)

규장은 문서를 통해 복음전파와 신앙교육에 주력하는 국제적 출판사들의 협의체인 복음주의출판협회(E.C.P.A:Evangelical Christian Publishers Association)의 출판정신에 동참하는 회원(Associate Member)입니다.